国家社科基金
GUOJIA SHEKE JIJIN HOUQI ZIZHU XIANGMU
后期资助项目

新常态下新兴开发性金融机构支持"一带一路"建设研究

Emerging Development Financial Institutions
Support the Construction of OBOR under the
New Normal Position

刘刚 著

上海远东出版社

图书在版编目(CIP)数据

新常态下新兴开发性金融机构支持"一带一路"建设
研究 / 刘刚著. —上海：上海远东出版社,2021
ISBN 978-7-5476-1739-7

Ⅰ.①新… Ⅱ.①刘… Ⅲ.①金融机构-研究-世界
Ⅳ.①F831.2

中国版本图书馆 CIP 数据核字(2021)第 160549 号

责任编辑　程云琦
封面设计　李　廉

新常态下新兴开发性金融机构支持"一带一路"建设研究

刘刚　著

出　　版　**上海远东出版社**
　　　　　(201101　上海市闵行区号景路 159 弄 C 座)
发　　行　上海人民出版社发行中心
印　　刷　上海锦佳印刷有限公司
开　　本　710×1000　1/16
印　　张　15.75
字　　数　275,000
版　　次　2021 年 11 月第 1 版
印　　次　2021 年 11 月第 1 次印刷
ISBN 978-7-5476-1739-7/F・677
定　　价　78.00 元

目 录

图 表 目 录

图目录

表 目 录

第一章　绪　论

　　"一带一路"倡议构想符合中国和国际社会的根本利益,自提出以来得到国际社会的高度关注和有关国家的积极响应。当前,"一带一路"建设已经进入务实推动的阶段,需要加强顶层设计和整体规划,以互联互通、能源资源、加工制造、社会民生等领域重大项目为突破口,充分发挥银政企合力,创新产品和模式,推动多双边合作,尽快取得实效。基础设施项目资金需求量大、建设和资金回收期限较长、回报率较低,商业资金进入意愿不高,而"一带一路"沿线主要是新兴经济体和发展中国家,财政实力普遍较弱,基础设施等公共品的供给容易出现市场和政府"双重失灵"的现象,因此需要发挥开发性金融的作用,以中长期投融资推动区域经济发展。基于此,亚洲基础设施投资银行(亦简称"亚投行")、金砖国家开发银行(亦简称"金砖银行")等新兴开发性金融机构应运而生,并发挥其基础设施建设支持、中长期投融资以及国际业务等方面优势,在多边框架下不断深化政府、银行和企业间合作,加大对重大项目的支持力度,积极推进人民币国际化,促进民生发展和人文交流,助力"一带一路"沿线国家和地区政策沟通、设施联通、贸易畅通、资金融通和民心相通,为"一带一路"建设贡献力量。

第一节　研究背景

　　自2007年美国次贷危机爆发以来,全球经济进入下行通道,出现增长停滞的现象,中国经济亦表现出结构性减速的特征,并产生了一系列新矛盾和新挑战。在国际和国内如此背景下,习近平主席以"新常态"概括当前的中国经济形势①,并在"新常态"认识的基础上选择未来的中国宏观政策,提出"一带一路"倡议,发起成立亚洲基础设施投资银行等支持"一带一路"建设的新兴开发性金融机构绝非"一时兴起",而是深思熟虑之举。当前,共建"一带一路"引起越来越多国家和地区的热烈响应,正成为我国参与全球开放合作、改善全球经济治理体系、促进全球共同发展繁荣、推动构建人类命运共同体的中国方案②。

一、新常态特征及形成原因

1. 新常态特征

新常态是相对于"旧常态"而言的一种经济发展状态。所谓旧常态,是指一段时期增长速度偏高、经济偏热,但不可持续因素不断累积的经济运行状态。不可持续因素包括超级大国打压导致国际压力变大的严峻挑战、国内收入差距增大导致的社会矛盾增加以及经济增长带来的严重环境污染等,这也是党的十八大以前长期改革滞后形成的顽疾。中国领导人将这种不可持续因素累积导致的新矛盾和新挑战形容为"三期叠加":前期刺激政策进入消化期,结构调整面临阵痛期,增长速度进入换挡期。置于全球宏观"长周期"视角中解释,20世纪80年代以来全球劳动力市场重新整合和大规模扩张、发达国家的科技进步以及席卷全球的体制改革促使全球经济出现了长期稳定增长的趋势(李扬和张晓晶,2015),旧常态的辉煌恰是由于全球经济处于上行阶段,而旧常态的转折便预示着全球经济转向下行周期的开始,上升周期所带来的乐观情绪使人们忽略了以全球失衡加剧和杠杆率集聚攀升为主要表现的结构性矛盾积累。2007年次贷危机中各种类型的矛盾集中爆发后,全球经济由于缺乏新的增长点,便陷入了长期停滞的状态③。

关于新常态的特征,中国的学者和专家均从不同角度做出了深刻解析。吴敬琏(2015)认为,新常态的特点体现在经济增长速度和发展方式

---

① 在2014年12月9日的中央经济工作会议上,习近平主席从九个方面详尽分析了中国经济新常态的表现、成因及发展方向,明确指出:"我国经济发展进入新常态是我国经济发展阶段性特征的必然反映,是不以人的意志为转移的。认识新常态,适应新常态,引领新常态,是当前和今后一个时期我国经济发展的大逻辑。"

② 引自2018年8月27日习近平出席推进"一带一路"建设工作5周年座谈会并发表的重要讲话。

③ 国际货币基金组织总裁拉加德将后危机时代发达国家和部分新兴经济体量化宽松政策刺激经济未取得预期效果的窘境形容为"新平庸",其内涵与本书概括的世界"新常态"基本一致。

上,一是经济高速增长转向中高速增长,二是经济发展方式由规模速度型数量增长转向规模效益型集约增长。李稻葵(2014)认为新常态的主要特征并不是增长速度的一路下滑,而是新旧增长点的拉锯式交替、渐进式的经济结构调整、改革的艰难推进以及国际经济领域中中国要素的提升。巴曙松(2015)从四个角度来解读中国新常态:从长期增长来看,经济增长中枢将下移,从高速增长转向中高速;从短期波动来看,需求的各部分也在发生变化,强调个性化、多样化消费,新技术、新产品等投资不断上升以及大规模"走出去"战略的实施等使经济结构逐渐优化;从宏观调控政策来看,强调以改革来化解风险,促进转型;从政策基调来看,2015年坚持稳中求进工作总基调,将保持宏观政策连续性和稳定性,继续实施积极的财政政策和稳健的货币政策。

2. 新常态形成的原因

中国的GDP规模在2010年超过日本,成为世界第二大经济体后,经济增长出现了不同于以往30年发展的特征,增长速度持续下降。内外因素共同作用下出现的新常态是"一带一路"建设的宏观经济背景。"一带一路"倡议的提出是中国适应新常态,构筑全面对外开发新格局的重要举措,也是推动世界经济摆脱停滞,迈上发展新台阶的中国方案。

(1)国内旧常态增长模式难以为继

中国经济目前出现结构性减速的原因不外乎四点:第一是要素供给效率变化,最明显的是劳动力要素价格上升,使企业成本负担增大;第二是资源配置效率下降,市场竞争加大,投入产出比降低;第三是创新能力不足,缺乏高技术含量产品的生产能力,亟需供给侧改革;第四是资源环境约束增强,国家加强了污染监管,企业需要承担更多的社会责任,增加环保投入节能减排以保护环境。在这种新常态下遇到的新矛盾和新挑战包括产能过剩、债务风险增大、城镇化转型和金融乱象丛生等,都是过去旧常态增长模式下改革滞后所累积形成的弊病。旧常态模式下的高增长是对技术进步重视不足、以投资为主导、以GDP为中心的粗放式增长。当前经济发展特征表明旧常态的增长模式难以持续,这必然促使经济转向新的增长模式并且实现与之对应的新常态。

(2)后危机时代全球经济再平衡与发达经济体制造业回归

20世纪80年代至次贷危机前全球经济普遍表现出持续增长的趋势,可以谓之为稳定的"旧常态",但上升周期所带来的乐观情绪使人们忽略了以全球失衡加剧和杠杆率急剧攀升为主要表现的结构性矛盾积累。次贷危机爆发后,随着发达经济体消费能力的大幅削弱,发展中国家面临外需疲软的现状,进而出现国内生产过剩的窘境。这同时也缓解了发展中国家高顺差、发达国家高逆差的贸易不平衡状态。

金融危机后,发达国家为振兴经济,增加就业岗位,开始鼓励本土制造业回归。2016 年底,美国特朗普总统就任后开展以增加就业、削减税负、贸易保护等为主要内容,以"美国优先"为原则的逆全球化新政,加速了制造业回归美国本土的速度,这对新兴经济体经济增长和产业结构造成了威胁和挑战。发展中国家亟需调整国内经济结构以应对发达国家制造业回归所留下的产业真空,并借此时机促成产业迭代升级,寻找新的经济增长点,为实现赶超积累优势。

二、新常态与"一带一路"建设

"一带一路"倡议是中国基于新常态的认识而提出的引领新常态的发展战略,是构筑全面对外开放新格局的重要举措,也是驱动世界经济增长的新引擎。经济新常态下最重要的是找到新的经济增长点,旧有矛盾的解决是发掘新增长点的主要途径。长期以来,我国经济结构的不协调主要表现为地域上的不协调与产业结构上的不协调。就地域不协调而言,东部沿海地区 GDP 占全国 GDP 的比重较大,并贡献了大部分的财政收入,而中西部地区经济普遍欠发达,长期依赖中央财政转移支付。"一带一路"建设有助于加强我国西部地区和周边国家的互联互通,并和国内西部大开发战略对接,令西部地区节点城市成为新的辐射中心,甚至恢复古丝绸之路时期的辉煌,这有利于缓解地域发展不协调问题。

就产业结构不协调而言,我国长期处于全球价值链的中低端环节,随着国内劳动力价格上涨和资源环境约束加强,低端制造业生存空间被不断挤压,同时旧常态下投资驱动的增长模式导致了产能过剩负担,阻碍了供给侧改革推动产业结构升级的步伐。低端的落后产能是必须要被淘汰的,但某些不适应我国当前发展阶段的产业却是"一带一路"沿线发展中国家发展所需要的。输出国内过剩产能,助推"一带一路"沿线基础设施建设可以促进发展中国家更好地利用自身的竞争优势,承接我国的产业转移以发展经济和改善民生,这也有利于我国产业的转型升级,是一种"双赢"的举措。

后危机时代,全球经济增长长期停滞还衍生出诸如贸易保护主义加剧和全球治理真空等现象,这都是我国需要适应和引领的新常态。逆全球化趋势下发达经济体对我国施加的歧视性贸易保护政策以及所加征关税均是对我国经济发展的束缚,推行"一带一路"倡议有利于我国冲破发达经济体包围圈,实现全方位对外开放。发达经济体需求萎缩和各种贸易保护措施同样冲击了"一带一路"沿线发展中国家的出口导向型经济,"一带一路"互联互通建设所开拓的新市场可以缓解这些国家受出口发达国家贸易下降所承受的冲击。因此,"一带一路"倡议也是中国作为世界最大发展中国家引领新兴经济体适应新常态的重大战略。在新常态背景下,"一带一路"建设的设施联通和贸易相通都需要资金融通的支持,在具有多边机制的平台上充分沟通,共享发展成果,以亚洲基础设施投资银行为首的新兴开发性金融机构在创立伊始便被赋予了这一使命。

三、研究意义

我国经济发展已进入新常态,国内外均面临着迥异于旧常态下的发展压力,因此经济动力正从传统增长点转向新的增长点。"一带一路"的重大意义是我国作为一个负责任的大国,让整个世界通过搭中国崛起的便车,共享发展成果,同时"一带一路"也是稳固我国战略地位和提升国际话语权的重要机遇。然而,"一带一路"建设的推进依旧面临着许多复杂问题:如何利用金融力量提供"一带一路"建设所需的巨额资金?如何以"一带一路"建设促进金融合作和扩大我国对外开放?"一带一路"沿线国家发展阶段异质性及其利益诉求差异如何平衡?这些都是当前亟需探索和解决的难题。新兴开发性金融机构在推动"一带一路"倡议的落实中扮演着关键角色,因此本书的研究意义具体包含以下三点。

1. 构建新兴开发性金融支持"一带一路"建设的理论框架

中国步入新常态的现实是当今诸多政策提出的出发点,本研究将其与"一带一路"建设相联系,又结合全球政治经济发展现实对新兴开发性金融支持"一带一路"建设进行理论构建。亚投行、金砖银行及丝路基金等新兴开发性金融机构的设立是"一带一路"建设的现实需要,但具体支持"一带一路"建设的实施路径选择还需要理论依据。本书重点梳理了开发新金融理论、国际公共品理论和经济一体化理论,构建了新兴开发性金融支持"一带一路"建设的理论框架。

2. 提供扎根现实的政策制定借鉴与实施参考

本书站在中国与沿线国家及地区角度,阐述新兴开发性金融机构的运行机制,支持"一带一路"建设的具体内容,分析新兴开发性金融支持"一带一路"建设效益,再从项目运营微观层面到国际地缘政治宏观层面,探究开发性金融支持"一带一路"建设风险,最后从投融资方式、政治外交、主体利益及创新金融支持方式四个维度,提出可供我国相关管理部门参考的政策建议。

3. 基于国内外局势的跨学科融合研究

本书将中国经济新常态作为出发点的同时又不仅限于此,力求放眼国内外政治、经济、金融与外交等不断变化的新形势,集中阐释新兴开发性金融支持"一带一路"建设对沿线各省、各国相关建设及国际关系的综合影响。除了运用经济学基本理论分析新兴开发性金融机构支持"一带一路"建设的机制、内容、效益和风险外,还尝试对其中涉及的国际关系问题、文化交流问题等其他学科内容进行讨论,并将之与"一带一路"建设资金支持、基础设施建设投融资和提升国际贸易合作等金融学、国际贸易学、产业经济学、国民经济学等经济学科知识相联系,基于国内外局势进行跨学科融合研究,为后续相关研究奠定基础。

第二节　研　究　对　象

"一带一路"倡议是一项多边性、系统性和长期性的发展战略,需要庞大的建设资金,因此完善资金保障机制便显得尤为重要。亚洲基础设施投资银行等新兴开发性金融机构是为支持"一带一路"建设而发起成立的金融机构,担负着为区域互联互通建设融资的使命。新常态背景下新兴开发性金融机构支持"一带一路"建设的机制、内容、效益和风险是本书的研究重点,因此确立两大研究对象分别是新兴开发性金融机构与"一带一路"建设,下面将分别从其各自内涵及产生背景对两者进行具体阐述。

一、新兴开发性金融机构

全球化背景下新兴经济体不断崛起,占世界 GDP 的份额逐渐提高,发达经济体的经济实力相对衰弱,但受制于以世界银行和国际货币基金组织(IMF)等国际金融机构为中心的传统多边机制改革滞后,国际经济秩序运行的话语权并未向发展中国家转移。同时,亚洲发展中国家基础设施建设普遍滞后,政府财政实力较弱,难以担负庞大的基础设施建设投入,制约了经济发展。因此,成立新兴开发性金融机构支持基础设施建设,并提高发展中国家在重塑国际经济秩序过程中的话语权很有必要。

1. 新兴经济体日益崛起与国际话语权受限的矛盾

在后危机时代全球经济增长停滞的背景下,亚洲的新兴经济体却表现出较为强劲的增长速度,不仅远高于世界平均水平,也高于世界新兴经济体的增长速度,亚洲的新兴经济体日益成为世界经济复苏的发动机,理应得到更多的话语权。同时,受东亚儒家文化圈影响,亚洲经济体民众普遍具有较强的储蓄意识,储蓄率常年高于世界平均水平,具备筹集资金负担庞大的基础设施建设费用的潜力(见表1-1)。

表 1-1 亚洲新兴经济体与世界经济发展情况比较(%)

年份	世界 GDP 增长率	世界国民 储蓄/GDP	世界新兴 经济体 GDP 增长率	世界新兴 经济体国民 储蓄/GDP	亚洲新兴 经济体 GDP 增长率	亚洲新兴 经济体国民 储蓄/GDP
2009	0.013	22.765	3.084	31.731	7.486	44.622
2010	5.432	24.079	7.477	32.636	9.549	44.564
2011	4.143	24.841	6.201	33.164	7.74	43.313
2012	3.365	24.944	5.075	32.938	6.651	43.429
2013	3.279	24.977	4.739	32.443	6.594	43.328
2014	3.313	25.215	4.43	32.625	6.483	43.375
2015	3.398	26.52	4.257	32.718	6.769	42.553
2016	3.211	25.838	4.327	31.955	6.448	41.131
2017	3.618	25.812	4.638	31.699	6.475	40.539

资料来源:IMF, World Economic Outlook Database, 2017

亚洲新兴经济体在快速发展的同时,其国际话语权却并未得到相应的提升。世界银行和IMF是西方主导全球经济治理的两大机构,国际社会尤其是新兴经济体对两大机构的质疑主要集中在其治理效益的有效性,特别是信贷发放融资的苛刻性。IMF贷款的条件苛刻,致使其在亚洲金融危机的救援活动中实际起到了相反的效果,且并未有效发挥其作为危机预警者和救援者的职能作用。在第五届G20峰会特别是金砖国家的推动下,2010年通过的IMF和世界银行治理改革方案包括未来大规模的增加融资、扩大特别提款权(SDR)的分配和使用、提升新兴市场国家投票权等实质性改革。然而,因为美国等主要发达国家不愿出让部分投票权,改革方案并未能满足发展中国家的话语权需求。在此背景下,新兴经济体意识到创新全球货币金融合作治理的重要性。最早设于泰国的"亚洲版IMF"

《清迈倡议》便是亚洲经济体创新国际经济治理体系的尝试,其建立的宗旨是提升本区域防范风险和应对挑战的能力。自 2000 年 5 月东盟与中日韩签署了《清迈倡议》以来,《清迈倡议》的范围与条款得到不断地扩大与完善,《清迈倡议多边化协议》①于 2014 年 7 月 17 日通过修订并正式生效,增强了东亚地区对抗金融危机的能力。

金融危机爆发以来,美国金融政策的变动往往导致国际金融市场波动,对发展中国家经济发展造成极大的负面效应。基于美元霸权,美联储俨然成为全球央行,其历次实施量化宽松或退出量化宽松的货币政策均对全球各国,尤其是对发展中国家的经济形势和货币政策造成冲击,其间俄罗斯、印度和巴西等国都经历了严重的货币贬值以及随之而来的国内通胀。在全球金融形势动荡不安,世界经济屡现衰退迹象,发展中国家极需国际金融机构施援的形势下,IMF 等国际金融机构的作为却乏善可陈。在此背景下,新兴市场国家唯有联合起来,建立一个非西方主导的符合发展中国家利益的全新的国际金融机构,才能有助于推动传统的以西方国家主导的"国际经济治理"向全球各类国家参与的"全球经济治理"转型。

2. 亚洲新兴经济体基础设施建设融资需求日益迫切

亚投行、金砖银行与相关国际金融安排的筹建,不仅体现了新兴大国的崛起态势,反映了广大发展中国家的利益诉求,也符合中国现代化进程的现实需要。早在 2011 年 3 月,麦肯锡公司便指出,包括中国、印度以及东盟等国的基础设施建设仍然不足。其中印度由于投资不足和设施维护不力,在用电高峰时的电力缺口达到 16% 至 20%;20 世纪 90 年代,印度尼西亚的基础设施投资总额约占 GDP 的 5% 至 6%,但在 21 世纪初以来的大部分年份中降到 GDP 的 2% 至 3%。据估计,由于基础设施投资不足所导致的能源、交通、住房、通信以及供水设施建设的滞后,使得亚洲新兴经济体 GDP 的增长率降低了 3% 至 4%。

据亚洲开发银行 2015 年公布的研究报告显示,2016 年至 2030 年亚洲的基础设施项目将需要投入超过 22 万亿美元,大致相当于这 15 年间该地区国家 GDP 总量的 5.5%,年平均资金需求量也超过 1.5 万亿美元;这些资金将用以弥补历史欠账和适应迅速增长的基础设施需求,其中的 85%

---

① 2010 年 3 月东盟 10＋3 财长会议上,为加强东亚地区对抗金融危机的能力,各国决定将清迈倡议进一步升级为清迈倡议多边化协议,建立一个资源巨大,多边与统一管理于一体的区域性外汇储备库,通过多边互换协议的统一决策机制,解决区域内国际收支不平衡和短期流动性短缺等问题。

将投入能源和交通领域,以强化对整体经济的带动作用(表1-2)。IMF公布的研究报告认为,亚洲的新兴市场国家在基础设施领域的投资对远期的经济增长将起到巨大的促进作用,当前的基础设施建设投资如能占到GDP的1%,则远期的经济增长率将会由此提高2%至3%。因此,加强基础设施建设可以成为亚洲新的经济增长点。由于世界银行和亚洲开发银行的贷款能力有限、限制较多,亚投行将为亚洲国家在基础设施建设领域提供更多的融资选择。

表1-2 2016年至2030年亚洲基础设施投资需求

单位:10亿美元

行业领域	总投资需求	年平均需求	占比(%)
能源	11 689	779	51.8
交通	7 796	520	34.6
电信	2 279	152	10.1
水利与卫生设施	787	52	3.5
总计	22 551	1 503	100

资料来源:亚洲开发银行网站,https://www.adb.org/

二、"一带一路"建设

"一带一路"是一个"不限国别范围、不是一个实体、不搞封闭机制、有意愿国家和经济体均可参与进来"的开放包容经济合作倡议。2017年10月24日,中国共产党第十九次代表大会在党章中加入了推进"一带一路"建设等内容,体现了中国共产党高度重视"一带一路"建设和坚定推进"一带一路"国际合作的决心与信心,这意味着"一带一路"建设将不是一个短期工程。

1. "一带一路"建设的内涵

"一带一路"倡议具有深刻的内涵,是以经济合作为基石,以人文交流为支撑的发展战略。鉴于亚欧大陆乃至世界其他区域的发展中国家普遍存在基础设施建设滞后问题,"一带一路"建设将以基础设施投资为抓手,并以基础设施互联互通为起点推动贸易互通,逐步实现经济一体化发展,新兴开发性金融机构将在基础设施建设投融资过程中发挥重要作用,为"一带一路"沿线经济增长打牢地基。

"一带一路"建设为亚欧国家深化合作勾勒了宏伟蓝图,将把东亚、东南亚、南亚、中亚、西亚乃至中东欧区域国家连为一体,沿线许多国家也已将本国发展战略与"一带一路"建设战略有效对接。袁新涛(2014)认为"一带一路"倡议受到亚欧国家的积极支持和参与,中国与"一带一路"沿线国家合作基础坚实,国内相关省份也纷纷制定实施规划方案配合"一带一路"倡议落实。潘志平(2015)认为"丝绸之路经济带"是大发展、大开放之路,政治沟通与合作之路,物质与精神结合的文明之路,为整个国家和相对滞后的西部地区提供了前所未有的发展机遇。

"一带一路"建设将政治关系优势、地缘毗邻优势、经济互补优势转化为务实合作优势,努力打造"丝绸之路经济带"和"21世纪海上丝绸之路"利益共同体和命运共同体,增进沿线各国人民福祉。陈玉荣和汤中超(2014)认为"一带一路"建设应分步骤分阶段实施,初期任务目标是电信、能源管线、道路、港口等基础设施共建和互联互通,为投资和贸易便利化打好基础;中期目标是建立自由贸易区,进一步在制度上为经济一体化铺路;远期目标是打造覆盖"一带一路"沿线的自由贸易区群,覆盖全球100多个国家。

2. "一带一路"建设的基础与利益

从全球视角观察,"一带一路"沿线是国际区域经济合作的洼地。提出和落实"一带一路"倡议,加强沿线区域合作,推进区域内资源的优化配置,有助于形成促进各国经济增长的新动力。"一带一路"沿线各国经济交往历史悠久,但相互间政治经济关系也常常因政治动荡、大国干涉、种族冲突和战争而恶化。进入21世纪以来,除少数国家和地区外,"一带一路"沿线绝大多数国家和地区致力于经济发展,不断推进经济市场化和开放化。在经济全球化进程中,沿线各国和地区越加意识到区域合作的必要性。中国与周边国家共建"一带一路"不仅具有一定的政治经济基础,而且具有较大的潜在利益,这种基础和利益主要体现在以下五点。

第一,中国与"一带一路"沿线许多国家和地区开放理念接近。作为具有五千年文明历史的国度,中国在历史交往中长期对周边国家输出文化,形成了泛东亚文化圈。张骞出使西域开辟的古丝绸之路和郑和下西洋开辟的海上丝绸之路令"一带一路"沿线区域具备传统的文化认同感。在新世纪以来,"一带一路"发展中国家因自身经济政治制度特点而无法被西方发达国家接纳,长期处于被边缘化的位置,在国际贸易中处于不利地位。中国的"一带一路"倡议蕴含了经济大发展和国际话语权提高的机会,普遍受到发展中国家的积极响应。

第二，世界经济增长和中国对外贸易增长重心逐步向"一带一路"沿线国家和地区转移。金融危机后西方发达国家复苏乏力，而"一带一路"沿线发展中国家由于具备庞大的人口、广袤的土地和丰富的资源，经济潜力在发展中逐步得到挖掘，渐渐成为世界经济发展的重要引擎。发达国家次贷危机后需求不振、贸易萎靡，中国企业便将贸易重点转向新兴经济体，努力开拓发展中国家市场，对外贸易重心逐渐向"一带一路"沿线转移。

第三，"一带一路"沿线国家和地区是中国企业"走出去"的重要目的地。"一带一路"沿线国家人口众多，资源丰富，具有无穷的发展潜力。在西方发达国家市场饱和的背景下，中国企业"走出去"的目的地便转移至发展中国家。尽管受制于多方面的政治经济因素，发展中国家投资可能存在较大风险，但中国企业作为后起之秀难以在低风险的发达国家市场中取得份额，因此只能和风险共舞，在应对风险的过程中强大自己，同时也为发展中国家建设贡献力量。

第四，中国基础设施建设的供给优势与"一带一路"沿线国家的需求相吻合。中国在经济发展的过程中积累了丰富的基础设施投资与建设经验，形成了强大的供给能力。"一带一路"沿线发展中国家因为政府财政实力较弱难以负担大规模的基础设施建设，制约了经济发展，这又导致政府财政无法壮大的恶性循环。中国强大的基础设施建设能力可以和沿线国家需求耦合，从而打破这一恶性循环，帮助沿线国家发展。

第五，"一带一路"建设将会显著改善中国中西部地区的基础设施条件，在推进中国与周边国家互联互通的同时，促进国内区域间的互联互通。中国西部地区在历史上曾是古丝绸之路的起点和重要通道，古代商人经过丝绸之路往来贸易繁荣了沿线地区，丝绸之路的起点西安历史上也曾是世界第一大城市。"一带一路"建设在为中亚、西亚、南亚、中东欧地区带来经济活力的同时，也将使我国西部成为对外开发的前沿阵地。贸易往来的增加将提升基础设施建设需求，使西部地区告别发展落后的局面。

第三节　国内外研究现状

国内外学者的现有研究认为，亚洲基础设施投资银行和金砖国家开发银行等新兴开发性金融机构是在发展中国家基础设施融资需求得不到满足和新兴经济体的诉求在现有国际体系中得不到有效反应的背景下成立的,对于提升新兴经济体的国际话语权和补齐发展中国家的基础设施短板具有重要作用,有利于组织成员的经济发展和影响力提高。国内外有众多学者研究了新兴开发性金融机构对"一带一路"建设的金融支持,形成了大量的成果,观点荟萃。

一、亚洲基础设施投资银行支持"一带一路"建设研究

亚投行的成立引起了国内外学者的广泛关注,这种关注主要集中于亚投行的影响力、职能定位、内部组织管理及其运营模式等方面。在影响力与职能定位方面,Mike Callaghan 和 Paul Hubbard(2016)认为亚投行的成立是中国提升经济影响力,承担国际责任的尝试,有助于世界银行等传统多边开发性金融机构的改革和发展,但 Ito Takatosh(2015)还认为由中国牵头成立的亚投行将面临与传统多边金融机构的竞争。创办成为一个新型的、具有 21 世纪高治理水平的国际多边开发性金融机构是亚投行在现有多边开发性金融体系中具备竞争力的前提(丁开艳,2016)。王达(2015)认为亚投行能够成为支撑"一带一路"倡议的有力支点,促进亚洲各国的互联互通和一体化发展。黄志勇等(2013)通过总结世界银行的成功经验,认为亚投行应提供金融创新服务,同时制定严格的贷款评估机制。万志宏和黎艳(2015)认为亚投行在资本运作中应以财务可持续性为基本运营目标,在投资、融资、风险控制等业务领域则应汲取传统多边开发性金融机构的成功经验。

在组织管理方面,学者们普遍认为亚投行的构建应克服传统多边开发性金融机构的弊端。Mike Callaghan 和 Paul Hubbard(2016)认为亚投行不能照搬传统多边开发性金融机构的管理与运营模式,而要把亚投行作为提高这些开发性金融机构运行效率的催化剂。Gregory T. Chin(2016)认为亚投行应在银行组织管理方面进行突破,使领导层的任命更加公开透明。亚投行建立之初就采用了非常驻董事会的机制,Martin A. Weiss(2015)认为非常驻董事会成立可能使董事会成员不能直接参与到亚投行的投资决策当中,投资决策将直接由管理层制定。Rahul Mishra(2016)提出亚投行目前在治理上最大的挑战是作为一个公开透明、公平的开发性金融机构,要如何去优先选择一项工程项目以便合理使用其资金资源。

在运营模式方面,James F. Paradise(2016)提出主权货币和信贷率是亚投行运营过程中需要考虑到的两大因素。Makmun Syadullah(2014)认为亚投行从市场上获得资金的能力受到其贷款利率影响,成员国国债利率会影响亚投行贷款利率。因此,亚投行在同意成员国加入前,需要考虑申

请国的国债利率。廖中新等(2016)运用蒙特卡洛仿真方法,模拟后发现亚投行的运营将受到运营维护费用、折现率、利润分配制度、法律法规和融资结构等因素影响。高蓓等(2016)通过超主权信用评级方法分析多边开发银行信用评级与融资成本之间的关系,认为亚投行信用评级越高,其融资成本越低,长期可持续发展能力越强。刘柏和张艾莲(2016)认为亚投行在支持项目融资的同时,还需要提升项目审批速度和效率,在发放贷款之前,亚投行应与借款国进行协商。除此之外,June Teufel Dreyer(2015)还提出环境与工程质量将是亚投行运营过程中需要注意的一个更长远的问题。亚投行为"一带一路"基础设施建设项目融资本质上是在多边框架下提供国际公共品的行为,葛伟等(2018)研究发现,公共品提供国、接受国及其邻国在经济影响力上存在战略替代关系,这可能阻碍公共品供给效率的提升,因此亚投行在项目审核时既要考虑贷款对接受国的影响,也要考虑其邻国的利益诉求。王亚军(2018)亦有类似的观点,亚投行参与主体异质使利益诉求的有效调和受到挑战,亚投行需要一个合理的协商机制处理复杂的地缘政治关系,推动互联互通项目的落地。

二、金砖国家开发银行支持"一带一路"建设研究

金砖国家的经济周期协同性促使金砖国家建立更紧密的金融联系,金砖国家开发银行就是这一动机下的产物。金砖国家经济周期协同性研究方面,贺书锋(2010)认为当前金砖国家已形成了以中国为核心,以高度协同性和互动性为特征的经济周期。熊豪(2014)认为中国经济对金砖国家经济协同在不同的经济周期区制内表现不同。张兵和李翠莲(2011)证明了金砖国家间在通货膨胀上的周期协同性。蒋昭乙(2012)也认为金砖国家经济周期在长期内存在共同趋势。在量化层面上,王金明和高铁梅(2013)基于动态因子模型计算出"金砖国家"经济周期波动的共同成分,认为其存在显著的同步波动特征。

除了经济周期协同性高之外,金砖国家在基础设施建设中均存在巨大的资金缺口,包括世界银行和亚洲开发银行在内的多边金融机构也无法完全弥补,金砖国家开发银行在这其中可以起到很好的补充作用(Singh和Mukamba,2015)。Griffithjones(2014)估算了发展中国家在基础设施建设上的资金需求和在不同假设下金砖国家开发银行所能提供的贷款水平,强调了金砖国家开发银行在现有的国际融资体系中所扮演的重要角色及其积极影响。Adriana等(2014)根据中国的发展经验,认为金砖国家开发银行会带给中国巨大利益,改善中国国家形象,符合中国多边战略。张恒

龙和赵一帆(2016)认为金砖国家开发银行的成立不仅有利于新兴经济体经济发展,而且会提升新兴经济体在国际经济治理中的话语权。汤凌霄等(2014)和陈冬梅(2014)认为现有的融资渠道满足不了金砖国家基础设施融资需求,同时金砖国家庞大的外汇储备却得不到有效利用,并且成员国封闭式的外汇管理成本高昂,以上因素促成了金砖国家开发银行的成立。关雪凌和张猛(2012)以及丁振辉(2014)均认为金砖国家开发银行是金砖国家共同努力的重要成果,会增强成员国间的凝聚力,加速金砖国家经济整合,将各国经济影响力转化成政治影响力。

针对金砖国家开发银行成立初期面临的不足,国内外学者主要从金砖国家开发银行可能面临外部竞争、西方国家打压和成员国间的利益矛盾等方面进行相关研究。Folly(2015)认为各国意见对于决策顺利通过影响巨大,成员国必然会基于本国利益而展开博弈,降低决策效率。Russell(2015)认为金砖国家开发银行是在成员国希望打破西方国家对既有金融秩序控制和提升自身国际经济影响力的背景下成立的,存在如何坚持发展中国家既有贷款准则和化解成员国争夺权力的矛盾。M.Qobo(2015)认为金砖国家开发银行成员国国内存在社会和经济问题,彼此间有利益价值冲突,该行能在国际上扮演何种角色取决于前面二者的解决程度。潘庆中等(2015)认为金砖国家开发银行平权结构特征虽然有利于成员国民主决策,但也可能加剧成员国间博弈,增加了决策难度,降低了金砖国家开发银行运营效率。杨伊和苏凯荣(2015)运用奥尔森集体行动理论分析了金砖国家内部之间的利益博弈的可能性,通过建立博弈模型分析发现加强合作符合各成员国利益。李娟娟和樊丽明(2015)认为金砖国家开发银行在运营过程中,成员国存在盲目博弈斗争倾向,陷入集体行动困境,但各国依然可以通过适当制度设计予以克服。周方银(2014)认为尽管金砖国家诉求不完全相同,存在利益冲突,但是合作符合彼此利益,会增强成员国的影响力。

三、"一带一路"建设资金保障机制研究

当今时代正处于经济多极化背景下多边机制界定新国际金融规则的时期(王国刚,2019),"赢者通吃"让位于"合作共赢"是新规则形成过程中的特点之一,"一带一路"倡议正是适应这一新的时代背景应运而生的中国方案,但在金融实践层面上还需解决巨额资金、资金性质和政治风险三大难题,多元化资本结构是破解这些难题的关键。

迥异于一般金融机构,多边开发银行主要通过发行债券融资,因此机

构的信用评级就显得尤为重要。高蓓等(2016)对比不同信用级别的多边开发银行在金融市场上的表现,发现评级越高的银行发债量越多,发债成本也越低。按照国际主要评级机构的标准,对多边开发银行的超主权评级设计内部评级因素和外部评级因素,就内部评级因素而言,资本充足率、流动性和多边机构对股东的重要性、机构运营能力、盈利能力及风险管理水平较为重要;就外部评级因素而言,成员国对多边开发银行的支持力度是考察的重点。基础设施是"一带一路"建设中的重中之重,较为依赖长期性资金的支持,多边开发银行获得高信用评级有利于降低运营成本,支持更多的基础设施项目建设。

设施联通和贸易畅通是"一带一路"建设的两个重要目标,基础设施建设有助于促进区域内双边贸易的畅通(胡再勇等,2019)。新兴开发性金融机构尽管在成立伊始就获得上千亿美元的资本注入,但相对于"一带一路"沿线的基础设施建设需求而言仍是九牛一毛,因此仅是"一带一路"建设资金保障机制的一部分。正如亚投行首任行长金立群所言,亚投行支持"一带一路"建设的关键不是自身掌握了多少资金,而是能调动多少资源[①]。事实上,"一带一路"建设的资金保障主体除了亚投行和金砖银行外,还包括世界银行和亚洲开发银行等传统国际金融机构、政策性金融机构、商业银行、专项投资资金、出口信用保险机构等。新兴开发性金融机构和这些资金主体既是合作关系,也是竞争关系。至于亚投行成立对于现有多边开发性金融体系的意义,倪建军(2015)认为亚洲开发银行成立至今半个世纪并未能很好地支持亚洲地区的基础设施建设,过于注重"输血"式减贫,忽视了加强经济基础设施等"造血"机能的建设,亚投行等新兴开发性金融机构的建立可以通过"鲶鱼效应"刺激现有多边开发银行活力,推动这些机构回归本来宗旨,制定更合理的贷款标准,减少过多僵化的"附带条件"。相比于"授人以鱼",中国更多地以"授人以渔"的方式援助"一带一路"沿线发展中国家,这种减贫效应主要通过增加资本形成额、创造就业岗位来实现(张原,2018),依托基础设施投资构建的开发式减贫比转移支付型援助具有更好的减贫效果。因此,亚投行专注于基础设施项目投资是效果更好的"造血"式减贫。

除了加强和其他资金主体的合作外,新兴开发性金融机构还可以通过融资结构的设计调动"一带一路"建设资金。提升基础设施供给的私人参

---

① 亚洲基础设施投资银行行长金立群 2018 年 2 月 6 日在马来西亚吉隆坡举行的世界资本市场研讨会上的讲话。

与度是缓解基础设施建设财政资金压力的根本思路,由此在基础设施建设的融资方式上,各种类型的 PPP(Public-Private Partnerships,公私合作模式)形式便得到广泛采纳。罗煜等(2017)研究发现私人资金主体在 PPP 融资机制中承担的风险越高,项目失败的概率越大,但国际多边金融机构参与的 PPP 项目中,私人投资者愿意选择更高的风险承担程度。对于政府财政部门而言,将所需承担的基础设施投资交给市场完成能极大地减轻财政压力,并提高基础设施的运营效率(Calderón & Servén,2004)。基础设施建设投融资的私有化受到社会收益向私人收益转化的激励,可以提升基础设施的供给效率,白重恩和钱颖一(2010)发现,在中国,能源、铁路系统完全由政府投资,发展缓慢,但在引入市场机制后电力与高速公路基础设施得到了飞跃式发展。姜安印(2015)认为中国取得基础设施建设辉煌成就的关键在于基础设施领域多元投资主体的不断完善,特别是开发性金融的带动作用得到了发挥。同理,基础设施建设的中国经验,便是市场机制应成为实现公共产品资源合理配置的有效手段。

四、小结与述评

亚洲基础设施投资银行和金砖国家开发银行等新兴开发性金融机构的成立时间较短,虽然目前国内外学者对其支持"一带一路"建设和发展中国家经济增长的意义有一定研究,成果富有借鉴意义,但理论基础较为缺乏,因此,研究也欠缺系统性。对于新兴开发性金融机构的发展前景,学者们更多是以预判性评论表述观点,普遍没有提供经验证据。对于新兴开发性金融机构成立的意义,学者们虽然注意到了发达国家和发展中国家的话语权之争,但并未与我国经济新常态背景相结合。以上种种原因使得目前对于新兴开发性金融机构支持"一带一路"建设的研究有所不足,本书基于此,重点研究新兴开发性金融机构的运行机制、支持"一带一路"建设的内容及其效益和风险,以便为现实政策的制定提供借鉴和实施参考。

第二章　新兴开发性金融机构支持"一带一路"建设理论基础

　　"一带一路"倡议是我国基于新常态认识而提出的发展战略，也是未来世界经济增长的重要引擎。深入系统地研究"一带一路"建设的理论基础，使用经济学原理解释"一带一路"建设的逻辑有助于指导实践，从而提高建设效率。具体而言，新兴开发性金融机构支持"一带一路"建设的理论基础涉及开发性金融理论、国际公共品理论和经济一体化理论，本章将逐一论述。

第一节　开发性金融理论

　　在经济基础落后、资源配置机制不完善的发展中国家，经济增长的过程从某种意义上说就是瓶颈部门不断出现并且不断被消除的过程。传统的金融发展理论所倡导的完全的金融自由化并不能为发展中国家建立配置资源的激励机制提供理论支撑，在 20 世纪 80 年代后发展中国家爆发的三次危机（1982 年拉美国家债务危机、1994 年墨西哥的经济衰退和 1997 年亚洲金融风暴）便是金融自由化改革失败的例证，这说明发展中国家金融发展支持经济增长的路径有别于发达国家，照搬发达国家的经验与理论力行改革反而会有"橘生淮南"之憾。因此，探索一条有别于西方国家金融发展路径支持发展中国家经济增长就显得很有必要，开发性金融理论由此应运而生。

一、概念界定与主要功能

1. 开发性金融的定义与内涵

　　白钦先和耿立新（2005）认为开发性金融是开发性商业性金融与开发性政策性金融的总称。李志辉和王永伟（2008）认为开发性金融是一种独立的金融形态,它是指具有政府特定赋权的法定金融机构,以市场化的运作方式和市场业绩为支柱,主动通过融资推动制度建设和市场建设,以实现政府特定经济和社会发展目标的资金融通方式。开发性金融以服务国家发展战略为宗旨,实行自主经营和自负盈亏的市场化运作,在弥补市场失灵、提供公共产品、实现政府发展目标、提高社会资源配置效率、熨平经济周期性波动、维护国家经济金融安全等方面具有独特优势,是金融体系中不可替代的重要组成部分。开发性金融的关键作用在于为公共资本形成提供所需要的集中、大额、长期的资金,弥补市场缺失,并在提供资金的同时,通过建设制度、培育市场,最终构造公共资本的有效形成机制,突破经济发展的瓶颈。

开发性金融是不可或缺的金融形态。陈元(2009)认为尽管在建设阶段可以有多种金融形式存在,但开发性金融以其独特的优势存在。开发性金融是连接政府和市场的桥梁,是适应制度落后和市场缺失,为实现跨越式赶超发展和建设市场,以及增强经济竞争力、维护国家金融稳定而出现的一种金融形式。开发性金融能够通过融资推动,把政府和市场的金融力量结合起来形成合力,共同推进市场建设,完善微观制度和金融基础设施,用市场化方式实现政府的发展目标。

2. 开发性金融的融资机制

开发性金融支持国民经济的融资机制迥异于商业性金融。陈元(2004)总结了国家开发银行的实践经验,认为开发性金融的融资机制是"政府选择项目入口,开发性金融孵化,最后实现市场出口"。公共性是政策性金融的本质特性,特定选择性是政策性金融的基本特征之一①(白钦先和张坤,2015),开发性金融是政策性金融的发展(张朝方和武海峰,2007),继承了政策性金融的公共性,因此盈利不是开发性金融首要追求的目标,根据政府的规划撬动市场资源推动项目落地实施才是其目的,即"政府选择项目入口"。开发性金融在经济中的角色更多的是铺路搭桥,改善地区或特定领域的投融资环境,完成前期的开发工作,也即"开发性金融孵化"。陈元(2010)还认为开发性金融具有逆经济周期调节作用,而且作为市场主体,具有直接、主动和示范的特点,能够在一定程度上弥补政府部门宏观调控的不足。曲昭光(2005)探讨了开发性金融和商业性金融的关系,

---

①　除了公共性和特定选择性外,白钦先和张坤(2015)认为政策性金融的基本特征还包括金融性和国家信用性。

认为开发性金融支持"两基一支"①建设,推动落后地区开发,扶持中小企业成长,为商业性金融的进入奠定了基础,开拓了市场空间,培育了未来合格客户,也即陈元(2004)总结的"实现市场出口"。因此,凭借这一独特的融资机制,开发性金融能够较好地支持国家产业政策,并满足战略规划的需要。

二、开发性金融理论:一个超边际分析框架

基础设施建设等公共资本积累以其外部性和长期性等特点难以由商业性企业主导,需要政府等公共部门提供一个良好的开端。具体到金融领域,则需要发挥开发性金融的引导作用。在多边框架下,新兴开发性金融机构在初创阶段借助成员国信用借款,并由此对"一带一路"东道国基础设施和基础行业进行投资,在日常经营中凭借良好的项目融资与资金管理经验打造自身品牌形象,增加机构信用以形成进一步融资的良性循环。开发性金融机构在对基础部门进行投资后,投资的收益与信息逐渐清晰,市场的力量就会介入,开发性金融退出,项目由市场继续运行,而开发性金融机构转向新的领域或项目。开发性金融的融资机制无疑是超边际选择②的生动体现。这种运作模式背后的逻辑在于开发性金融机构在项目选择之后能够全身而退,收回投入成本和承担相应风险而取得的收益,由市场按照公平价格给予足够回报,再转而由市场运作。这种模式和政府直接投资基础部门的区别,在于是否仅仅提供了公共产品而没有起到超边际选择的效果。

"一带一路"沿线发展中国家如果运用开发性金融机构来进行超边际选择,就能使经济在一个更高的边际上运行。因此,开发性金融机构的业务可以分为两类:其一是和超边际选择无关的,简单地对具有正外部性的行为进行补贴,这和发达国家的政策性金融所做的业务并无区别;其二就是事关超边际选择的。一般而言,第二类业务在发展中国家的政策性金融机构业务中占的比重相当大,这是因为发展中国家的基础设施极其落后,因而导致市场的潜力被压抑住,经济不发达,但经济发展的空间又非

---

① "两基一支"指基础设施、基础产业和支柱产业,均是国民经济的基础性领域,因盈利能力较弱难以吸引商业性金融支持,但对总体经济发展又至关重要。

② 所谓超边际选择即是当两个选择不能同时选取、非此即彼时根据超边际分析做出的选择。与庞大的基础部门资金需求相比,"一带一路"沿线的公共部门所能提供的资源是有限的,因此往往面临这类似的超边际选择,此时若能采用国家开发银行的模式必能起到良好的基础设施投资效果,这也是中国在基建领域雄厚积累在国际推广的表现。

常大。一旦基础设施建设短板得到补齐,商业性主体必然蜂拥而来,使得该地的经济在和开发性金融参与前完全不同的边际上运行。与发展中国家相比,发达国家由于经济潜力被发掘得相当充分,这种超边际的效应是很小的。

这一逻辑可以表述为:

$$Y = y_1, \quad T = 1;$$
$$Y = y_2, \quad T = 0 \tag{2-1}$$

式(2-1)中 T 代表事件, $T=1$ 代表事件发生, $T=0$ 代表事件没有发生。赋予这个模型以现实意义,那么 $T=1$ 代表多边开发性金融机构要将这一项目经济开发后出售给市场中的各类经济人;选择 $T=0$ 意味着是普通的政策性金融业务,只提供补贴。Y 代表基础设施项目的收益。y_1 代表选择 $T=1$ 时的收益, y_2 代表选择 $T=0$ 时的收益。如果 $y_1 \geqslant y_2$,那么就应该选择 $T=1$。注意 y_1 和 y_2 不是选择 T 之后的瞬时收益,而是在此边际上的最优收益,准确说它是各个时点最优收益的累积,是关于时间的积分。它们可以表示为:

$$y_i = \int \rho_t(r) c_t^i \mathrm{d}t - c_0^i \tag{2-2}$$

这里 $i=1$ 代表 $T=0$ 的情况, $i=2$ 代表 $T=1$ 的情况。$c_t^i(i=1, 2)$ 代表在 i 的情况下,在时刻 t 的净现金流,而 c_0^i 表示在 i 情况下的成本。$\rho_t(r)$ 表示折现率,它是利率 r 的函数,在连续复利的情况下为 e^{-rt}。y_1 和 y_2 即是这一简单超边际分析框架中的角点解。

有两类经济主体包含在这个超边际分析框架中:由成员国共同出资成立的多边开发性金融机构和各种经济人。经济人指市场中的各种理性投资主体,包括私人投资者、商业银行以及各种商业性中介。经济人追求的是自身利润最大化,这和超边际选择是相悖的。超边际选择面临巨大的不确定性,这种不确定性来源于政治与宏观经济环境的稳定与否等方面,难以被市场中的单个经济人左右,但多边开发性金融机构却有可能控制这些因素对投资的负面影响。信息不对称、超过一般经济人承受的前期投资等软性或硬性的制度同样制约着超边际选择,因此它的选择权只能归于所有代表成员国政府利益的多边开发性金融机构。在多边开发性金融机构进行超边际选择后,市场中的各类经济人便会根据既成的边际进行最优边际上的选择。

市场经济主体的最优边际决策必然会被多边开发性金融机构在进行

超边际选择时所预期,并以此作为决策依据。因此对多边开发性金融机构和这一简单的分析框架而言,有必要修正 y_1 和 y_2 的表示形式:

$$y_i = \int \rho_t(r) E[c_t^i(p)] \mathrm{d}t - c_0^i \qquad (2\text{-}3)$$

式(2-3)中的 $E[c_t^i(p)]$ $(i=1, 2)$ 是多边开发性金融机构对经济人 (p) 在自己做出边际选择(即选择 $i=1$ 或 2)之后的最优边际决策行为的预期。对于市场中的经济人而言,有:

$$
\begin{aligned}
y_1 &= \int \rho_t(r) c_t^{E(i)=1}(p) \mathrm{d}t - c_0^{E(i)=1} \\
y_2 &= \int \rho_t(r) c_t^{E(i)=2}(p) \mathrm{d}t - c_0^{E(i)=2}
\end{aligned}
\qquad (2\text{-}4)
$$

式(2-4)中,$E(i)$ 代表市场上经济主体对于政策性金融机构超边际选择的预期。在如此一个博弈中,如果信息是完全的,那么最终超边际选择必然是有效率的,即对于 y_1 和 y_2 的预期是一致的。在信息完全时,多边开发性金融机构知道经济人在每个边际上的最优选择,市场经济人也明白多边开发性金融机构对这一信息的掌握,如此循环往复,即经济人和多边开发性金融机构各自的预期是这个博弈中的共同信息。此时二者对于 y_1 和 y_2 大小预期必然是一致的,多边开发性金融机构孵化基础设施项目后可以寻得市场出口,将项目转售予经济人,回笼资金进而投资下一个项目,因而超边际选择是有效率的。

市场经济主体和多边开发性金融机构预期一致,表明这一超边际选择框架的结果是有效率的和稳定的。当两者都预测 $y_1 \geqslant y_2$ 时,多边开发性金融机构就会选择 $T=1$,即它可以在适当的时候以最大售价 y_1 出售这一项目,多边开发性金融机构获益的最大空间是超边际选择收益与一般政策性金融业务之差,即为 $y_1 - y_2$。在一个完全竞争市场上,多边开发性金融机构可以得到市场的平均收益。当两者都预测 $y_1 < y_2$ 时,就是第一类的政策性金融服务。

假如由于信息不对称则二者对于 y_1 和 y_2 的大小预期便不一致。假设对于多边开发性金融机构,预期的收益 $y_1 \geqslant y_2$,而经济人预期 $y_2 \geqslant y_1$,即经济人认为多边开发性金融机构投资的基础设施项目运行后并未能使未来收益变得明朗且可观,此时开发性金融失去市场出口,经济在低效率下运行。在信息不对称状态下基础设施建设的效益和政府直接出资区别不大,而不是超边际选择。多边开发性金融机构在该种状态下的所作所为归属于政策性金融机构的第一类业务,和同时预测 $y_1 < y_2$ 的情况相比,多

边开发性金融机构要额外承担对项目的市场性开发所支付的成本。

开发性金融机构的主要业务并不是传统政策性金融机构对具有正外部性行为进行简单的补贴,而是和超边际选择相关的补充与引导。因此,若多边开发性金融机构能够确立一个较为合适的激励约束制度,使自身能够在成员国政府目标的约束下独立而理性地做出超边际决策,那么多边开发性金融机构便可以在东道国乃至国际上具有生产公共信息,促进经济增长,乃至引导金融发展和改善制度建设的作用。

首先是公共信息的生产。为使经济人与开发性金融机构产生一致的预期,使他们对于 y_1 和 y_2 的大小预期一致,以令超边际的决策成功,开发性金融机构必然需致力于信息的生产和发布,以期和经济人形成共同知识。由于在发展中国家转型中的诸多风险正是由于信息的严重缺失和不对称性引起的,因而多边开发性金融机构的作用就是使得基础设施项目的风险降低到一般经济人愿意承受的程度,而收益提高到一般经济人愿意为之承担风险的水平。

其次是促进经济增长。这主要体现在 $y_1 \geqslant y_2$ 上。只要多边开发性金融机构的超边际决策成功,那么就能使东道国更多的基础设施项目得到融资,从而令整个经济不但在质上有了飞跃,而且在量上亦会有显著增长。因为在超边际决策成功的前提下,"一带一路"沿线国家将在一个新的边际上进行生产活动。

再次是引导金融发展的功效。多边开发性金融机构的这一功效具体表现为弥补发展中国家财政支出的无效率缺陷。发展中国家由于政府管制和直接控制大量资源往往造成金融抑制,这不利于发展中国家金融发展,长期来看更不利于发展中国家拓宽基础设施建设的融资渠道。因此,"一带一路"沿线的东道国政府将其控制的部分资源以入股的方式转由多边开发性金融机构以超边际选择的方式投资,既可利用多边开发性金融机构管理团队和其他成员国高效的项目运作与资金管理经验,又可提高资金的使用效率,使得一部分本无效率的金融资源得以近似效率地运转,并调动市场经济人参与的积极性。另外,开发性金融机构的主要业务集中在基础设施领域,一旦将项目转售经济人就能使当地市场力量得到进一步扩张,这也促进了金融发展。

最后是推动制度建设。相比于财政手段,以金融手段支出政府控制的部分资源必然促使和东道国政府相关的贷款单位遵守市场规则。多边开发性金融机构在开发性金融的实践中必须注重信用建设,不仅将信用建设贯穿于项目开发、评审、贷款发放、本息收回等信贷全过程,而且强调国家及政府组织增信原理的运用。信用建设既增强了东道国政府和贷款客户的风险意识,使社会信用环境大为改善,又有利于多边开发性金融机构控制风险,改善资产质量,这都是对东道国制度完善的推动。

在超边际分析框架中分析多边开发性金融机构的背后机理在于:"一带一路"沿线发展中国家基础设施建设长期融资困难,形成了经济发展过程中的基础设施短板。许多经济项目因为基础设施建设滞后的问题而风险过大,超过市场理性经济人的承受能力,这使得发展中国家的这类项目难以获得市场融资,造成了金融抑制。多边开发性金融机构汇聚"一带一路"区域内外各个成员国的资源,以群策群力的方式用市场化的方法运行基础设施建设投资,便可补齐基础设施短板,缓解这种金融抑制,达到各国经济超边际发展的目的。另外,发展中国家长期融资市场不发达,政府才会试图占有大量的金融资源以解决基础设施的缺失。然而,政府以财政手段分配这些金融资源也必然会导致金融抑制,以一种金融抑制替代另一种金融抑制的行为实际上是"饮鸩止渴"。在超边际框架内分析发现存在通过开发性金融这种更优的路径来解决基础设施项目融资不足的问题,避免政府以非市场的手段损害国内融资市场。

事实上,正是大多数发展中国家政策性金融的失败使得麦金农先生对政策性金融存有异议,他认为政策性金融作为政府直接分配信用的工具造成了国家的金融抑制,而中国的经验让他改变了看法。当今世界上许多发展中国家和中国一样面临着众多的超边际选择,若这些国家的政府没有意识到这点依旧使用补贴的方式开展业务,则其能维持的时间和亏损的规模取决于该国的财政能力。中国经济进入新常态的同时,中国外交也秉承着新的理念,进入了外交新常态,中国外交的主基调由"韬光养晦"调整为"奋发有为",实施新型的大国外交政策。在这一背景下,新兴开发性金融机构的筹建开启了中国内外经济互动和内外大局统筹的新棋局,也为中国主导和参与开放性金融框架的完善和壮大打开了新局面。随着"一带一路"建设的推进,中国资本与全球资源的衔接作用正逐步得到落实与体现,进一步促进资源流动、支持基础设施建设、扶持企业成长。

第二节　国际公共品理论

萨缪尔森(1954)定义公共物品为每个个人消费这种物品不会导致他人对该物品消费的减少,因此,非排他性和非竞争性是公共物品的两个基本特征①。除此之外,公共物品还具有正外部效应,给全社会带来的社会收益大于该物品给任何单个购买者所带来的私人收益。公共物品和私人物品的区别主要在于公共物品无法依靠市场机制调节满足人们对其的需求,单纯依靠市场供给会使公共物品的供应量低于资源最优配置状态相应的产量。

一、国际公共品供给的跨国集体行动

根据传统公共品理论,公共品因其收益的公共性需要政府发挥作用,难以由市场有效供给。然而,整个国际社会处于无政府状态,因此无政府状态下的国际公共品供给需要跨国集体行动,以国际合作的方式实现。国际公共品收益的非排他性决定了"搭便车"动机和机会主义行为的存在,这会导致跨国集体行动的困难。现有文献主要从三个角度对跨国集体行动的可能性及其实现路径问题进行探讨:一是国际制度设计;二是国际公共品的客观属性;三是供给主体的集团特征。Olson(1965)认为集团规模是决定理性个体对自身利益的追求是否会导致有利于集团行为的关键因素,相比于由多国构成的大集团,少数国家构成的小集团能更好地增进其共同利益。后来,以 Oye(1985)为代表的许多国际关系学者对此进行了更为深入的探讨,也使得国家数量如何影响国家合作的出现与发展这一问题成为当今国际关系理论中争辩的一个焦点。

伴随国际公共品理论的发展,20 世纪末期尤其是 21 世纪以来,一些学者开始回归经济学研究公共品的传统范式,尝试从国际公共品客观属性的角度对跨国集体行动的成功做出解释。其中,以 Sandler(2010)和 Barret(2007)为代表的一些学者从国际公共品的生产属性出发,认为对于不同国际公共品生产而言,各国贡献量对供给总量的影响以及生产加总技术是存在差异的,而这种差异决定了各国所面临激励结构的不同。庞珣(2012)等学者则从国际公共品消费属性的角度出发,指出若国际公共品在消费上不具有完全的排他性或竞争性,那么排他性的消费机制和成本分担机制就有可能建立,使国际公共品供给成为可能。

二、集体行动领导者与跟随者收益分析

各国基于本国利益和他国行为预期会形成不同的策略集合,进而在收

---

① 非排他性指公共物品的效用在不同消费者之间无法分割,对其消费是共同进行的;而非竞争性指边际生产成本为零和边际拥挤成本为零,即增加一个消费者对供给者带来的边际成本为零和每个人消费都不影响其他人的消费数量和质量。

益最大化原则的指引下确立各自在跨国集体行动实现过程中的角色与作用。李娟娟和樊丽明(2015)认为,现实的跨国集体行动实现路径分为发起和实现两个阶段,而这两个阶段分别对应两类主要角色,即领导者和跟随者。由于国家异质性的存在,某些国家将主动承担起倡导组织的成本促进集体行动的实现,在后一阶段则是其他相关国家依据自身条件选择跟随参与或不参与。亚投行成立这一跨国集体行动的实现机制是由异质性国家之间的动态博弈产生的。具体现实的实现结果和路径是:中国作为最大的新兴发展中国家主动充当领导者的角色,倡议、组织和协调整个亚投行的筹建工作,其他相关国家出于自身利益考虑选择跟随参与或不参与。本节在这一思想的基础上进行理论推导。

假定国家 i 的收入 Y_i 仅用于国际公共物品(Pub_i)和私人物品(Pri_i)的消费,则有:

$$Y_i = Pub_i + Pri_i \qquad (2-5)$$

在这里私人物品指的是国家 i 参与跨国集体行动以外的建设投入,国际公共品的总供给量为 Pub ,为简化分析,假定跨国集体行动的参与国平均分配对国际公共品的供给,总供给量 $Pub = \sum_{i=1}^{n} Pub_i$,国家 i 供给量 $Pub_i = g$ 。

参考朱宪辰和李玉连(2007)设定的领导者与追随者效用函数,假定在国际公共品的跨国集体供给过程中参与国 i 的效用函数为:

$$u_i = u_i(Pub_i, Pri_i) = Pri_i + \alpha_i \times Pub_i + Pri_i \times Pub_i \qquad (2-6)$$

其中,参数 α_i 用以表征国家个体对于国际公共品的偏好差异,交互项 $Pri_i \times Pub_i$ 代表国际公共品和私人物品间存在的相互交织、难以分离的联系。该效用函数与国家收入 Y_i 相结合则有:

$$
\begin{aligned}
u_i &= u_i(Pub_i, Y_i) \\
&= (Y_i - Pub_i) + \alpha_i \times Pub_i + (Y_i - Pub_i) \times Pub_i \qquad (2-7)
\end{aligned}
$$

跨国集体行动通常分为发起阶段和参与阶段两个时期,即某国提出集体行动的倡议,其他国家接受倡议,参与行动。提出倡议的国家需要付出相应的组织成本,以支持国际信息交流与沟通、谈判与协商以及建立和维持正式组织等活动所需的各种费用,为各参与国达成集体行动的共识承担责任,故假设发起行动的领导者担负的组织成本为 c 。从长远角度来看,组织成本应小于国际公共品的生产成本,则有 $c < g$ 。

在国家理性人追求收益最大化的假设下,一国是否愿意成为领导者组织行动的条件取决于其效用函数。假设领导者面向 n 个国家发起倡议,而该领导者并不确定有多少国家愿意接受倡议,成为集体行动的跟随者,则领导者的收益在不同数量跟随者情境下分别为:

有 n 国跟随参与时:$(Y_i - g) + \alpha_i \times (n+1) \times g + (Y_i - g) \times (n+1) \times g - c$;

有 $n-1$ 国跟随参与时:$(Y_i - g) + \alpha_i \times (ng) + (Y_i - g) \times (ng) - c$;

……

没有国家跟随参与时:$(Y_i - g) + \alpha_i \times g + (Y_i - g) \times g - c$。

领导者国家若不发起集体行动倡议则收益便是其收入 Y_i,因此若该国无法确定是否会有国家响应其号召,那么选择组织的条件便为:

$$(Y_i - g) + \alpha_i \times g + (Y_i - g) \times g - c > Y_i \qquad (2\text{-}8)$$

化简后得:$\alpha_i + Y_i > \dfrac{c}{g} + g + 1$,由此可知,当一个国家的收入 Y_i 和对国际公共品的偏好 α_i 越高,则该国越有激励成为跨国集体行动的领导者。

其他国家收到领导者国家发起行动的倡议后,也是通过比较自身参与和不参与行动的收益以决定是否响应。国家 i 参与集体行动在不同情境下的收益为:

所有国家都跟随参与行动:$(Y_i - g) + \alpha_i \times (n+1) \times g + (Y_i - g) \times (n+1) \times g$;

有一个国家不跟随参与行动:$(Y_i - g) + \alpha_i \times (ng) + (Y_i - g) \times (ng)$;

……

只有本国跟随参与行动:$(Y_i - g) + \alpha_i \times (2g) + (Y_i - g) \times (2g)$;

所有国家都不跟随参与行动:$Y_i + \alpha_i \times g + Y_i \times g$。

可见,由于国际公共品具有较强的外部性,当所有国家都不跟随参与行动时仍能享受到领导者国家提供的国际公共品,尽管这一供给水平是比较低的。而某一跟随者国家是否参与跨国集体行动供给国际公共品的基本条件是只有本国跟随参与行动的收益大于所有国家都不跟随参与行动的收益,即:

$$(Y_i - g) + \alpha_i \times (2g) + (Y_i - g) \times (2g) > Y_i + \alpha_i \times g + Y_i \times g$$
$$(2\text{-}9)$$

参与行动的各国提供的国际公共品数量 g 必然大于零,因而上式可化简为:

$$Y_i + \alpha_i > 2g + 1 \qquad (2\text{-}10)$$

这说明当跨国集体行动跟随国的收入 Y_i 和对国际公共品的偏好 α_i 越高,参与行动所需要供给的国际公共品数量 g 越少,则该国越有可能跟随参与集体行动。当这一集体行动存在其他 k 个国家跟随参与时,国家 i 是否参与国际公共品供给行动的条件便拓展为:

$$Y_i + \alpha_i > kg + 1 \qquad (2\text{-}11)$$

可见,参与跨国集体行动的国家数量 k 越少,国家 i 越有激励参与行动,这和 Olson(1965)得出的结论相同。然而,国际公共品的供给有赖于世界各国精诚协作,参与供给的国家越多,则国际公共品的供给量越大。因此,若要提高国际公共品的供给水平,一方面需要收入高、经济实力强的国家发挥大国担当,承担跨国集体行动的组织责任,在国际上沟通各国以取得行动共识;另一方面,也需要妥善建立适当的激励机制,对国际公共品的外部性进行限制,减少搭便车的现象发生。

第三节 经济一体化理论

"一带一路"合作的重点在于"五通",即政策沟通、设施联通、贸易互通、资金融通和民心相通。新兴开发性金融机构支持"一带一路"建设应从其合作重点着手,从设施联通和资金融通的角度支持"一带一路"建设。各国政府高层在多边框架的政策沟通下取得共识,辅之以设施联通与资金融通的实现,贸易畅通和民心相通将是水到渠成之事。"一带一路"倡议的顺利落实和五个合作重点的逐步推进将是相关区域朝着经济一体化方向发展的过程。

一、经济一体化概念

荷兰经济学家简·丁伯根(Jan Tinbergen,1965)最先阐释了经济一体化:消除阻碍经济最有效运动的有关人为因素,以相互协作统一的方式,构建最适宜的国际经济结构。区域经济一体化的核心是通过生产要素和商品自由流动降低区域内成员之间的交易成本,最终建立起统一市场,实现要素价格均等。在实践中,欧盟成为真正意义上成功的区域经济一体化的代名词,也成为众多相关理论模型的分析对象。

按照由低级向高级发展的阶段,区域经济一体化依次分为自由贸易区

(Free Trade Area)、关税同盟(Trade Area)、共同市场(Common Market)、经济同盟(Economic Union)以及完全一体化(Complete Economic Union)。自由贸易区是在两个或两个以上的关税主权之间通过降低或消除关税或其他贸易限制,实现贸易自由化。其显著特征是区域内每个成员仍然保留独立的关税体制,区域对外实行贸易差别待遇。而关税同盟要求成员之间完全消除贸易壁垒,对外实行共同的关税政策,有效阻止了非成员国利用低关税出口或进口商品,这是关税同盟较自由贸易区进步之处。共同市场的成员国具有经济、政治、文化和社会方面的相似性,不仅实现贸易自由化,建立一体化的产品市场,也要实现要素的自由流动,建立一体化的要素市场。金载映(1998)认为在共同市场的基础上,区域有可能向着更高水平的经济同盟发展,要求成员国之间达成经济政策协议,实施统一的经济步调,实行统一的货币、财政、金融等所有经济政策。在经济同盟基础上,发展成为完全的经济一体化,要求设立一个超主权国家的中央权力机构,统一管理和协调各成员国的经济、社会政策。

二、经济一体化的静态效应与动态效应

区域经济一体化理论在实践中不断发展和完善,现有的研究在理论上将区域经济一体化产生的经济效应分为静态效应和动态效应。梁双陆和程小军(2007)指出静态效应包括贸易转移效应、贸易创造效应和社会福利效应;而动态效应包括规模经济效应、竞争效应和投资效应(表2-1)。

表 2-1　区域经济一体化的经济效应

一级效应	二级效应	具体内涵
静态经济效应	贸易创造效应	关税同盟内部取消关税,实行自由贸易后,关税同盟内某成员国国内成本高的产品被同盟内其他成员国成本低的产品所替代,从成员国进口产品创造了过去不发生的新贸易
	贸易转移效应	由于关税同盟对内取消关税,对外实行统一的保护关税,成员国把原来从同盟外非成员国低成本生产的产品进口转为从同盟内成员国高成本生产的产品进口,从而使贸易方向发生了转变
	社会福利效应	关税同盟的建立对成员国的社会福利造成的影响。一国福利变化主要受加入同盟后国内价格下降的幅度、国内价格供给和需求弹性、加入关税同盟前的关税水平三方面的影响
	其他静态效应	包括从需求方面形成的贸易扩大效应以及减少行政支出,减少走私,改善贸易条件,加强集体谈判力量等作用

（续表）

一级 效应	二级 效应	具体内涵
动态 经济 效应	规模经济 效应	关税同盟建立以后，突破了单个国内市场的限制，原来分散的国内小市场结成了统一的大市场，使得市场容量迅速扩大。各成员国的生产者可以通过提高专业化分工程度，组织大规模生产，降低生产成本，使企业获得规模经济递增效益
	竞争效应	关税同盟的建立促进了成员国之间的相互了解但也使成员国之间的竞争更加激化，参加关税同盟后，由于各国的市场相互开放，各国企业面临着来自其他成员国同类企业的竞争。在这种竞争中，必然有一些企业被淘汰，从而形成在关税同盟内部的垄断企业，这有助于抵御外部企业的竞争，甚至有助于关税同盟的企业在第三国市场上与别国企业竞争
	投资效应	关税同盟的建立会促使投资的增加：一方面，市场容量的扩大将促使同盟内企业为了生存和发展而不断地增加投资；另一方面同盟外的企业为了绕开关税同盟贸易壁垒的限制，纷纷到同盟内进行投资，在同盟内部设立"关税工厂"，因而客观上增加了来自关税同盟以外的投资

资料来源：梁双陆，程小军. 国际区域经济一体化理论综述[J]. 经济问题探索，2007(1)：40-46.

加拿大经济学家雅各布·维纳(Jacob Viner，1952)开创了区域经济一体化效应的静态分析框架，由其系统整理和总结的关税同盟理论在区域经济一体化理论中居于主导地位，从生产的角度解释了关税同盟对成员国的影响，认为关税同盟的收益最终取决于贸易转移效应(Trade Diversion)和贸易创造效应(Trade Creation)二者的大小，前者是指一旦加入关税同盟意味着以前从区域外非成员国进口的低成本产品，而现在要转为从区域内高成本生产国进口，从世界范围看，低成本的生产将要放弃，高成本的生产将扩大，因此降低了成员国福利；后者是指一些成员国内部较高成本的产品被另一成员国低成本的产品所替代，创造了过去不发生的新的贸易，实质上是特定产品的生产从高成本成员向低成本成员的转移，总体上提高了资源配置效率，因此可以增加成员国福利。通常转移效应大于创造效应，因此关税同盟会降低世界的福利水平，维纳的理论奠定了关税同盟理论的坚实基础，后经詹姆斯·爱德华·米德(James Edward Meade)补充共同形成了 Viner-Meade 静态分析框架。社会福利效应(Social Welfare Effect) 是指建立关税同盟对成员国的福利产生的影响。Carsten Kowalczyk(1989)认为，考虑产品之间的互补性时，贸易自由化可以提高成员国对区域外的进口需求，而当关税下降幅度足够弥补当前进口国和原进口国的价格差时，贸易转移效应不一定降低福利。当加入关税同盟后价格下降的幅度足够大时可以获得福利增加,贸易壁垒的消除会降低成员国之间贸易的交易成本,由本地市场效应引起生产转移,区域内可购买的产品数量和种类增多,从而使价格指数下降,在名义收入一定的条件下,可以实现实际收入增加,也可以实现福利的增加。

区域经济一体化的动态效果是指通过市场扩大而实现规模经济,通过促进竞争实现生产效率提高,通过增加投资实现技术进步,最终实现经济增长的加速。具体而言,首先,通过关税同盟建立稳定的统一市场可以直接扩充市场容量,成员国生产者可以实现专业化生产,由此组织大规模的生产降低生产成本,最终使企业获得递增的规模收益。其次,以 Jan Tinbergen、T. Scitovsky 和 J. F. Deniau 为代表提出的大市场理论认为关税同盟的建立克服了封闭条件下互相分割的小市场与保守企业高垄断利润的恶性循环。各成员国市场相互开放,各国企业都可能面临着来自其他成员国类似企业的竞争,在竞争压力下,技术进步得以加快。最后,市场容量的扩大会使得区域内企业迫于生存压力增加投资,同时区域外企业为了绕开关税壁垒,会直接到关税同盟内开设工厂。李瑞林和骆华松(2007)指出与自由贸易区理论和关税同盟理论的假定不同,共同市场理论的前提是要素在成员国之内自由流动,该理论探讨消除要素自由流动障碍后对成员国经济发展的影响,旨在消除贸易保护主义,建立统一的大市场。共同市场意味着生产要素,特别是资本要素可以按照利益最大化的原则跨区域流动,这种流动使得资本价格最终实现动态均等。

为了实现区域经济一体化,各成员国必须通过生产要素和商品自由流动,降低成员之间的交易成本,最终建立起统一市场,实现要素价格均等。第一,建立统一市场,实现产品和要素自由流动事关"一带一路"倡议的最终成效。"一带一路"倡议本质上要求建立有利于产品和要素自由流动的统一市场,消除贸易保护主义,实现交易成本的降低和要素价格趋于均等,增加成员国的福利水平。第二,"一带一路"倡议的定位不是简单的区域开发,也不是条块分割、各自为阵的区域经济增长,而应该是建立一个旨在实现经济一体化的合作框架,需要区域内各成员之间的互动。实施由自由贸易区、关税同盟,到共同市场、最终建立经济同盟的渐进式的经济一体化行动方案。卫玲和戴江伟(2014)认为着眼于一体化框架的"一带一路"建设不再是在区域内布局若干重点项目、规划若干经济区、建成几条交通通道的传统模式,而是要构建一个制度框架,制定共同的行动纲领和合作准则,形成统一协调的宏观经济政策等。为此,"一带一路"建设首先要构建竞争与合作框架,激励各成员开展国际贸易;随着一体化水平的提升,要素禀赋结构和经济发展水平相似的成员国自然会形成地区联盟,国际贸易将逐渐变成区域内贸易,在国际分工的前提下实现规模经济;随着产业生命周期的变化,各国要素禀赋优势亦发生变化,因此各地区需要更新产业结构,调整贸易结构,扩大区域联盟,最终实现全球经济一体化。

三、经济一体化过程中的竞争与合作

在当今时代的竞争与合作关系中①,"双赢模式"或"多赢模式"越来越引起人们的重视。"双赢"或"多赢"是要将存在于传统竞争关系中的非赢即输的关系改变为共同为谋求更大的利益而努力的关系。张兰霞(2002)指出建立竞争合作关系确实可给相关主体带来诸多益处,但由于实行此种策略具有较高的风险,因而应慎重选择合作伙伴。可坚持以下准则选择合作伙伴:第一,伙伴关系是否可为伙伴双方创造传统买卖关系所无法创造的价值;第二,合作双方在驱动整个经济主体的基础价值观上是否具有共通性;第三,伙伴关系的机会是否与主体本身的未来相谋合,这可从市场地位、产品方向和产业焦点等方面考察。

"一带一路"建设致力于构建命运共同体,建设的过程也即是经济一体化的过程,因此选择合适的合作伙伴非常重要。在新制度经济学中,交易费用是竞争合作方式选择的依据。"一带一路"建设各合作方要节约交易费用,应实现以合作为基础的竞争。合作的结果就是订立竞争规则。竞争合作中存在双方或多方博弈,在一定条件下博弈各方追求团体理性,能够形成一致的协议,分享合作剩余。由于"一带一路"内各走廊通道初步形成,基础设施条件逐步改善,各国贸易规模大幅跃升等合作条件出现,各国在竞争过程中必然达成一系列具有约束力的协议,重视联盟内部的信息互通和契约执行,有助于推动经济一体化程度的提高。

对于"一带一路"倡议提出后沿线地区经济一体化的成果,厦门大学"一带一路"国际影响力指数课题组采用基于机器学习的网络计量模型构造了"一带一路"伙伴间经济增长的相互影响网络,构造结果如图2-1所示。其中,网络节点表示国家,节点大小衡量了一个国家带动该区域国家

---

① 竞争合作理论是 20 世纪 90 年代以来产生的一种新的企业管理理论,核心观点是促使竞争合作成功的不可或缺构成因素有三个,即贡献、亲信和远景。其中,贡献是指建立竞争合作关系之后能够创造的具体有效的成果,即能够增加的实际生产力和价值。它是三个因素中最根本的因素,是成功的竞争合作关系存在的理由。成功的竞争合作关系超越了交易伙伴而达到相当的亲密程度,这种紧密的结合在传统的买卖模式中是无法想象的。要建立起这种亲密,应坚持三个原则——互信、信息共享和建立有力的伙伴团队。远景是合作关系的导向系统,它可生动地描绘出合作关系所要达到的目标与如何达到的方法。

经济同步增长的能力,节点越大说明该国的经济增长具有更强的带动辐射作用。网络的边指向受到增长辐射的国家,边的粗细衡量辐射的强弱。

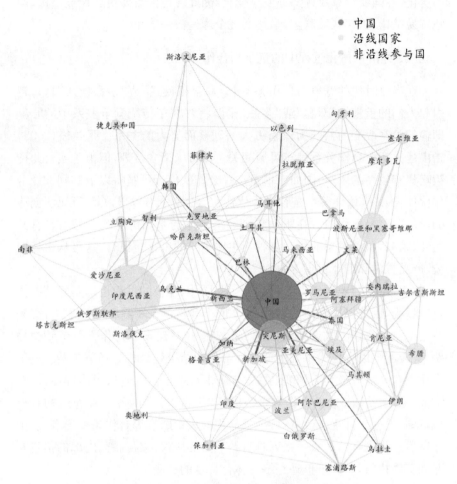

图 2-1　"一带一路"沿线经济体经济增长辐射网络图(2013-9-1)
资料来源:厦门大学"一带一路"国际影响力指数课题组①

图 2-1 刻画了"一带一路"倡议提出前沿线经济体的增长辐射网络。倡议提出前,中国和印度尼西亚是"一带一路"区域的两大增长核心,区域内虽然经贸网络密布,但节点分布较为零散,说明一体化程度较低。

图 2-2 刻画了倡议提出后区域内的增长辐射网络,可见倡议提出后中

① 图 2-1 和图 2-2 引自厦门大学经济学院 2019 年 4 月 22 日发布的"一带一路"国际影响力指数课题组文章《厦门大学"一带一路"国际影响力指数发布:共建"一带一路"共享经济增长》(网址:http://economic.xmu.edu.cn/info/news/2019-04-22-18441.html)。

国对"一带一路"区域经济增长的带动作用大大增强,节点效应得到显著提升,区域内各国之间的联系也变得更加紧密,说明区域内一体化程度得到提高,沿线国家和参与国在共建"一带一路"过程中共享经济增长。

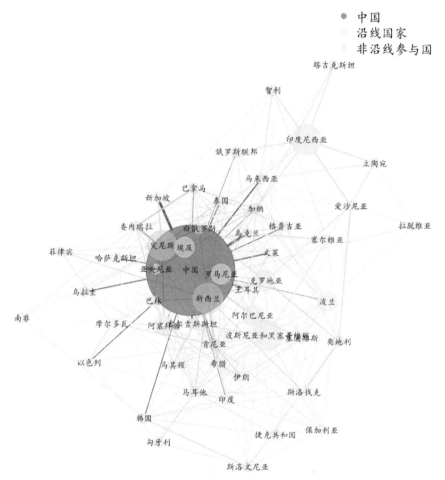

图 2-2 "一带一路"沿线经济体经济增长辐射网络图(2018-12-1)
资料来源:厦门大学"一带一路"国际影响力指数课题组①

"一带一路"已经呈现出双边合作、三方合作和多边合作相辅相成、相互促进的良好态势。第二届高峰论坛期间,与会各方还将签署更多的双边

---

① 图 2-1 和图 2-2 引自厦门大学经济学院 2019 年 4 月 22 日发布的"一带一路"国际影响力指数课题组文章《厦门大学"一带一路"国际影响力指数发布:共建"一带一路"共享经济增长》(网址:http://economic.xmu.edu.cn/info/news/2019-04-22-18441.html)。

和多边合作协议,一些发达国家和国际金融机构也将同中方签署开展第三方市场合作的文件,为构建更加广泛、更加紧密的伙伴关系打下了坚实的基础。倡议提出以来,"一带一路"区域各国之间的多边关系呈上升趋势,这说明"一带一路"区域一体化在加强。中国在提出"一带一路"倡议后,不断加强和沿线国家的沟通,不断落实各项政策支持"一带一路"建设,提升了沿线国家建设共识的凝聚程度,推动了"一带一路"沿线经济一体化程度的提高。相关的"一带一路"建设事件见表2-2。

表 2-2 "一带一路"建设系列事件

时间	事件
2013 年 9 月 7 日	首次提出"丝绸之路经济带"
2013 年 10 月 3 日	首次提出 21 世纪"海上丝绸之路"
2014 年 3 月 5 日	"一带一路"写入政府工作报告
2014 年 12 月 29 日	成立丝路基金
2015 年 3 月 28 日	发布愿景与行动文件
2015 年 8 月 11 日	中国人民币汇率中间价改革
2015 年 12 月 25 日	成立亚投行
2016 年 4 月 11 日	与国际组织签署首份"一带一路"合作文件
2016 年 5 月 14 日	"一带一路"高峰论坛
2016 年 8 月 17 日	召开推进"一带一路"建设工作座谈会
2016 年 11 月 17 日	"一带一路"倡议首次写入联合国大会决议
2017 年 5 月 14 日	"一带一路"国际合作高峰论坛
2017 年 10 月 24 日	"一带一路"写入党章
2018 年 1 月 26 日	建设冰上丝绸之路
2018 年 4 月 20 日	建设 21 世纪数字丝绸之路

资料来源:根据公开新闻资料整理

"一带一路"建设需要各国改革开放,促使技术、资本与劳动在互惠、自愿、平等原则下通过竞争,实现组织协作和技术创新;各合作方要发挥在地域分工中的绝对优势、比较优势和资源禀赋优势,选择最佳的合作伙伴,加强区域内合作与区域间竞争。淮建军和王征兵(2015)指出各成员国要在现有合作基础上进一步界定明晰的权力关系,达成一系列的具有约束力的协议,在追求联盟利益最大化的前提下分享合作剩余,促进"一带一路"可持续协调发展。在国家层面政府推动"一带一路"合作的基本框架初步形成,但是这种行政压力下的合作机制只能实现短期的有限合作和溢出效应。个人、产业、地区和国家首先根据政治地缘性、资源互补性、地理相邻度等确定合作基础构成,再根据制度环境,明确各方具体合作机制,最后形成各种合作模式,同时需要协调各种矛盾和冲突,从而构成一个有效的合作机制(如图 2-3)。

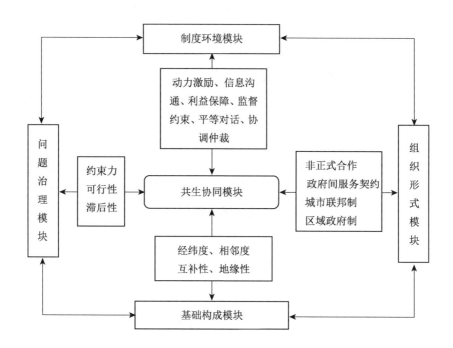

图 2-3 "一带一路"建设合作机制图

第三章　新常态下"一带一路"
建设现状与愿景

　　进入 21 世纪,在以和平、发展、合作、共赢为主题的新时代,面对复苏乏力的全球经济形势和纷繁复杂的国际和地区局面,传承和弘扬丝绸之路精神更显重要和珍贵。2013 年 9 月和 10 月,中国国家主席习近平在出访中亚和东南亚国家期间,先后提出共建"丝绸之路经济带"和"21 世纪海上丝绸之路"的重大倡议,得到国际社会高度关注。加快"一带一路"建设,有利于促进沿线各国经济繁荣与区域经济合作,加强不同文明交流互鉴,促进世界和平发展,是一项造福世界各国人民的伟大事业。

第一节　新常态下"一带一路"建设现状分析

　　随着国际金融格局复杂深刻变化,互联互通、合作共赢成为主流,"一带一路"建设取得多边的响应。该倡议提出五年来,依托六大经济走廊载体,"一带一路"沿线政治互信不断加强,政策环境持续优化,经贸投资合作成效明显,基础设施建设发展迅猛,多元化融资体系不断完善,丝路旅游与留学成果显著,全国各省市地方政府亦积极响应,推动"一带一路"倡议落地生根。

一、"一带一路"建设六大经济走廊

　　"六廊六路多国多港"是共建"一带一路"的主体框架,为各国参与"一带一路"合作提供了清晰导向。具体而言,"六廊"指六大经济走廊,包括中蒙俄经济走廊、新亚欧大陆桥经济走廊、中国-中亚-西亚经济走廊、中巴经济走廊、孟中印缅经济走廊和中国-中南半岛经济走廊,六大经济走廊的划分囊括了绝大多数的"一带一路"沿线国家,是"一带一路"的主要走向和区

域经济合作网络的载体。习近平主席强调指出①:"我们已经确立'一带一路'建设六大经济走廊框架,要扎扎实实向前推进。"当前,六大经济走廊的合作建设工作已取得一系列阶段性成果,建设效果显著,以下进行分别介绍。

1. 中蒙俄经济走廊

2014 年 9 月 11 日,国家主席习近平在出席中国、俄罗斯和蒙古国三国元首会晤时提出,将"丝绸之路经济带"同"欧亚经济联盟"、蒙古国"草原之路"倡议对接,打造中蒙俄经济走廊。2016 年 6 月 23 日,三国签署了《建设中蒙俄经济走廊规划纲要》,这是共建"一带一路"框架下首个多边合作规划纲要。目前,中俄两国有关跨境基础设施建设项目取得进展,完成了关于建设黑河界河公路桥、黑河跨境索道协定的谈判和签署工作,两国有关跨境基础设施建设项目取得了积极进展,同江铁路桥俄方侧建设取得实质性进展,黑河界河公路桥正式开工;中蒙俄完成了《关于沿亚洲公路网政府间国际道路运输协定》的签署工作,并组织开展了三国卡车试运行活动;在既有铁路合作文件基础上,中蒙双方磋商后续行动计划,中蒙俄启动铁路通道研究工作。

2. 新亚欧大陆桥经济走廊

新亚欧大陆桥经济走廊由中国东部沿海向西延伸,经中国西北地区和中亚、俄罗斯抵达中东欧,全长 1 万多公里。该经济走廊建设以中欧班列等国际物流体系为依托,构建畅通高效的区域大市场。对中欧陆海快线、中欧集装箱班列等中欧运输线路的比较研究已经完成,并编制了《中欧班列建设发展规划(2016—2020 年)》、中欧互联互通示范项目优先行动清单;中国企业参与了拉脱维亚里加港码头改造、塞尔维亚高速公路等项目;中欧班列成功开展国际铁路运邮测试,并在此基础上确定了国际铁路运邮单式,为相关国际组织制定国际铁路邮件运输规则和安全便利化措施提供了数据和经验。截至 2016 年底,中欧班列运行路线达 39 条,开行近 3 000列,覆盖欧洲 9 个国家、14 个城市。

3. 中国-中亚-西亚经济走廊

该经济走廊由中国西北地区出境,向西经中亚至波斯湾、阿拉伯半岛和地中海沿岸,辐射中亚、西亚和北非有关国家。目前,中国已与吉尔吉斯

---

① 习近平主席 2017 年 5 月在"一带一路"国际合作高峰论坛开幕式上的讲话。

斯坦、塔吉克斯坦、哈萨克斯坦、乌兹别克斯坦、土耳其、卡塔尔、沙特阿拉伯、伊朗等国签署共建"一带一路"的合作文件;推进了《中亚区域运输与贸易便利化战略(2020)》运输走廊建设中期规划的有序实施;完成了《上海合作组织成员国政府间国际道路运输便利化协定》的制定、谈判、签署和生效工作;开展了与中亚有关国家国际道路运输协议谈判,签订了《中哈俄国际道路临时过境货物运输协议》并组织开展了试运行活动。

4. 中巴经济走廊

中巴经济走廊是共建"一带一路"的旗舰项目,以我国新疆喀什为起点,最终到达巴基斯坦瓜达尔港,全长约 3 000 公里。2015 年 4 月 20 日,两国签订了 51 项合作协议和备忘录,其中近 40 项涉及中巴经济走廊建设。该走廊开建以后,已有 50 多个国家表示愿意参与其中。巴基斯坦喀喇昆仑公路升级改造二期、中巴经济走廊规模最大的公路基础设施项目——白沙瓦至卡拉奇高速公路及瓜达尔港自由区起步区已开建。除了中巴经济走廊"两大"公路建设项目开工建设外,还完成巴 1 号铁路干线升级改造及哈维连陆港建设项目联合可行性研究;中巴双方共同商定了铁路、公路和港口领域后续优先项目,并完成了前期技术准备工作。

5. 孟中印缅经济走廊

孟中印缅经济走廊连接东南亚、南亚和东亚三大次区域,连接印度洋、太平洋两大海域。2013 年 12 月,孟中印经济走廊建设政府间合作正式启动。2014 年 12 月,孟中印缅经济走廊联合缅工作组讨论并展望了孟中印缅经济走廊建设的前景、优先次序和发展方向。据交通运输部消息,中国企业成功中标孟加拉吉大港卡纳普里河底隧道项目;中国和印度双方在铁路既有线提速可行性研究、高速铁路可行性研究、人员培训、铁路车站再开发研究、合办铁道大学等合作方面取得阶段性成果。

6. 中国-中南半岛经济走廊

中国-中南半岛经济走廊以中国西南为起点,连接中国和中南半岛各国,是中国与东盟扩大合作领域的重要载体。2016 年 5 月提出倡议以来,中国与老挝、柬埔寨等国签署共建"一带一路"合作备忘录。目前,澜沧江-湄公河航道二期整治工程、中老铁路、中泰铁路等已启动。雅万高铁、马新高铁和马来西亚南部铁路等一批高铁和铁路建设合作项目取得阶段性成果;完成了《大湄公河次区域交通发展战略规划(2006—2015)》的实施工作,初步形成了该次区域 9 大交通走廊;《大湄公河次区域便利货物及人员跨境运输协定》的实施和修订工作取得了突破性进展，各国达成了新的便利化措施和实施时间表；启动了中老缅泰澜沧江-湄公河国际航道二期整治前期工作；中越北仑河二桥主体建设顺利完工。

二、"一带一路"五年成绩单

1. 朋友圈持续扩大

倡议提出后五年，"一带一路"的国际影响力达到新高度。大数据分析显示，五年来国外媒体和网民对"一带一路"始终保持高度关注，倡议的顶层规划及重大里程碑事件均成为全球舆论关注焦点。截至 2018 年底，中国已累计同 122 个国家、29 个国际组织签署了 170 份政府间合作文件，"一带一路"朋友圈遍布亚洲、非洲、欧洲、大洋洲和拉丁美洲。五年来，各国政府根据本国国情，积极与"一带一路"进行相关战略对接，如"一带一路"与欧盟"容克计划"、俄罗斯"欧亚经济联盟"、蒙古国"发展之路"、哈萨克斯坦"光明之路"、波兰"琥珀之路"等众多发展战略实现对接。

2. 基础设施建设发展迅猛

五年来，中国和沿线国家在港口、铁路、公路、电力、航空、通信等领域开展了大量合作，有效提升了这些国家的基础设施建设水平，成果超出预期。2016 年至 2018 年，俄罗斯、哈萨克斯坦、越南、缅甸、蒙古国一直是与中国设施互联互通表现最佳的国家，代表性基建合作项目有珲马铁路、中俄黑龙江大桥、中越国际铁路、中越沿边公路、中蒙俄铁路、"两山"铁路、阿亚古兹铁路、中哈公路、滇缅公路、澜沧江-湄公河航道等。

目前，我国港口已与世界 200 多个国家、600 多个主要港口建立航线联系，海运互联互通指数保持全球第一。中国与"一带一路"国家的港口联通度明显高于其他交通设施联通水平。中国与韩国、印度、印度尼西亚三个国家港口运输交流最为频繁，也带动了贸易合作的发展。

铁路联通水平表现突出，中欧班列贡献了不小的力量。2011 年，中欧班列全年开行仅 17 列、年运送货物总值不足 6 亿美元；2018 年，累计开行突破 12 000 列、年运送货物总值达 160 亿美元。货物由最开始的电脑、手机等电子用品，逐步扩大到服装鞋帽、粮食、葡萄酒、汽车及配件等人民日常生活必需品。目前，中欧班列主要分布在德国、俄罗斯、哈萨克斯坦、塔吉克斯坦、波兰、白俄罗斯等国家。

3. "一带一路"沿线经贸投资保持增长

中国对"一带一路"国家贸易和投资总体保持增长态势。2013 年至

2018 年,中国与"一带一路"沿线国家进出口总额达 64 691.9 亿美元,新签对外承包工程合同额超过 5 000 亿美元,建设境外经贸合作区 82 个,为当地创造 24.4 万个就业岗位,对外直接投资超过 800 亿美元。2017 年,韩国、越南、马来西亚、印度、俄罗斯等国是中国最主要的"一带一路"贸易伙伴。

4. 多元融资体系不断完善

若把"一带一路"比作经济腾飞的翅膀,资金融通就是助力腾飞翅膀的血脉经络。五年来,中国在金融合作方面与阿联酋、巴基斯坦、俄罗斯、哈萨克斯坦、韩国、泰国等 16 个国家进展较好。截至 2018 年 12 月,亚投行成员已达 93 个,其中超 6 成来自"一带一路"地区。中国出资 400 亿美元成立丝路基金,2017 年获增资 1 000 亿元人民币,已签约 19 个项目。24 个国家设立中资银行各类机构 102 家,新加坡、马来西亚、印度尼西亚、泰国数量最多。人民币跨境支付系统覆盖 40 个"一带一路"国家 165 家银行,银联卡发卡超过 2 500 万张,覆盖超过 540 万家商户,比倡议提出前增长超 14 倍。五年来,投融资体系不断推进,开发性和政策性金融支持力度持续加大,多双边投融资机制和平台发展迅速,为"一带一路"建设提供了强有力的支撑。

5. 丝路旅游与留学成果显著

截至 2018 年 4 月底,我国与 61 个"一带一路"国家共建立了 1 023 对友好城市,占我国对外友好城市总数的 40.18%。2017 年,中国与"一带一路"国家双向旅游交流达 6 000 万人次左右,与 29 个"一带一路"国家实现了公民免签或落地签,范围扩展到西亚。与 2012 年相比,"一带一路"出境人数和入境人数分别增长 2.6 倍和 2.3 倍左右,"一带一路"旅游成为世界旅游的新增长点。另外,截至 2018 年底,中国已在"一带一路"国家设立了 173 所孔子学院和 184 个孔子学堂,文化交流取得显著进展。

三、地方政府的响应举措

"一带一路"战略提出后,国内诸多省市区纷纷提出参与"一带一路"的规划和设想,"一带一路"正向落地生根、持久发展阶段迈进。政策沟通方面,江西、广西、江苏、陕西等省市自治区出台了推进共建"一带一路"工作计划,部分地方出台了具体领域的文件,如河北的推进国际产能合作的实施方案,浙江、河南、甘肃、陕西的互联互通行动计划,广东、青海等地的文化教育领域合作方案等。值得一提的是,辽宁提出的全域建设"一带一路"

工作方案,是国内首个在省级层面全域建设"一带一路"的路径拓展和实践创新。

设施联通方面,中欧班列(成都)2018年共开行1591列,开行量已连续3年领跑全国;河南郑州-卢森堡货运航线从每周4架次增加到每周40架次,客运航线在筹备中;宁波舟山港年集装箱吞吐量首次突破2500万标准箱,连续10年位居全球港口第一;8月初冰级船"天恩号"从连云港港口启程,取道北极东北航道,跨越北冰洋前往欧洲,开启了"冰上丝绸之路"。

贸易畅通方面,2018年前三季度,广东对"一带一路"沿线国家进出口1.2万亿元,五年间同期增长率都保持7%及以上的增速;全年来看,湖南、云南与"一带一路"沿线贸易增长较快,增长率超30%,多个地方与"一带一路"沿线贸易增速超过了整体增速,成为拉动外贸发展的新动力。

资金融通方面,人民币跨境支付系统(CIPS)二期落户上海并于2018年5月全面投产,上海已累计为6.6万家企业提供结算、贸易投融资、跨境银团贷款等金融服务;10月,湖南省"一带一路"基金成立,筹资200亿元助力湘企"走出去"。

民心相通方面,丝绸之路国际电影节已连续举办了五届;2018年3月陕西出台一号文件,将打造"一带一路"农业国际合作引领区;山东贝尔格莱德中国文化中心大厦项目被列入2018年文化部"一带一路"文化贸易与投资重点项目名单,这是中国在巴尔干地区建立的首个中国文化中心,预计2019年投入使用。

第二节　新常态下"一带一路"建设愿景

2013年习近平主席提出共建"一带一路"战略构想以来,中国与沿线国家一系列务实合作结出了早期的果实。发改委、外交部和商务部联合发布《推动共建丝绸之路经济带和21世纪海上丝绸之路的愿景与行动》(后文简称"愿景与行动"),宣告"一带一路"进入了全面推进阶段。

一、"一带一路"建设国内布局

推进"一带一路"建设,中国将充分发挥国内各地区比较优势,实行更加积极主动的开放战略,加强东中西互动合作,全面提升开放型经济水平。"一带一路"倡议的提出,就是要在提升向东开放水平的同时加快向西开放步伐,在推动东部沿海地区开放型经济率先转型升级的同时促进我国中西部地区和沿边地区对外开放,打造多个中西部国内枢纽,在实现东西互动过程中促进中部心脏地带的崛起,进而形成海陆统筹、东西互济、面向全球的开放新格局。

"一带一路"建设重塑国家空间格局战略。国内经济走廊建设从"海陆分割、东西格局"转向"海陆统筹、东西并重、南北贯通",实现海陆衔接与区域联动发展。加强构建以西南部地区为面向印度洋的国际门户、以西北部地区为面向亚欧大陆的国际门户。重点强化西部内陆的南北向发展轴带和东西海陆连通,发挥长江经济带作用。加强通道建设和枢纽城市培育,突破梯度发展范式,加大向西开放力度。西北地区是我国与欧洲、西亚地区开展经贸交流的重要通道,其价值一是体现在洲际铁路的货物运输;二是体现在石油、天然气、矿产品等能源物资的运输;三是体现在中华文化与欧洲、西亚、中亚文化的交流与民族互动。亚欧大陆桥是国家新型城镇化规划提出的"两横三纵"的重要组成,是我国北方地区的城镇化核心地区之一。在向西开发战略下,中心城市将在对外开放门户、综合产业基地、区域性服务功能发展方面发挥更加重要的作用,引导人口不断聚集。西北地区与七个国家接壤,通过建设布局繁荣、稳定的边疆城市,促进与周边国家贸易和文化交流,有利于国际通道安全保障。

针对西北通衢,空间应对与战略举措。一是加强国际贸易大通道建设。建设亚欧洲际铁路,复兴欧亚大陆货物运输主通道,形成国家重要的能源进口通道。扩展欧亚大陆桥支线,实现西北地区与内陆的多通道联动。

二是构建"口岸城市-边境中心城市-区域中心城市"的联动发展格局。兰新铁路走廊聚集了西北地区总人口的 $1/3$,城镇人口的 $1/2$,在向西开放战略下,重点培育兰新铁路走廊上的中心城市。以兰州和西咸国家级新区为依托,建设"兰银西"和"关中-天水"城镇群,发展为继五大国家级城市群后又一重要城市群。以中心城市乌鲁木齐为核心,建设和田、喀什、阿克苏、伊宁、阿勒泰-北屯、哈密等新一轮开放的前沿和窗口城市。

三是以西咸国家级新区建设为核心,加快推进西北通道枢纽"关中-天水"城镇群的建设。西安作为丝绸之路的起点,以西安、咸阳为主的"西安都市圈"历来是西北地区的核心区域。西咸新区在制造业基础、人才红利、高新技术、自主创新、历史文化等方面的巨大优势,决定了在西北新型开放格局下的重要枢纽地位。

东部沿海地区将在延续原有格局的基础上进一步开放提升,环渤海地区是中国首都北京和京津冀地区以及东北亚经贸文化合作核心区,按照

2018年地方召开两会中的规划,北京将以更高标准推动全面开放,全面完成服务业扩大开放两轮试点,制定北京"一带一路"三年行动计划,加强双向投资促进平台建设,与沿线国家联合建设科技创新园区;天津将打造开放层次更高、营商环境更优、辐射作用更强的开放高地,以国际视野和颠覆性思维打造自贸试验区升级版,积极申报建设自由贸易港,全面实行准入前国民待遇加负面清单管理制度,大力实施"走出去"战略,全面融入"一带一路"建设;河北将构建京津冀协同开放共同体,主动融入"一带一路"建设,打造国际产能合作新样板,调动全球资源,跨出小天地、构建大格局,引导外资投向战略性新兴产业、现代服务业,力争实际利用外资增长5%以上、全年对外投资增长10%以上。

长三角地区是我国参与"一带一路"全球竞争的战略高地,2018年地方两会确定,上海将深入推进以自由贸易试验区建设为重点的改革开放,对照国际最高标准、最好水平,打造自贸试验区"三区一堡",依托洋山深水港和浦东国际机场探索建设自由贸易港,实施服务"一带一路"建设行动方案,精心筹办好首届中国国际进口博览会;江苏将充分发挥"一带一路"交汇点优势,高水平建好用好中哈(连云港)物流合作基地、上合组织(连云港)国际物流园,加快建设中阿(联酋)产能合作示范园,推进中韩(盐城)产业园建设,进一步提升引进外资质量,带动江苏企业嵌入全球产业链、价值链、创新链;浙江将全面对接"一带一路",建设有国际影响力的大湾区,全面实施打造"一带一路"战略枢纽行动计划,积极推进中国(浙江)自由贸易试验区建设,全力争取自由贸易港落地浙江,打造"数字丝绸之路"战略门户,积极参与"海上丝绸之路"申遗。两大区域都是传统的东部经济发达区域,各种经济要素集聚,发展基础良好,"一带一路"倡议的实施将为两区域创造新的经济增长极。

东部沿海已经形成"国家新区+自贸区"的战略布局。在多向开放的国家空间新结构下,在西北和西南地区急需增设"国家新区+自贸区"的战略节点。未来将进一步在关中城镇群增设西线"国家新区+自贸区",在滇中南城镇区增设昆明"滇中新区+自贸区",在北部湾城镇群增设"南宁五象新区+自贸区"。

二、"一带一路"建设国际合作重点

"一带一路"沿线各国资源禀赋各异,国家竞争优势异质性令沿线区域经济互补性较强,彼此具有较大的合作潜力。"一带一路"互联互通建设的主要内容在于政策沟通、设施联通、贸易互通、资金融通、民心相通,因此

"一带一路"跨国合作的重点应在以下五个方面。

一是政策沟通,加强高层间的政策沟通有助于降低"一带一路"建设合作各方面的政治风险,是"一带一路"建设的重要保障。加强政府间合作,积极构建多层次政府间宏观政策沟通交流机制,构建人类命运共同体以深化利益融合,促进政治互信,有利于达成合作新共识。沿线各国可以就经济发展战略和对策进行充分交流对接,共同制定推进区域合作的规划和措施,协商解决合作中的问题,共同为务实合作及大型项目实施提供政策支持。

二是设施联通,基础设施建设滞后是发展中国家经济发展的桎梏,也是阻碍国际贸易发展的重要因素,因此基础设施互联互通是"一带一路"建设的优先领域。加强基础设施建设规划和技术标准体系的对接需在尊重相关国家主权和安全的基础之上进行。新兴开发性金融机构作为多边国际性组织是沿线国家建设互联互通基础设施的重要平台和载体,"一带一路"区域将在此基础上逐步形成连接亚洲各次区域以及亚欧非之间的基础设施网络。除基础设施互联互通建设外,软性的互联互通制度安排亦需构建。新兴开发性金融机构需要推进建立统一的全程运输协调机制,促进国际通关、换装、多式联运有机衔接,逐步形成兼容规范的运输规则,实现国际运输便利化。

三是贸易互通,"一带一路"沿线国家发挥自身比较优势,生产相对成本最低的产品进行贸易有助于提高经济运行效率,因此投资贸易合作是"一带一路"建设的重点内容。投资贸易便利化是"一带一路"倡议着重需要解决的问题,构建区域内和各国良好的营商环境,消除投资和贸易壁垒,积极同沿线国家和地区共同商建自由贸易区,有助于激发释放合作潜力。在美国发动对华贸易战的背景下,补齐"一带一路"沿线基础设施互联互通短板,拓宽贸易领域,优化贸易结构,创新贸易方式,挖掘贸易新增长点,能够将贸易重心逐步从西方发达国家移向广大发展中国家,减少对超级大国的贸易依赖,降低贸易制裁风险。

四是资金融通,无论是基础设施建设还是投资贸易便利化政策的对接都需要资金融通的支持,因此这是"一带一路"建设的重要支撑。建设稳定的亚洲货币体系结算安排和基础设施项目投融资机制与贸易征信制度建设是深化"一带一路"沿线金融合作的主要内容。多边机制下的新兴开发性金融机构成员加强沟通协商,深化亚洲基础设施投资银行、金砖国家开发银行和丝路基金等机构在"一带一路"沿线的投融资服务。在现有多边金融体系的基础上,沿线国家利用中国东盟和上合组织等银行联合体务实合作,推动亚洲债券市场的开放和发展,支持沿线信用等级较高的经济主体在中国境内发行人民币债券,以及符合条件的中国境内金融机构和企业可以在境外发行人民币债券和外币债券,并鼓励在沿线国家使用所筹资金。加强多边金融监管合作,推动签署双边监管合作谅解备忘录,逐步在区域内建立高效监管协调机制。

五是民心相通,无论是基础设施互联互通还是贸易投资便利化的推进均是为了促进"一带一路"沿线国家的发展,最终将落实到沿线人民的福祉上,而跨国集体行动开展的互联互通建设和贸易互通等举措也需要民心相通以保证相关政策得到东道国民众的支持,因此民心相通是"一带一路"建设的社会根基。"一带一路"本身具备历史悠久的丝绸之路友好合作精神,沿线国家可在此基础上对其进行传承与弘扬,广泛开展人才交流合作、学术往来、文化交流、媒体合作以及志愿者服务等,为深化双多边合作奠定坚实的民意基础。"一带一路"沿线国家间可互办电影节、艺术节、文化年、图书展和电视周等活动,联合申请世界文化遗产,合作开展广播影视剧精品创作及翻译,共同开展世界遗产的联合保护工作,以增加相互之间的文化理解与认同。

第四章 新兴开发性金融机构
成立溯源与运行机制

新兴开发性金融机构主要包括亚洲基础设施投资银行、金砖国家开发银行和丝路基金等由新兴经济体发起并主导的多边政府间国际金融机构，其宗旨是为发展中国家经济发展服务。"一带一路"建设道阻且长，仅仅依赖新兴开发性金融机构的支持是不够的，还需要包括世界银行、亚洲开发银行等现有多边金融机构，以及我国的国家开发银行、中国进出口银行和中国投资有限责任公司等机构多方精诚合作，为"一带一路"区域发展贡献力量，众多开发性金融机构在大型基建项目开发方面的经验也可相互借鉴。本章重点阐述"一带一路"沿线多边金融主体间关系，以及亚洲基础设施投资银行、金砖国家开发银行和丝路基金三大新兴开发性金融机构的运行机制，为后续章节研究"一带一路"建设新兴开发性金融机构支持作铺垫。

第一节 新兴开发性金融机构成立溯源

"一带一路"沿线巨大的基础设施建设需求和传统多边开发性金融机构投资不足导致的"一带一路"建设资金支持短缺严重催生了新兴开发性金融机构的成立，而新兴开发性金融机构在"一带一路"建设中蓬勃兴起的同时，以世界银行和亚洲开发银行为首的传统多边开发性金融机构也在"一带一路"建设资金保障体系中发挥着重要作用，以亚投行为首的新兴开发性金融机构为现有投融资体系注入新鲜血液，和传统多边开发银行是互补关系。

一、传统多边开发性金融机构投资不足

事实上，"一带一路"沿线国家基础设施项目投资主体众多，信息资料纷繁复杂难以穷尽。多边开发性金融机构是"一带一路"沿线基础设施建设投资的重要载体，虽然其绝对投资额占"一带一路"沿线基础设施投入的

比重不大,但多边开发性金融机构在基础设施投资领域运营的经验和最新的基础设施建设技术有助于提高"一带一路"沿线国家基础设施建设的投融资效率和基础设施建设的数量与质量。总体来看,"一带一路"沿线的多边开发性金融机构包括以世界银行和亚洲开发银行为首的传统国际金融机构和以亚洲基础设施投资银行、金砖国家开发银行为首的新兴开发性金融机构。

　　亚洲开发银行和世界银行项目数据库中包含的主要数据信息,包括项目名称、项目投向国家、投资领域、项目批准时间和投资金额。剔除项目数据库中关于扶贫、制度建设等和基础设施投资无关的项目资料后,通过对项目数据列表进行手工整理与统计,可以获得"一带一路"沿线不同区域在2001年至2017年各年从两大多边开发性金融机构得到的基础设施项目投资金额和项目数量,项目投资领域包括交通运输、通信信息、能源保障、基础教育和医疗卫生。详细的投资金额及项目数量的空间分布与时间变化概况见图4-1,图中左坐标轴表示投资金额,对应图中柱状部分,右坐标轴表示投资项目数量,对应图中折线部分。

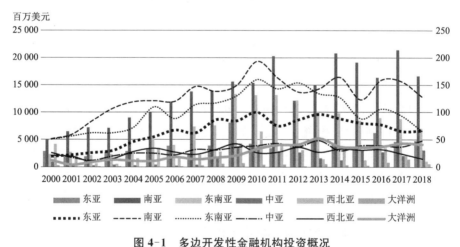

图 4-1　多边开发性金融机构投资概况

资料来源:根据世界银行和亚洲开发银行项目数据库资料整理而得

　　由图4-1可见,无论是从投资金额还是从项目数量角度比较,南亚地区国家均获得了亚洲开发银行和世界银行最多的援助,这与该区域人口密度较高,而基础设施公共品需求缺口较大有关。在这一区域建成的基础设施使用频率较高,多边开发性金融机构投资后能够取得比其他地区更高的边际公共效益和商业性收入,在公益层面和经济层面均更有利于国际性开发机构的持续运营。东南亚地区得到的亚洲开发银行和世界银行援助仅次于南亚地区,原因应和南亚类似,但东南亚区域人口略少于南亚。东亚地区获得的投资少于南亚和东南亚,但东亚地区的样本国家仅有中国和蒙古,可见该区域的两个样本国家受到两大多边开发性金融机构的关注程度应不低于南亚和东南亚。投资较少的区域是中亚、西北亚和大洋洲,这三个区域的幅员和人口都远不如南亚、东南亚和东亚。

另外,亚洲开发银行的项目投资足迹并未到达北亚的俄罗斯、西亚的中东国家和中东欧地区,一方面可能是亚洲开发银行实力有其极限,且上述三个区域距离亚洲开发银行在菲律宾马尼拉的总部距离过远,较难分配足够的资金和人力资本援助更多相对其总部较为偏远的国家。另一方面可能是这些区域的政治风险和其他不可控风险较高,如中东地区常年动荡不安,战火频仍,缺乏基础设施建设的环境,当地民众更需要的是安全公共品,但这并非多边开发性金融机构的业务范围;西亚地区相对稳定的国家如沙特阿拉伯、阿联酋、卡塔尔等资源禀赋较高,因此并不缺乏基础设施建设的资金。伊朗和俄罗斯是"一带一路"区域内人口较多、幅员辽阔的国家,但常年被亚洲开发银行和世界银行的大股东美国所制裁,自然也不易获得这些机构力量的支持。亚欧大陆互联互通是中国提出"一带一路"倡议中的重点建设方向,但并非亚洲开发银行的主要成员国日本的对外政策重点,因此中东欧地区也在亚洲开发银行地理上的业务范围之外。

基于上述原因和其他种种主客观条件限制,尽管目前国际上存在数家多边开发性金融机构,基础设施领域的跨境投资在地理空间上仍旧存在盲区,以亚洲基础设施投资银行为首的新兴开发性金融机构作为现有多边开发性金融机构体系的有益补充,能够从资金、技术和人力上缓解"一带一路"沿线发展中国家基础设施建设投资不足的问题,为"一带一路"蓝图的实现注入活力。

二、"一带一路"沿线国家融资需求巨大

亚洲开发银行在 2017 年已对亚洲和大洋洲相关"一带一路"沿线国家自 2016 年至 2030 年的基础设施融资需求作了详细的预测[①],亚太地区 45 个发展中国家自 2016 年至 2030 年共需要 22.5 万亿美元投入基础设施建设,年均融资需求达到 1.5 万亿美元,占 GDP 总量的 5.1%,若是考虑为应对气候变暖冲击而需额外提供的基础设施,则这一融资需求总体上将扩大

---

① 亚洲开发银行 2017 年基础设施需求报告《Meeting ASIA'S Infrastructure Needs》。

至 26.2 万亿美元,年均达到 1.74 万亿美元,占 GDP 的 5.9%。从图 4-2
中可知,目前大多数"一带一路"沿线国家的基础设施投入占 GDP 的比重
远低于 5%,可见要满足基础设施的融资需求,"一带一路"建设的资金保
障机制还有非常多的工作需要完成。

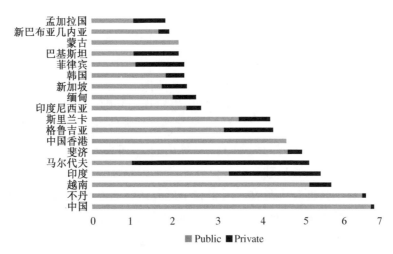

图 4-2 "一带一路"沿线代表国家基础设施公私资本投入占 GDP 比重

资料来源:*Meeting Asia's Infrastructure Needs*,亚洲开发银行,2017 年

"一带一路"融资需求的预测方法源于 Fay & Yepes(2003)和 Ruiz-
Nunez & Wei(2015),首先构建一个包含各种类型基础设施的动态面板
模型:

$$I_{it} = \alpha_0 + \alpha_1 I_{it-1} + \alpha_2 y_{it} + \alpha_3 Agr_{it} + \alpha_4 Ind_{it} \qquad (4-1)$$
$$+ \alpha_5 Urban_{it} + \alpha_6 Popden_{it} + \xi_i + \psi_t + \varepsilon_{it}$$

式(4-1)中,I_{it} 指国家 i 在 t 年的基础设施存量,I_{it} 假定与一系列经
济基本面因素相关,包括基础设施存量的滞后项 I_{it-1}、人均 GDP(y_{it}),第
一产业和第二产业增加值在 GDP 中的份额,城镇化率和人口密度,所有变
量在式(4-1)中均取其自然对数,回归方程中也包含了国家和时间固定效
应。由于使用 GMM-IV 方法得出的系数结果解释力度远低于 OLS 估计,
且在预测样本外数据时 GMM-IV 的表现并不平稳(Girardin &
Kholodilin, 2011; Kholodilin et. al., 2008),而对式(4-1)的估计目的是
预测未来的基础设施需求,因此选择 OLS 进行估计。

接着,预测式(4-1)方程右侧和基础设施存量相关的各个经济基本面
因素在 2016 年至 2030 年的变化情况,并将预测得出的数据代入式(4-1)

的方程中,与估计得出的系数构成的预测方程可以计算得出未来"一带一路"沿线国家的基础设施融资需求。

除了新投入的基础设施外,总的基础设施融资需求还包括对已有设施的维护成本,因此对未来新投入的基础设施融资需求为:

$$M_{it} = c\Delta I_{it} = c(I_{it} - I_{it-1}) \tag{4-2}$$

式(4-2)中的 c 是指各类型基础设施的折旧率。根据亚洲开发银行专家的观点,能源、铁路、港口和机场的年折旧率应为 2%,公路、供水设施和水坝的年折旧率应为 3%,而通信基础设施的年折旧率应为 8%。基础设施存量和年折旧率的乘积便是基础设施的维护成本,而总基础设施融资需求的基准预测包含了 2016 年至 2030 年新投入的各类型基础设施需求和维护需求。

根据亚洲开发银行的预测方法计算出的 2016 年至 2030 年基础设施融资需求按照收入和地理类型分类后如图 4-3 所示。"一带一路"沿线国家比较明显的特征是中高收入国家和中低收入国家基础设施融资需求占据了绝大多数份额,而低收入国家和高收入国家的融资需求较低;按照地理类型分类则是沿海国家占据了融资需求的绝大部分,内陆国家和海岛国家需要的融资较少。另一个特征则是国家收入越低,融资需求占 GDP 的比重就越大,说明收入越低的国家越需要基础设施援助。另外,为了应对气候变化而需额外提供的基础设施加重了"一带一路"沿线国家的负担,区域内国家需要投入更多的资源应对气候变暖。

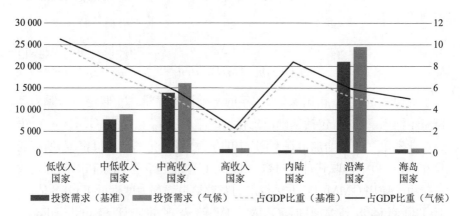

图 4-3 2016 年至 2030 年不同类型"一带一路"沿线国家基础设施融资需求预测

资料来源: *Meeting Asia's Infrastructure Needs*,亚洲开发银行,2017 年

按照不同区域划分(图 4-4)则发现,以中国为首的东亚地区 2016 年至 2030 年基础设施建设的融资需求占据了"一带一路"区域总融资需求的

极大部分,超过了以印度为首的南亚地区和以印度尼西亚为首的东南亚地区之和。中亚和大洋洲融资需求的绝对量较低,但占 GDP 的比重却较高,表明这两个地区基础设施建设的负担较重,融资需求占 GDP 比重较高的地区还有南亚,而东亚和东南亚的比重则相对较低一些。

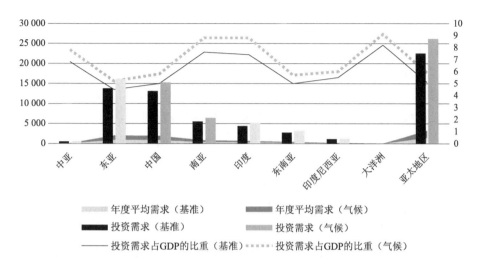

图 4-4　2016 年至 2030 年不同区域"一带一路"沿线国家基础设施融资需求预测

资料来源:*Meeting Asia's Infrastructure Needs*,亚洲开发银行,2017 年

　　若按照基础设施的类型分组(图 4-5)则发现,能源基础设施的融资需求最大,约为 12 万亿美元,且为了应对气候变化,能源基础设施需要多投入约 2.5 万亿美元。交通基础设施的融资需求低于能源,约为 8 万亿美元,通信和包括供水设施与水坝在内的治水基础设施的融资需求分别为约 2 万

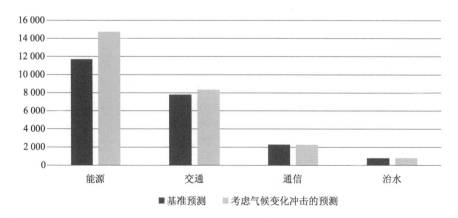

图 4-5　2016 年至 2030 年不同类型基础设施融资需求预测

资料来源:*Meeting Asia's Infrastructure Needs*,亚洲开发银行,2017 年

亿美元和 1 万亿美元。另外,气候变化对基础设施融资需求的影响主要集中在能源类型的基础设施上,对交通、通信和治水相关的基础设施影响较小。

三、"一带一路"建设资金支持短缺严重

"一带一路"沿线未来的基础设施融资需求是巨大的,但投资却又是有限的。根据亚洲开发银行估计,25 个发展中国家样本 2016 年投资于基础设施建设的资金为 8 810 亿美元,约占样本国家当年 GDP 的 5.5%,但和年度基准需求与为应对气候变化冲击需求相比,其缺口分别相当于样本国家总体 GDP 的 1.7% 和 2.4%。由于中国在"一带一路"沿线样本国家基础设施投资中所占的比重较大,剔除中国数据后发现剩余样本国家 2016年在基础设施建设领域的投资额为 1 950 亿美元,占 GDP 的 3.8%,缺口因此放大至基准预测下 GDP 的 4.3% 和考虑气候变化冲击预测下的5.0%。表 4-1 得出的结论是国家收入越低,基础设施建设的财政负担越大。中低收入样本国家基础设施投融资之间的缺口占 GDP 的比重在基准预测下是 4.7%,远高于中高收入国家的 0.6% 和样本总体的 1.7%,剔除印度数据后的中低收入国家基础设施投融资缺口扩大至 5.4%。与收入高的国家相比,收入低的国家更需要完善其国内与经济发展相适应的基础设施配套体系,而收入较高的国家则仅需投入少部分的维护成本,因此收入低的国家有着远高于高收入国家的基础设施建设压力。

表 4-1　2016 年至 2030 年"一带一路"沿线基础设施投资需求与缺口预测

单位:10 亿美元

样本范围	2016 年投资额估计	基准预测			考虑气候变化冲击的预测		
		年度需求	缺口	缺口占 GDP 的比重(%)	年度需求	缺口	缺口占 GDP 的比重(%)
样本总体(25)	881 [5.5]	1 211	330	1.7	1 340	459	2.4
剔除中国数据后的样本总体(24)	195 [3.8]	457	262	4.3	503	308	5.0
中低收入国家样本(18)	178 [4.2]	422	244	4.7	465	287	5.6
剔除印度数据后的中低收入国家样本(17)	60 [2.9]	192	132	5.4	203	143	5.9
中高收入国家样本(7)	703 [6.0]	789	86	0.6	876	172	1.2

(续表)

样本范围	2016 年投资额估计	基准预测			考虑气候变化冲击的预测		
		年度需求	缺口	缺口占 GDP 的比重(%)	年度需求	缺口	缺口占 GDP 的比重(%)
剔除中国数据后的中高收入国家样本(6)	17 [2.0]	35	18	1.8	39	21	2.2
中亚国家样本(3)	6 [2.9]	11	5	2.3	12	7	3.1
南亚国家样本(8)	134 [4.8]	294	160	4.7	329	195	5.7
东南亚国家样本(7)	55 [2.6]	147	92	3.8	157	102	4.1
大洋洲国家样本(5)	1 [2.7]	2	1	6.2	2	2	6.9
印度	118 [5.4]	230	112	4.1	261	144	5.3
印度尼西亚	23 [2.6]	70	47	4.7	74	51	5.1
中国	686 [6.3]	753	68	0.5	837	151	1.2

资料来源：*Meeting Asia's Infrastructure Needs*，亚洲开发银行，2017 年

在地区层面,基础设施投融资缺口绝对值最大的地区是南亚,考虑气候变化的冲击后每年有 1 950 亿美元的缺口资金暂时无法筹措,约占 GDP 的 5.7%;但相对缺口最大的地区是大洋洲诸岛国,在气候变暖下其基础设施建设资金缺口每年达到 GDP 的 6.9%,尽管其融资需求和投融资缺口的绝对值相比其他地区都非常小。中亚和东南亚地区投融资缺口占 GDP 的比重分别为 3.1% 和 4.1%。

中国、印度和印度尼西亚分别是东亚、南亚和东南亚最具代表性的国家,基础设施建设的融资需求也是其所属地区最高的。从缺口的绝对值来看,中国为应对气候变化冲击所需投入的基础设施资金缺口最大,达到了 1 510 亿美元;印度的相对缺口最大,占 GDP 的比重达到 5.3%;为应对气候变化的冲击,中国和印度基础设施建设的资金缺口扩大比例高于印度尼西亚。当前的基础设施投入中,中国投入的金额远高于印度,而印度投入的金额又远高于印度尼西亚,但中国在基础设施投入缺口方面的负担却是最轻的,仅为 GDP 的 1.2%。因此,"一带一路"沿线的发展中国家,特别是中低收入国家均被基础设施资金缺乏的问题所困扰,需要中国及其他中高收入国家的援助。

第二节　亚洲基础设施投资银行运行机制

亚洲基础设施投资银行是一个总部设在北京的政府间性质的亚洲区域多边开发金融机构,重点支持亚洲地区基础设施建设,简称"亚投行"。亚投行的成立宗旨是为了促进亚洲区域建设互联互通化和经济一体化进程,加强中国及其他亚洲国家和地区的合作。亚洲基础设施投资银行将帮助成员从亚洲域内及域外动员更多的建设资金,缓解亚洲经济体面临的融资瓶颈,与现有多边开发银行形成互补,为亚洲地区长期的巨额基础设施建设融资缺口提供资金支持,以环境和社会友好型方式弥补亚洲地区的基础设施建设不足,推进亚洲实现持续稳定增长。

一、发展经历与基本概况

1. 亚洲基础设施投资银行协商成立历程

习近平主席在 2013 年 10 月 2 日提出筹建亚洲基础设施投资银行倡议后,包括中国、印度、新加坡等在内 21 个首批意向创始成员国的财长和授权代表于 2014 年 10 月 24 日在北京签约,共同决定成立亚洲基础设施投资银行。2015 年 6 月 29 日,《亚洲基础设施投资银行协定》(以下亦称《协定》)签署仪式在北京举行,亚投行 57 个意向创始成员国财长或授权代表出席了签署仪式,其中已通过国内审批程序的 50 个国家正式签署《协定》。2015 年 12 月 25 日,经合法数量的国家批准后,《协定》即告生效,亚投行正式成立。2016 年 6 月 25 日,亚洲基础设施投资银行在北京召开了其成立以来的首场年会,在年会上亚投行宣布成立特别项目准备基金,中国政府首先向该基金注资 5 000 万美元。

亚投行的法定资本为 1 000 亿美元,中国初始认缴资本目标为 500 亿美元左右,占比 50％,为最大股东。各意向创始成员同意将以国内生产总值(GDP)衡量的经济权重作为各国股份分配的基础。2015 年试运营的一期实缴资本金为初始认缴目标的 10％,即 50 亿美元,其中中国出资 25 亿美元。

2. 亚洲基础设施投资银行主要成员及其资信评级

亚投行开业仅仅两年,就接连拿下穆迪、标普、惠誉三家机构的最高信用评级。如图 4-6 所示,合作建立亚洲基础设施投资银行的目的在于为"一带一路"有关沿线国家的基础设施建设提供资金支持并促进沿线各国经济合作,获得三大国际评级机构的最高信用评级有助于亚投行扩大资金规模、降低融资成本并降低金融风险。就资金管理方式而言,亚洲基础设施投资银行是一个政府间的金融开发机构,要按照多边开发银行的模式和原则运营,并且中国已表明将持开放的态度,不追求亚洲基础设施投资银行的绝对主导地位,因此其他国家的资本投入仍存在进一步增加的空间。

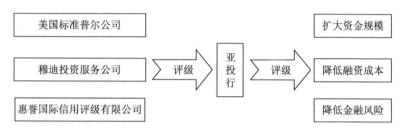

图 4-6　亚洲基础设施投资银行增信机制

李皓(2014)认为,亚洲基础设施投资银行是政府间国际组织。与非政府间国际组织不同,其成员主要是主权国家;与一般的国际会议不同,它设有常设机构并通过经常性的组织活动来实现其基本文件规定的宗旨。它在金融领域的竞争力将主要来自它的特殊地位:一方面,以各成员认缴的股本为后盾,通过建立完善的治理结构和健全的运营机制,亚洲基础设施投资银行可以在国际上获得美国标准普尔、穆迪、惠誉等信用评级公司较高的资信评级,从而能在国际资本市场以较为优惠的条件筹措到大量资金,降低亚洲国家进行基础设施建设的融资成本,促进亚洲经济持续稳定发展;另一方面,亚洲基础设施投资银行的主要创始成员国在国际上的信用评级总体较高且展望稳定(如表 4-2 所示),股东良好的信用评级为亚洲基础设施投资银行融资起到较好的背书作用,同样能够降低融资成本,提高融资效率。

表 4-2　亚洲基础设施投资银行主要创始成员国信用评级

国家		穆迪		标准普尔		惠誉	
		评级	展望	评级	展望	评级	展望
亚洲国家	新加坡	Aaa	稳定	AAA	稳定	AAA	稳定
	科威特	Aa2	稳定	AAA	稳定	AA	稳定
	卡塔尔	Aa2	稳定	AAA	稳定	—	—
	中国	Aa3	稳定	AA−	稳定	A+	稳定

（续表）

国家		穆迪		标准普尔		惠誉	
		评级	展望	评级	展望	评级	展望
亚洲国家	韩国	Aa3	稳定	A+	正面	AA−	稳定
	阿曼	A1	稳定	A	稳定	—	—
	马来西亚	A3	正面	A−	稳定	A−	负面
	泰国	Baa1	稳定	BBB+	稳定	BBB+	稳定
	哈萨克斯坦	Baa2	正面	BBB+	稳定	BBB+	稳定
	菲律宾	Baa3	正面	BBB	稳定	BBB−	稳定
	印度	Baa3	稳定	BBB−	稳定	BBB−	稳定
	印度尼西亚	Baa3	稳定	BB+	稳定	BBB−	稳定
	孟加拉	Ba3	稳定	BB−	稳定	BB−	稳定
	斯里兰卡	B1	稳定	B+	稳定	BB−	稳定
	越南	B1	稳定	BB−	稳定	BB−	稳定
	蒙古	B2	负面	B+	稳定	B+	负面
	柬埔寨	B2	稳定	B	稳定	—	—
	巴基斯坦	Caa1	稳定	B−	稳定	—	—
域外国家	新西兰	Aaa	稳定	AA	稳定	AA	稳定
	德国	Aaa	稳定	AAA	稳定	AAA	稳定
	英国	AA1	稳定	AAA	稳定	AA+	稳定
	法国	Aa1	负面	AA	负面	AA	稳定
	卢森堡	Aaa	稳定	AAA	稳定	AAA	稳定
	瑞士	Aaa	稳定	AAA	稳定	AAA	稳定
	奥地利	Aaa	稳定	AA+	稳定	AA+	稳定
	澳大利亚	Aaa	稳定	AAA	稳定	AAA	稳定
	意大利	Baa2	稳定	BBB−	稳定	BBB+	稳定

数据来源：wind 资讯

3. 亚洲基础设施投资银行投资方向

亚洲基础设施投资银行将按照多边开发银行的模式和原则运营,重点支持"一带一路"沿线区域基础设施互联互通建设。在全面投入运营后,亚投行将运用包括贷款、股权投资以及提供担保等一系列金融支持方式,为亚洲各国的基础设施项目建设提供资金保障,以振兴包括交通、能源、电信、农业和城市发展在内的各个行业(如图 4-7)。

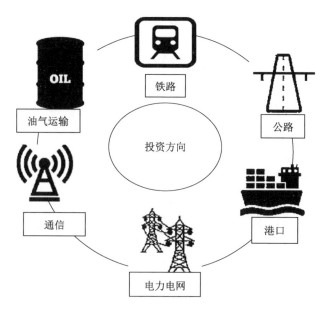

图 4-7 亚投行投资方向

资料来源:笔者自行整理

截至 2019 年中,亚洲基础设施投资银行共批准了成员 38 个项目的贷款(部分早期项目如表 4-3 所示)。从目前已批准的项目看,亚洲基础设施投资银行投资的项目主要涉及能源和交通领域,其他项目包括城市化建设与多领域投资基金的设立等。在投资结构上鲜有亚洲基础设施投资银行单独出资的项目,所发放的贷款主要是和当地政府、银团或其他多边开发机构联合注资,这种合作方式有利于亚投行提高自身资金的使用效率,提升投资项目的覆盖广度。亚投行对表 4-3 中所列项目共发放信贷超过 43 亿美元,这些项目的总规模已超过 213 亿美元,因此亚投行在所有投资项目中的投资金额大约为 20.27%。亚投行法定资本虽然有 1 000 亿美元,但这和亚洲地区庞大的基础设施建设资金缺口相比显得九牛一毛。由此可见,亚投行解决亚洲基础设施建设资金缺口的关键是带动社会资本的投资,而不是掌握多少资源和放出多少贷款。

表 4-3　亚洲基础设施投资银行已批准项目

项目名称	批准日期	行业	国家(地区)	亚投行贷款金额(百万美元)	项目总投资(百万美元)	亚投行投资占比
北京空气质量改善和煤炭替代项目	2017年12月8日	能源	中国	250	761.1	32.85%
印度输电系统改善项目	2017年9月27日	能源	印度	100	303.47	32.95%
埃及第二轮太阳能光伏发电项目	2017年9月4日	能源	埃及	210	825	25.45%
塔吉克斯坦纳雷克水电第一阶段改造项目	2017年6月15日	能源	塔吉克斯坦	60	350	17.14%
印度安德拉邦电力项目	2017年5月2日	能源	印度	160	571	28.02%
孟加拉国天然气基础设施和能效改进项目	2017年3月22日	能源	孟加拉国	60	453	13.25%
阿塞拜疆安纳托里跨境天然气管道项目	2016年12月21日	能源	阿塞拜疆	600	8 600	6.98%
缅甸 Myingyan 电厂项目	2016年9月27日	能源	缅甸	20	n. a.	—
巴基斯坦塔尔贝拉水电扩建项目	2016年9月27日	能源	巴基斯坦	300	823.5	36.43%
孟加拉国分配系统升级和扩展项目	2016年6月24日	能源	孟加拉国	165	262.29	62.91%
阿曼宽带基础设施项目	2017年12月8日	电信	阿曼	239	467	51.18%
印度班加罗尔地铁项目 R6	2017年12月8日	交通	印度	335	1 785	18.77%
印度古吉拉特邦乡村道路(MMGSY)项目	2017年7月4日	交通	印度	329	658	50.00%
格鲁吉亚巴统旁路公路项目	2017年6月15日	交通	格鲁吉亚	114	315.2	36.17%
阿曼 Duqm 港口商业终端和运营区域开发项目	2016年12月8日	交通	阿曼	265	353.33	75.00%
阿曼铁路系统准备项目	2016年12月8日	交通	阿曼	36	60	60.00%
巴基斯坦国家高速公路 m-4 项目	2016年6月24日	交通	巴基斯坦	100	273	36.63%
塔吉克斯坦杜尚-乌兹别克斯坦边境道路改善项目	2016年6月24日	交通	塔吉克斯坦	27.5	105.9	25.97%
印度尼西亚区域基础设施发展基金项目	2017年3月22日	城市化	印度尼西亚	100	406	24.63%
印度尼西亚国家贫民窟改造项目	2016年6月24日	城市化	印度尼西亚	216.5	1 743	12.42%
菲律宾马尼拉防洪管理项目	2017年9月27日	治水	菲律宾	207.6	500	41.52%

（续表）

项目名称	批准日期	行业	国家（地区）	亚投行贷款金额（百万美元）	项目总投资（百万美元）	亚投行投资占比
亚洲国际金融公司新兴亚洲基金	2017年9月27日	多领域	亚洲	150	640	23.44%
印度基础设施基金	2017年6月15日	多领域	印度	150	750	20.00%
印度尼西亚大坝运行改进和安全项目二期	2017年3月22日	多领域	印度尼西亚	125	300	41.67%
合计				4 319.6	21 305.79	20.27%

资料来源：根据亚洲基础设施投资银行官网公开信息整理

4. 亚洲基础设施投资银行运行原则

亚洲基础设施投资银行的成立和运营应遵循国际经济法的基本原则，按以下几项原则进行制度设计。

（1）互利共赢原则

亚洲基础设施投资银行的运行应遵循国际经济法的基本原则。其中遵循互利共赢原则是国际经济法中公平互利原则的基本体现。国际金融组织治理的根本目的在于实现各国共同的利益，只有建立在广泛同意基础上的国际金融组织治理模式及其规则才具有合法依据。一方面，在亚洲基础设施投资银行成员内部，应该做到各成员之间相互合作，互利共赢，不论国家大小和经济发展水平强弱，其国家经济利益均应当受到相同程度的重视和尊重，通过协商合作实现各成员共同利益最大化。另一方面，对待外部融资国，亚洲基础设施投资银行应当与其协商求同，积极对话，通过寻找经济合作基本点，在双方都能接受的条件下确定融资项目。

（2）东道国意愿原则

国际经济法中，尊重东道国意愿原则是国家经济主权原则的体现。与其他市场主导投资的国民经济行业不同，基础设施行业是政府主导下的投资，提供的产品和服务具有很强的社会公益属性，因此，遵守东道国法律，尊重东道国意愿，符合东道国对本国基础设施投资、建设和运营的整体规划，是亚洲基础设施投资银行的经营活动需要满足的最基本条件。亚洲基础设施投资银行在具体项目的选择和执行过程中应充分考虑借款国的实际需求和对贷款的吸收能力，注重发挥借款国的项目设计和执行能力，由此调动借款国参与项目的积极性。在亚洲基础设施投资银行未来发展的过程中，可能会面对非政府部门发起的项目或投资。对于这些由私人资本作为发起人的项目或者借款人是为项目成立的特殊目的公司而非主权国家,同样也要遵循东道国同意原则,尊重东道国在本国基础设施领域的主导地位。

（3）催化原则

催化原则是国际经济法中国际合作以谋求发展原则的体现。亚洲基础设施投资银行应注重发挥新兴开发性金融组织的催化功能、示范功能和聚集功能,通过金融杠杆撬动和吸引更多金融机构与私人资本参与亚洲发展中国家的基础设施投资。亚洲基础设施投资银行不应与商业性金融机构、其他国际金融组织或私人投资者直接竞争,在合理条件下可获得足额政府投入或其他资金支持的项目将不是其业务重点。作为亚洲国家加强区域合作的新平台,亚洲基础设施投资银行应当在基础设施投资领域对政府、商业性金融以及私人资本的作用加以补充而非简单重复,从而实现丰富和充实基础设施领域投融资渠道的作用。

（4）可持续发展原则

基础设施的建设和运营可能会带来污染、森林面积缩小、耕地退化等问题,可持续发展原则是国际经济合作长期发展的稳健保障。亚洲基础设施投资银行应注重支持具有改善和治理环境效益的项目,并且在项目中不仅要考虑到信用风险、市场风险和操纵风险等传统金融风险的控制与防范,还应通过建立可持续的政策体系对项目的环保风险和社会风险等非传统风险加以控制。

二、股权结构与投票权机制

亚洲基础设施投资银行成员资格向国际复兴开发银行和亚洲开发银行成员开放。《亚洲基础设施投资银行协定》(下称"《协定》")规定,域内国家持有的亚投行投票权不得低于总投票权的 75%,域内国家指的是由联合国定义所指属亚洲和大洋洲的地理区划和组成。亚投行成员国派驻理事会的理事根据自身所代表国家拥有的投票权对事项进行表决。

1. 成员出资额与投票权

根据《亚洲基础设施投资银行协定》第二十八条规定,亚投行每个成员的投票权总数是创始成员享有的创始成员投票权、股份投票权以及基本投票权的总和。其中,每个成员的基本投票权是全体成员基本投票权、股份投票权和创始成员投票权总和的 12% 在全体成员中平均分配的结果。每个成员的股份投票权等于其持有的亚投行股份数,每个创始成员同时拥有600 票创始成员投票权,基本投票权和创始成员投票权占总投票权的比重约为 15%。按现有各创始成员的认缴股本计算,中国投票权占总投票权的 26.92%。但是,随着新成员的不断加入,中方和其他创始成员的股份与投票权比例均将被逐步稀释。

截至 2018 年 3 月 6 日,已经确认加入亚投行并认购股权的域内国家达到 42 个,域外国家有 21 个,还有 21 个国家有意向加入亚投行。域内外成员出资额与拥有的投票权比例分别如表 4-4、表 4-5 所示,域内国家出资额占总出资额的比例达到 77.6%,持有的投票权占比为 75.97%。按照亚投行《协定》的投票权分配规则,出资比例较大的成员分配得到的投票权低于其出资比例,出资比例较小的成员其投票权得到放大。这一规定降低银行大股东对银行的控制力,提高小股东话语权,有利于缓解由于成员经济实力差异造成银行内部权力失衡,更好地维护小股东权益,增强亚投行的国际性,使亚投行能够更好地统筹多方意见,以实现推动欠发达国家基础设施建设的目的。

表 4-4 域内成员出资额与投票权

国家	加入亚投行时间	认购股权		投票权	
		出资额(百万美元)	占比	票数	占比
阿富汗	2017 年 10 月 13 日	86.6	0.091 2%	2 992	0.268 0%
澳大利亚	2015 年 12 月 25 日	3 691.2	3.885 3%	39 638	3.550 6%
阿塞拜疆	2016 年 6 月 24 日	254.1	0.267 5%	5 267	0.471 8%
孟加拉国	2016 年 3 月 22 日	660.5	0.695 2%	9 331	0.835 8%
文莱	2015 年 12 月 25 日	52.4	0.055 2%	3 250	0.291 1%
柬埔寨	2016 年 5 月 17 日	62.3	0.065 6%	3 349	0.300 0%
中国	2015 年 12 月 25 日	29 780.4	31.346 6%	300 530	26.920 2%
斐济	2017 年 12 月 11 日	12.5	0.013 2%	2 251	0.201 6%
格鲁吉亚	2015 年 12 月 25 日	53.9	0.056 7%	3 265	0.292 5%
中国香港	2017 年 6 月 7 日	765.1	0.805 3%	9 777	0.875 8%
印度	2016 年 1 月 11 日	8 367.3	8.807 3%	86 399	7.739 2%
印度尼西亚	2016 年 1 月 14 日	3 360.7	3.537 4%	36 333	3.254 6%
伊朗	2017 年 1 月 16 日	1 580.8	1.663 9%	18 534	1.660 2%
以色列	2016 年 1 月 15 日	749.9	0.789 3%	10 225	0.915 9%
约旦	2015 年 12 月 25 日	119.2	0.125 5%	3 918	0.351 0%

（续表）

国家	加入亚投行时间	认购股权		投票权	
		出资额（百万美元）	占比	票数	占比
哈萨克斯坦	2016 年 4 月 18 日	729.3	0.767 7%	10 019	0.897 5%
韩国	2015 年 12 月 25 日	3 783.7	3.935 3%	40 113	3.593 1%
吉尔吉斯斯坦	2016 年 4 月 11 日	26.8	0.028 2%	2 994	0.268 2%
老挝	2016 年 1 月 15 日	43	0.045 3%	3 156	0.282 7%
马来西亚	2017 年 3 月 27 日	109.5	0.115 3%	3 821	0.342 3%
马尔代夫	2016 年 1 月 4 日	7.2	0.007 6%	2 798	0.250 6%
蒙古	2015 年 12 月 25 日	41.1	0.043 3%	3 137	0.281 0%
缅甸	2015 年 12 月 25 日	264.5	0.278 4%	5 371	0.481 1%
尼泊尔	2016 年 1 月 13 日	80.9	0.085 2%	3 535	0.316 6%
新西兰	2015 年 12 月 25 日	461.5	0.485 8%	7 341	0.657 5%
阿曼	2016 年 6 月 21 日	259.2	0.272 8%	5 318	0.476 4%
巴基斯坦	2015 年 12 月 25 日	1 034.1	1.088 5%	13 067	1.170 5%
菲律宾	2016 年 12 月 28 日	979.1	1.030 6%	12 517	1.121 2%
卡塔尔	2016 年 6 月 24 日	604.4	0.636 2%	8 770	0.785 6%
俄罗斯	2015 年 12 月 28 日	6 536.2	6.879 9%	68 088	6.099 0%
萨摩亚	2018 年 3 月 6 日	2.1	0.002 2%	2 147	0.192 3%
沙特阿拉伯	2016 年 2 月 19 日	2 544.6	2.678 4%	28 172	2.523 5%
新加坡	2015 年 12 月 25 日	250	0.263 1%	5 226	0.468 1%
斯里兰卡	2016 年 6 月 22 日	269	0.283 1%	5 416	0.485 1%
塔吉克斯坦	2016 年 1 月 16 日	30.9	0.032 5%	3 035	0.271 9%
泰国	2016 年 6 月 20 日	1 427.5	1.502 6%	17 001	1.522 9%
东帝汶	2017 年 11 月 22 日	16	0.016 8%	2 286	0.204 8%
土耳其	2016 年 1 月 15 日	2 609.9	2.747 2%	28 825	2.582 0%
阿拉伯联合酋长国	2016 年 1 月 15 日	1 185.7	1.248 1%	14 583	1.306 3%
乌兹别克斯坦	2016 年 11 月 30 日	219.8	0.231 4%	4 924	0.441 1%
瓦努阿图	2018 年 3 月 6 日	0.5	0.000 5%	2 131	0.190 9%
越南	2016 年 4 月 11 日	663.3	0.698 2%	9 359	0.838 3%
合计		73 731.7	77.609 3%	848 209	75.978 9%

资料来源：笔者根据亚洲基础设施投资银行公开资料整理

　　亚洲基础设施投资银行虽然致力于为亚洲基础设施投资建设融资,但也吸引了 21 个域外国家加入,为亚投行带来了 200 多亿美元的初始发展资金(如表 4-5 所示)。一方面,域外国家加入亚投行为银行发展带来了更多的发展资金,域外国家所处的地理区位及其国际地位增强了亚投行作为国际机构的国际性,域外国家特别是西方发达国家的专业人士加入亚投行任职高管和顾问委员会委员,能够为亚投行治理贡献先进的管理技术,提高亚投行的运营效率。另一方面,亚洲区域人口庞大、地域辽阔,具有巨大的发展潜力,投资亚洲的基础设施建设有助于长期促进亚洲国家经济增长,作为亚投行股东的域外国家能够从中受益,另外,亚投行《协定》并未在地理上限定银行业务的开展范围,只要成员有符合银行标准的贷款申请,都能够在资金、技术等方面得到银行助力,从而获得发展的资源。因此,域外国家加入亚投行可以实现股东和银行的双赢,这也是亚投行本身倡导的开放包容理念的体现。

表 4-5　域外成员出资额与投票权

国家	加入亚投行时间	认购股权		投票权	
		出资额 (百万美元)	占比	票数	占比
奥地利	2015 年 12 月 25 日	500.8	0.527 1%	7 734	0.692 8%
丹麦	2016 年 1 月 15 日	369.5	0.388 9%	6 421	0.575 2%
埃及	2016 年 8 月 4 日	650.5	0.684 7%	9 231	0.826 9%
埃塞俄比亚	2017 年 5 月 13 日	45.8	0.048 2%	2 584	0.231 5%
芬兰	2016 年 1 月 7 日	310.3	0.326 6%	5 829	0.522 1%
法国	2016 年 6 月 16 日	3 375.6	3.553 1%	36 482	3.267 9%
德国	2015 年 12 月 25 日	4 484.2	4.720 0%	47 568	4.260 9%
匈牙利	2017 年 6 月 16 日	100	0.105 3%	3 126	0.280 0%
冰岛	2016 年 3 月 4 日	17.6	0.018 5%	2 902	0.259 9%
爱尔兰	2017 年 10 月 23 日	131.3	0.138 2%	3 439	0.308 1%
意大利	2016 年 7 月 13 日	2 571.8	2.707 1%	28 444	2.547 9%
卢森堡	2015 年 12 月 25 日	69.7	0.073 4%	3 423	0.306 6%
马耳他	2016 年 1 月 7 日	13.6	0.014 3%	2 862	0.256 4%
荷兰	2015 年 12 月 25 日	1 031.3	1.085 5%	13 039	1.168 0%
挪威	2015 年 12 月 25 日	550.6	0.579 6%	8 232	0.737 4%

（续表）

国家	加入亚投行时间	认购股权		投票权	
		出资额（百万美元）	占比	票数	占比
波兰	2016 年 6 月 15 日	831.8	0.875 5%	11 044	0.989 3%
葡萄牙	2017 年 2 月 8 日	65	0.068 4%	3 376	0.302 4%
西班牙	2017 年 12 月 19 日	1 761.5	1.854 1%	20 341	1.822 1%
瑞典	2016 年 6 月 23 日	630	0.663 1%	9 026	0.808 5%
瑞士	2016 年 4 月 25 日	706.4	0.743 5%	9 790	0.876 9%
英国	2015 年 12 月 25 日	3 054.7	3.215 3%	33 273	2.980 5%
合计		21 272	22.390 7%	268 166	24.021 1%

资料来源：笔者根据亚洲基础设施投资银行公开资料整理

2. 理事会运行机制：权力与程序

亚洲基础设施投资银行成员通过向银行理事会派驻理事行使权利。每个亚投行成员均应在理事会中任命一名理事和一名副理事。每个理事和副理事均受命于其所代表成员，除理事缺席情况外，副理事没有投票权。在银行每次年会上，理事会应选举一名理事担任主席，任期至下届主席选举为止。理事和副理事任职期间，银行不予给付薪酬，但可支付其因出席会议产生的合理支出。

亚投行的一切权力归于理事会，理事会可将其部分或全部权力授予董事会，但涉及亚投行根基构建的权力除外，例如吸收新成员和确定新成员加入条件、中止成员资格、增加或减少银行法定股本、裁决董事会对《协定》的相关解释或适用提出的申诉、选举行长和中止或解除行长职务、决定行长的薪酬及其他任职条件等等，及行使《协定》明确规定属于理事会的其他权力。对于理事会依照《协定》授予董事会办理的任何事项，作为亚投行最高权力机构的理事会均保留其执行决策的全部权力。

3. 董事会组成方式与运作规则

亚投行理事会按照成员地理区划和认购股权数量划定选区选举董事，每个选区的董事应代表一个或多个成员，每个选区的投票权总数应包括该选区董事依照《协定》规定所享有的所有投票权。按照《协定》决定的董事会规模和组成，成员理事被划分为十二大选区。其中，域内选区 9 个，域外选区 3 个，例如亚投行最大股东中国（占有 26.92% 投票权）和中国香港（占有 0.875 7％投票权)划归同一选区,第二大股东印度(占有 7.739 2％投票权)独自拥有一个选区。

在每次选举中,理事会应为即将由理事选出的董事所代表的选区设定最低选区投票权百分比,域内董事当选的最低百分比应为其享有的投票权占代表域内成员参与投票的理事投票权总数的 6％,域外董事当选的最低百分比应为 15％。如需进行多轮投票,为调整不同选区的投票权,理事会应在每次选举时分别为域内董事和域外董事设定当选的调整百分比,域内董事的调整百分比应设定为其享有的投票权占域内理事投票权总数的15％,域外董事的调整百分比应设定为 60％。在第一轮投票中,得票最多且达到选举董事最低百分比票数要求的候选人当选为董事。每位理事只能提名一人,域内董事的候选人应由域内理事提名并投票选出,域外董事同理,每位理事应将其所代表成员的全部投票权投予一个候选人。

三、组织结构与运营机制

1. 组织结构框架

为了解决董事会与管理层权力重合、决策效率低下的弊病,亚投行实施非常驻董事会制度。非常驻董事会的提议最早在美国由约翰·梅纳德·凯恩斯(John Maynard Keynes)为世界银行和世界贸易组织的成立而提出。但由于 20 世纪 40 年代国际传播与通信的限制,这一提案最终被拒绝了。相较于世界银行、亚洲开发银行等传统多边开发性金融机构创立之时,如今交通、通信等条件大为改善,各国董事们即使相隔万里也可以实现顺畅沟通与交流。

需要指出的是,虽然常驻董事会能发挥监督管理部门的作用,但其能否真正发挥监督管理作用并不在于常驻与非常驻,而在于职责的履行与不履行。非常驻董事会与管理层之间明确分工,能加快决策制定过程,反馈决策实施结果。亚投行放弃常驻董事会能够减少摩擦和治理成本,这些节省下来的资金能够转到贷款、投资、技术协助、政策建议或者培训管理上面,进而提高运行效率。其中,亚投行在《协定》中就规定"执行董事会在制定一项议事程序时,董事们可进行一次视频会议并针对某一具体问题进行投票表决,而不需要实地主持开展会议"。因此,非常驻董事会的设立既提高了效率,也减少了实地开展会议的花费,充分体现亚投行"精干、廉洁、绿色"的原则。

亚投行的核心组织结构由理事会、董事会和管理层组成。理事会在亚投行中居于最高地位,拥有亚投行的最高权力;理事会可以将其部分权力下授给董事会,董事会直管薪酬、效率与廉洁监督委员会,负责总体运营。董事会共有 12 位董事,设置域内 9 位,域外 3 位。从域内成员的董事中选出一位行长,任期为 5 年,可以连选连任 1 次。设立副行长 5 名,分管各部分业务运作。相对于世界银行、亚洲开发银行和非洲开发银行,亚投行组织结构上最大的内部治理创新是设立非常驻董事会而不是常驻董事会,在职能部门设置上层级结构简洁,行政级别表现为三级,行长除了全面主持工作外还直管风险管理部、外事部等 6 部门,副行长各有分工(见图 4-8)。

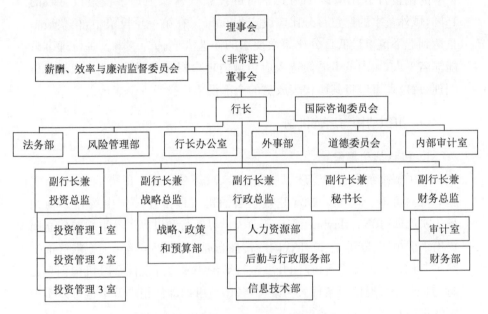

图 4-8　亚洲基础设施投资银行运营结构

资料来源:亚洲基础设施投资银行官网

　　在国际金融机构中,常驻董事会负责制定决策等重大事项,管理层负责政策执行。但常驻董事会兼顾两端,与管理层出现权力重合。常驻董事会在进行项目审批时,往往流程烦琐,条件苛刻,效率不高。这说明常驻董事会在一定程度上导致了大量的资金浪费,工作效率低下。此外,传统多边开发性金融机构的常驻董事会存在政治化倾向。发达国家的董事意在为本国企业争取项目合同,而发展中国家的董事则是为本国争取项目贷款。美国对于世界银行各类项目合同的签订都明显体现了美国国会的意见与要求,而这些意见与要求主要是通过美国在世界银行的执行董事表达出来的(施洁,2012)。

　　非常驻董事会的设立还有助于提升多边开发银行采购政策的公平性,

非常驻董事会介入亚投行事务的频率远低于常驻董事会,减少了代表成员利益的董事为本国利益干扰亚投行采购行为的机会,这有利于亚投行提高采购效率,为融资项目提供最需要的物资。由于亚投行设立非常驻董事会等措施推动了组织结构创新,进而提升了管理效率,降低了运行成本,所以亚投行能够提供更为廉价的贷款。在相同期限结构下的贷款利率比较上,亚投行比世界银行更低(见图4-9)。相应地,借款国可以在亚投行得到利息更低的贷款用以本国的基础设施建设。虽然二者之间的贷款利率差并不明显,差值多分布于0.1%—0.15%,但对于投资数额大、项目周期长、回报率不高的基础设施项目而言,其对于贷款利率的高低是十分敏感的。

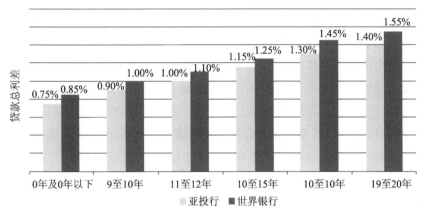

图4-9 世界银行与亚投行各平均年限下的贷款总利差比较

数据来源:亚洲基础设施投资银行、世界银行官网

亚投行原则上以体现民主与平等的"协商一致"方式议事。狭义的"协商一致"议事方式需要全体成员意见一致才能通过该项决策,其本质是按人头而非资本来进行决策议事,因此存在一定的缺陷。如果某成员明确提出反对票,决策将无法顺利通过,由此形成一种绝对意义上的"否决权",这是基于人头而不是资本的否决权(高鹏,2015)。世界贸易组织的决策方式就属于这一类型。当成员增多、所议事项增加并变得越来越复杂时,"协商一致"议事方式决策的难度就会增大,多哈回合谈判正是因此而陷入决策困境。

为了弥补现有金融机构中"协商一致"议事方式存在的制度缺陷,亚投行采取了"关键多数"的决策机制。"关键多数"决策机制是严格的"协商一致"议事方式的柔化或改良。其核心含义是部分利益相关成员参与会议谈判并就某项协议达成一致意见,而经由该协议产生的成果和效力适用于亚投行所有成员。"关键多数"决策机制有以下几个显著特点:一是由利益相关成员参与协议谈判,会促使它们有明确动力启动谈判,并克服多重困难完成谈判;二是参与协议谈判的成国数量必须足够多,为决策多边化奠定基础;三是以"协商一致"的议事方式通过协议,实现谈判结果多边化。灵活便捷的"协商一致"议事方式只出现在谈判文本通过之时,而不会出现在谈判启动与谈判过程当中。由于该谈判与非利益相关成员没有直接利益,因此其没有动力去阻挠协议通过。并且规定在通过协议时,各成员不得选择通过协议的部分利益相关内容而否定其他对本国不利或无关的非利益相关内容。

亚投行的投资模式更为灵活,银行贷款、股权投资和担保业务三种投资模式同时运作(刘东民和高蓓,2016)。主权信用担保贷款是传统的投资方式,除此之外,根据《协定》,股权投资方式也是亚投行的常备选项。这一模式具有更高的灵活度,更有利于引入公私合营模式(Public Private Partnership,PPP)。另外,亚投行为促进投资还提供一系列中间业务服务来为资金需求方和供给方"牵线搭桥"。上述投资模式的交互配合,将有利于增强其面向亚洲地区发展中国家的市场适应能力,提高其服务水平,为"一带一路"沿线国家的基础设施建设做出更大贡献,增进区域融资筹资水平。同时,PPP模式有利于整合和分配稀缺市场资源,发挥杠杆效应,吸引私有资本投入到基础设施建设领域。此外,亚投行借鉴了传统开发性金融机构的有益经验,注重资金使用去向的监管和环境保护、劳工保护。但是,对于某些不符合发展中国家国情的严苛条件,亚投行同样做出了相应的调整与修改。目前,国际货币基金组织和世界银行均有专门的审查和遴选机制,强化对贷款条件及风险的判断。亚洲开发银行则建立"合规审查小组",该部门的职责是对接受贷款国家的资格进行审查。

2. 战略规划与业务开展

(1) 战略制定和调整

亚投行开展具体业务的战略规划是在各方面利益相关者的综合推动下确定的,这些推动力量包括亚投行股东的战略导向、亚投行的客户需求、亚投行的财政承受能力和亚投行机构与员工的运营能力。在业务开展的过程中,亚投行的战略规划也将根据项目建设的实际情况和客户的未来需求进行具体调整。亚投行当期开展的业务所带来的收入与风险会影响其未来的财政承受能力,而业务的开展对机构运营能力和职工专业能力提出要求,这都构成了亚投行战略规划和业务开展的限制条件。亚投行只有制定正确可持续、符合实际的战略规划并顺利开展业务,获得适当的收益并控制好可能发生的风险,提高机构和职员的能力边界才能形成良性循环,将战略蓝图转化为实际发展成果。因此,在业务开展过程中,发展战略、客户需求、项目收益风险和内部运营能力建设是亚投行发展和履行其使命缺一不可的四大要素。

亚投行运营之初没有开展业务的经验,因此在试营业阶段确定经营目标为塑造亚投行品牌、聚焦战略关注点、逐渐增加对客户的支持、精炼项目融资方法、增强金融可持续性、为进入基础设施融资市场铺垫道路并持续加强银行机构建设。在亚投行第一年的运营中,客户需求的满足和利益共同体的加入高度证明了亚投行理念的合理性,并确定了亚投行未来发展业务的三大核心发力点为可持续的基础设施、跨国业务联系和调动社会资本。亚投行通过集中资源加强三大业务核心将塑造自身的业务优势,增强服务域内基础设施建设的能力。

(2)战略实施和业务开展

亚洲基础设施投资银行《协定》规定银行可以开展的业务方式包括直接贷款、联合融资或参与贷款、参与机构或企业的股权资本投资、作为直接或间接债务人、全部或部分地为用于经济发展的贷款提供担保、根据特别基金的使用协定配置特别基金的资源、提供技术援助以及按照《协定》章程经理事会特别多数投票通过决定的其他融资方式。其中,亚投行为项目提供贷款的种类以是否有主权担保划分。主权担保贷款指的是由亚投行成员担保的贷款,这一担保将覆盖因政府失误而无法担负和项目有关的某一特别责任或是借款人无法偿还贷款所造成的违约,成员将赔偿其所担保项目违约给亚投行造成的损失。非主权担保贷款指的是由没有国家主权背书的主体如私营企业、成员行政分部或是国营企业部门的贷款。除此之外,亚投行还可以决定为某一成员主权担保的项目融资做出预先准备。预先融资准备的前提是该项目有较大可能性需要扩大融资授权。预先融资准备的金额不得超过项目融资数额的10%且低于1 000万美元,亚洲基础设施投资银行行长对于是否进行预先融资准备具有决定权。在项目信息公示上,主权担保贷款将会公布所有项目细节而非主权担保贷款只会公布项目梗要,这体现了亚投行对于私营经济体商业隐私的保护。

亚洲基础投资银行还可以对私有或公有部门的企业进行直接的股权投资,投资的企业可以是现有的也可以是新成立的。股权投资可以采取多种形式,包括认购普通股或优先股、购买企业发行的可转换债券,限制条件是银行投资的企业股权不得超过企业总股份的30%。只有在特别情况下,亚投行董事会可以决定持有企业超过30%但低于控制权的股份,只有当董事会认为亚投行的投资有损失的风险时,亚投行才会谋求获得企业的控制权以保护其投资的安全性。

所有申请融资的项目都要求符合亚投行制定的条件。首先,项目具有清晰的、符合亚投行宗旨的发展目标,且有适合的评估方法评估项目影响;其次,项目能够有针对性地提供相应的生产线活动以实现其发展目标;再次,该项目其他可选择的融资来源不具有为项目提供金融支持的条件;最后,项目符合亚投行其他相关政策的要求。可见,亚投行对于融资项目的初步筛选既考虑了自身对域内绿色可持续发展的导向性,又尽力避免对社会资本的挤出效应。在融资方式的选择上,亚投行首要考虑各种融资类型的费用和收益以确定对项目最优的融资方式,其次考虑如何最大限度地调动其他社会资本为项目提供融资支持和亚投行资源的杠杆效应。

无论是采取哪一种融资方式都必须经过董事会审批同意,或由董事会授权行长审批同意方可执行。在项目融资得到批准后,亚投行将和项目申请方签订合同。在项目实施过程中,银行董事会可根据实际环境变化决定是否对融资合同进行修改。在项目融资上,亚投行担当的角色不仅在于评估项目是否符合银行政策、决定是否提供融资以及融资的期限和条件,还在于发挥监督引导作用,包括督促其他项目融资方履行签署的法律责任,检查项目实施进展并监控项目风险变化、评估项目影响。在特殊条件下,亚投行还需要决定是否延缓、取消或增加融资,以及是否需要修改项目。亚投行的角色仅限于融资、监控和提供技术援助等,并不负责项目的具体执行。

3. 风险管理办法

高效的风险管理是在保证遵守亚投行原则宗旨的前提下实现银行更宏伟蓝图的核心。自成立伊始,亚投行便建立了三道防线以管控风险:第一道防线是日常和客户接触的亚投行前台工作人员对潜在风险的识别和评估,这确保了亚投行能够在日常运营中有效地管理其风险;第二道防线是亚投行自身的风险管理部门,其职责在于动态地监控风险变化,识别潜在的违背风险管理规定的行为;第三道防线是亚投行的内部审计部门,该部门通过检查风险模型和管理流程识别亚投行的运营缺陷及其隐藏的负面影响。在日常经营过程中,亚投行可能面对的风险包括信贷风险、股权投资风险、资产债务风险、市场风险、流动性风险、运营风险以及廉正、环境社会和名誉风险。对于每一种重要的风险,亚投行应有针对性地开发相应的定性和定量方法来衡量并管理。

首先,亚投行应提前准备一定的资金预防可能发生的风险对银行造成的损失,这部分资金谓之为经济资本。经济资本被定义为亚投行为了防止在超过一年最坏情况下公允价值损失后净资产价值低于零而持有的资本。最坏情况的定义通常和正态分布中尾部 0.03％ 的概率分布相联系,反映了对于经济偿付能力要求的 99.97％ 的置信区间。经济资本被用来衡量资产组合分散化的影响和管理总体的资产组合表现,也会被用来给特别的交易定价。

其次是信贷风险。针对融资交易的风险性、复杂性及其规模,投资委员会或者其他权力机构对融资进行检查的工作人员会按照亚投行的政策与流程评估信贷融资和其他投资的质量。为了让相关工作人员对融资方案提出专业建议,工作人员会被提供评估报告中与专业相关的部分,例如风险、法律、金融、战略、环境和社会方面,意图通过不同专业人士对融资的各个方面进行审查以完善信贷支持方案,降低信贷风险。信贷风险和项目审批环节中不同阶段审查岗位的工作职责由管理层负责定义并根据实际变化定期调整岗位职责。信贷风险又分为主权信贷风险、非主权信贷风险①和交易方信贷风险。亚投行对主权风险的评估基于定性和定量的风险衡量,通过亚投行内部的评级模型和包括来源于内部与外部的额外主权分析形成对该国的主权风险报告。

第三是股权投资风险的管理。股权投资风险是市场总体风险和个别资产价值表现风险的整合,亚投行可以根据股权投资的实际情况来决定具体的风险防范办法。合适的风险衡量应该根据特别的风险和已经定义过的投资风险来决定。如果是上市的股份,股权投资就应该按市值计价,服从于流动性贴现。对于未上市的股权投资,股权投资的风险要通过估值模型和外部基准来衡量。

第四是资产债务风险的防范。对于自身的资产负债管理流程,亚投行设定了三大管理目标,分别是减少因为资产负债在货币类别、利率敏感性和期限上错配而导致的风险,随时监控银行因收入产生的风险并建立框架减少未来一段时间银行收入的潜在波动性,最小化可购得股权的波动性,对所有银行暴露的资产负债错配风险分派清晰的责任。资产负债风险能够通过资产负债表项目、净利息收入影响和股权的经济价值影响来管理。另外,风险限额会被设定以控制风险。资产债务风险包括货币风险、利率风险和重新募集资金风险。原则上,亚投行没有计划去主动承担货币风险。因此,货币风险将被亚投行通过货币互换得到的货币资产匹配该货币

---

① 主权风险的评估将关注于国家偿还外部债务的能力和意愿、国家现有债务负担的可持续性以及国家的信用评级和其他多边机构对该国的信用评价。非主权信贷风险的评估将关注与私营经济体和没有充分主权担保的国营经济体的信用价值及其偿还债务的能力与意愿。

的债券基金资产。所有亚投行持有的组合和投资运营组合都会面临利率风险。在对冲这些资产上,区别以债券形式持有的资产和以股权形式持有的资产是重要的。在以债券形式持有资产的情况下,利率风险可以通过匹配相同的利率敏感性债券资产来合理管理。管理债券的流动性时,为了补偿再融资风险,亚投行应补偿相关的风险溢价和期限贴水(对于更久的到期贷款)并将定期检查这一溢价鉴于相对于 Libor 的期望筹资费用。

最后是其他风险的管理,其他风险包括市场风险、流动性风险、运营风险、社会环境风险和廉正名誉风险等。对于市场风险,亚投行将通过如 VaR(在险价值)和基于每日或每周的非统计衡量方法来评估,这些衡量方法的监督将帮助银行在可控的市场风险中控制并维持风险暴露头寸。流动性风险将通过一系列风险限制和额外的流动性风险比率来衡量,并将通过缓冲区和流动性应急计划来管理。有效的管理和运营风险的减缓依赖于致力于识别各种风险并建立可接受的风险参数和监管程序的内部控制系统。亚投行内顶尖的运营风险将被定期识别,致力于控制运营风险物质性的价值和关键的风险指标将被建立。环境社会和廉正名誉风险的管理与减缓伴随亚投行影响的评估展开,这类风险由减缓和危机管理、报告和监控,以及与发展行动计划最相关风险的识别机制组成,通过精准匹配的亚投行运营政策和在项目准备与实施的应用中得到管理。

第三节 金砖国家开发银行运行机制

金砖国家开发银行(BRICS Development Bank,New Development Bank)俗称"金砖银行"、新开发银行,是由金砖国家共同倡议建立的国际性金融机构。倡议建立的金砖国家组织成员宣称该银行成立的目的在于补充现有多边融资体系框架的不足,为新兴经济体和发展中国家经济振兴和可持续发展提供金融支持。

一、发展历程与概况

1. 金砖国家开发银行创立历程

印度最先在 2012 年 3 月第四届金砖峰会上提出成立金砖国家开发银行,其目的是避免金砖国家经济运行在未来金融危机中受到发达国家或本国货币不稳定的影响而构筑一个共同的金融安全网。2013 年 3 月,在德班峰会上金砖国家领导人共同决定建立金砖国家开发银行以简化金砖国家间的相互结算与贷款业务,从而减少对美元和欧元的依赖。2014 年 7 月 15 日至 16 日,金砖国家领导人第六次会晤在巴西举行,五国领导人签署了《福塔莱萨宣言》,宣布成立金砖国家开发银行,为金砖国家以及其他新兴市场和发展中国家的基础设施建设与可持续发展项目筹措资金。

2. 金砖国家开发银行投资方向

金砖国家开发银行致力于为金砖国家和其他新兴经济体与发展中国家的基础设施和可持续发展项目提供融资,补充现有多边和地区性金融机构在全球增长和发展上的不足。为了达到这一目的,金砖国家开发银行通过提供贷款、担保、股权投资和其他金融渠道支持公共和私有项目。除此之外,金砖国家开发银行还与其他国际组织与金融实体合作,为所融资的项目提供技术支持。金砖国家开发银行比较重视申请贷款项目所产生的社会效益,在同等条件下优先考虑社会效益高的项目,因此环境友好型和资源节约型项目的贷款申请更容易获得银行贷款与投资委员会和董事会的批准。

二、组织结构与运营

金砖国家开发银行主要的运营目标是培育成员国的发展能力、支持世界经济增长、提升产业竞争质量并促进就业岗位创造水平、在发展中国家中建立一个知识分享的平台。为了达到上述目标,金砖国家开发银行自建立伊始便建立起了基本的组织框架和贷款审批流程,参照其他多边开发性金融机构的运营经验在探索中完善自身的资金来源渠道和风险控制体系。

1. 组织结构框架

金砖国家开发银行在创立之初便初步建立了以理事会、董事会和行长为代表的三级行政体系,各层级职能明确,以保障银行在其制定的风险控制和道德标准下高效运营。金砖国家开发银行的组织结构框架如图 4-10 所示。

金砖国家开发银行的最高权力机构是理事会,其成员由各成员国任命一名部长级理事和一名替补理事组成,每年理事会选举一名理事作为主席。金砖国家开发银行的所有权力归属于理事会,每年理事会至少举行一次例会,商议银行的发展战略,包括宏观发展战略和与其他国际组织合作战略。金砖国家开发银行法定资本的任何变动都要由理事会决定。

金砖国家开发银行董事会由各创始国成员任命一名董事和替补董事组成,每名董事任期两年,并可重新选举。和亚投行一样,金砖国家开发银行的董事会也是非常驻性质,每季度至少召开一次董事会,这有利于金砖

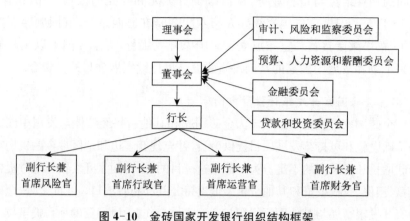

图 4-10　金砖国家开发银行组织结构框架

资料来源：根据金砖国家开发银行公开信息整理

国家开发银行削减行政成本，提高行政效率。董事会为金砖国家开发银行的总体运营行为负责，包括经营战略、财政预算、贷款、担保、股权投资、借款、基本运营流程、项目技术支持等。董事会下设审计、风险和监察委员会（Audit，Risk and Compliance Committee）、预算、人力资源和薪酬委员会（Budget，Human Resources and Compensation Committee）、金融委员会（Finance Committee）和贷款和投资委员会（Credit and Investment Committee）四个直属部门以协助董事会履行其职责。

审计、风险和监察委员会由所有董事会成员组成，其职责在于协助董事会监督银行各职能部门的金融报告和公示信息，确保职员遵从银行道德与行为规范，保证银行内部控制系统的充裕性和可靠性，保障风险管理框架的有效实施。预算、人力资源和薪酬委员会由董事会成员组成，负责监督金砖银行和预算、人事与报酬相关的事宜并在董事会道德框架下承担相应的责任。金融委员会委员为银行行长和四位副行长，委员会的职能是监督银行所有和贷款、资产及其风险有关的金融问题。贷款和投资委员会由行长和四位副行长组成，委员会的职能是审议并决定所有贷款、担保、股权投资和相关项目的技术支持。

金砖国家开发银行的管理团队由行长和四位副行长组成。其中，行长也是董事会成员，但没有投票权，只有在董事会决议出现票数相同的情况时行长才拥有具有决定权的一票。银行的四位副行长由理事会以向行长推荐的方式任命，四位副行长分别来自除了行长所属国家以外的其他成员国。银行的管理团队在管理上要面对的问题通常涉及多边银行管理、商业银行管理、公司金融和公共政策等领域。四位副行长分别兼任首席风险官、首席行政官、首席运营官和首席财务官,各司其职。

2. 项目贷款审批流程

金砖国家开发银行的所有贷款从启动申请开始至董事会审批通过的整个评估过程须在 6 个月内完成,成员国申请贷款的所有项目都需要符合金砖国家开发银行的风险管理标准且贷款主体需要拥有足够的信用资质。因为每一个申请贷款的项目都有其不同的特征与融资需求,因此金砖国家开发银行选择的借款方式需要满足项目的特征要求及借款者特别偏好。考虑到借款者特点及金砖国家开发银行的资金管理能力,目前的贷款到期期限范围通常为 12 年至 20 年,贷款类型包括人民币主权信用贷款、美元主权担保开发性金融融资、美元非主权开发性金融融资、美元主权担保项目金融融资、美元主权项目贷款和美元主权担保贷款。决定贷款利率的因素包括货币类型、平均期限以及项目是否有主权担保。人民币的贷款利率是基于 3 个月上海银行间同业拆放利率(SHIBOR)浮动,美元贷款利率是基于 6 个月伦敦银行间同业拆放利率(LIBOR)浮动,浮动的标准参照多边开发银行过往放贷的实践。金砖国家开发银行的项目贷款审批流程主要以是否有主权担保区分。

(1)主权担保贷款审批流程

金砖国家开发银行对于主权担保的贷款申请审议分为处理环节和审批环节。其中,处理环节包括项目识别与分类,贷款方案设计和项目可行性评估,对贷款方案的内部审计和贷款谈判分为四大步骤,经过贷款谈判银行和客户对于贷款细节达成一致之后,首席运营官便将贷款文件递交贷款与投资委员会审议,使贷款进入审批环节,在经过董事会审批通过之后,该项目便可安排具体的融资实施细节,并予以公示。

如图 4-11 所示,金砖国家开发银行贷款审批流程中的项目处理环节目的是为了确定成员国申请的项目是否属于有主权担保的类别,以及是否符合金砖国家开发银行绿色、可持续的发展战略。按照金砖国家开发银行《环境与社会框架》的规定,金砖国家开发银行在贷款审批上具有社会效益方面的偏好,环境友好型、资源节约型等预期社会效益高的项目更容易受到银行的青睐。而流程中的项目审批环节目的在于确保贷款项目的安全性。金砖国家开发银行在审批环节上设置了双层审批结构,由贷款和投资委员会以及董事会组成的审批环节可以在保障贷款符合金砖国家开发银行原则和贷款资金安全性得到保证的前提下具有一定的工作效率,更好地服务于金砖国家开发银行的运营宗旨。

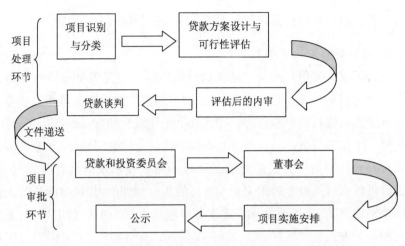

图 4-11 金砖国家开发银行主权担保贷款项目审批流程

资料来源：根据金砖国家开发银行公开文件整理

（2）非主权担保贷款审批流程

和主权担保贷款相比，对于非主权担保贷款，金砖国家开发银行更重视项目实施之后的监管环节。项目贷款前的审批流程同样要经历项目属性类别判断、尽职调查与评估、贷款和投资委员会审议与董事会批准，而监管环节侧重于从运营和风险管理的角度确保项目能在可控范围内实施。对项目的监管由金砖国家开发银行的运营部门负责，并秉承专人专事的原则，为每一个项目配备一名项目经理，在项目贷款得到全部偿付前监督项目的实施和运营，保证项目贷款的质量和项目运营发展的方向符合金砖国家开发银行的经营原则。

3. 资金来源渠道

金砖国家开发银行融资战略的目标是确保其有足够的资源满足流动性需求，包括扩大的贷款资产组合及其运营与其他费用。除了金砖国家开发银行股东提供的初始运营资金外，发行债券等外部资金来源也是流动性需求得到满足的重点，因此金砖国家开发银行的外部信用评级对于融资渠道建设非常重要。在 2016 年第一季度，中诚信国际信用评级有限公司（CCXI）和中国联合信用评级有限公司确定金砖国家开发银行具有 AAA 级信用且评级展望稳定，这有助于银行提高融资效率、降低融资成本。2017 年 7 月，两家信用评级公司再次确认了金砖国家开发银行的 AAA 信用评级，认为金砖国家开发银行主要的信用优势在于股东强大的支持能力和意愿、合理的公司管控能力与风险控制体系、充足的法定资本及其后续增加、清晰明确的发展战略和主权或主权担保的项目贷款较低的违约风险。这说明金砖国家开发银行的信用权威和运营能力得到了市场认可,对开拓持续稳定的资金来源渠道意义重大。

(1)绿色债券

2016年7月,金砖国家开发银行首次成功地在中国发行了30亿元人民币的五年期在岸绿色债券,这也是多边金融机构首次在中国银行间债券市场发行绿色债券,证明了金砖国家开发银行推动可持续发展项目的承诺。发行债券的收入将被用于金砖国家开发银行成员国的基础设施和可持续发展项目,一部分债券收入将通过跨国货币互换系统兑换为美元转贷给成员国。该笔绿色债券的发行信息如表4-6所示。

表 4-6　金砖国家开发银行绿色债券发行信息

关键要素	具体信息
发行方	新开发银行(NDB)
发行类型	高级无担保绿色金融债券
发行方式	公开发行
发行方信用评级	AAA(中国国内评级)
数额	30亿元人民币
期限	五年
定价日	2016年7月18日
发行日	2016年7月19日(T+1)
到期日	2021年7月19日
票息	3.07%
发行价	票面价值
托管方	中国中央登记清算公司
面额/认购	100元人民币;500万元人民币/1百万元
监管法律	中华人民共和国法律
联合保荐机构	渣打银行(中国)、中国银行、中国工商银行、中国建设银行、中国开发银行、汇丰银行(中国)

资料来源:金砖国家开发银行官网(https://www.ndb.int/)

从表4-6中信息可知,该笔债券是平价发行的,票息仅为3.07%,极低的票息反映了金砖国家开发银行卓越的信用评级,其债券资金的安全性由于金砖国家开发银行的性质也可得到较好的保证。该笔债券是在银行间债券市场发行的,目标客户是机构投资者,对于购买债券的同业银行来说,该绿色债券是优质的资产配置渠道。信用评级高、安全性可以保障的债券在二级市场能以较低的成本转手或贴现,故流动性也较高。因此,该笔绿色债券的发行不但让金砖国家开发银行获得了资金,也使机构投资者获得了安全的资产保值渠道,可以说是起到了"双赢"的效果。

（2）法定资本

相比于外源融资,内源融资才是金砖银行初创阶段资金来源的根基所在。金砖国家开发银行法定资本为 1 000 亿美元,成员国初始认缴资本500 亿美元,这构成了银行运营的根基。金砖国家开发银行是一个开放的组织,其成员国资格并不限于金砖国家,只要新的申请国符合银行条款、条件和流程,即可被吸纳加入新开发银行。因此,金砖国家开发银行的法定资本仍有进一步扩充的潜力。而金砖国家开发银行对成员国的贷款不是无偿的援助,高外部性前提下的低盈利性是金砖国家开发银行可持续性经营的基础,经营业务获得的盈利也是金砖国家开发银行经营资金来源的渠道之一。

4. 风险管理办法

与亚投行以及其他多边开发性金融机构相似,金砖国家开发银行在经营的过程中会遇到各种类型的金融风险。作为一个多边开发银行,金砖银行需要按照谨慎性经营原则通过一整套风险管理办法在经营实践中识别、衡量、监控和转移风险,以确保其资金的安全性。目前,金砖国家开发银行董事会已制定了一系列风控政策,以求在不同风险头寸暴露的威胁下金砖银行能够采取不同的风险管理战略和风险容忍度水平。金砖国家开发银行在经营的过程中主要面对的风险类型包括信用风险、流动性风险、利率风险和汇率风险。

首先是信用风险,信用风险来源于借款人或被担保人无力或不愿偿还银行贷款的可能性。引发信用风险的来源有三类,分别是主权贷款项目的信用风险、非主权贷款项目的信用风险和债务人资金业务的信用风险。金砖国家开发银行主要依靠外部信用评级机构的评级报告来对债务人的信用质量做出初步的评估判定。对于主权或者非主权贷款,金砖国家开发银行的运营部门通过收集借款者的最新信用信息以对其信用状况形成初步判定。对于有政府担保的贷款,信用风险的评估将直接针对担保人。金砖国家开发银行的风控部门也会定期对总体的信用风险状况进行监控。按照金砖国家开发银行的政策规定,金融委员会负责确定可以使用的信用评级机构的评级报告,风控部门将采用这些评级报告对债务人的信用风险进行评估。金砖国家开发银行目前按照标普信用评级公司的评级将债务人划分为优先投资级(AAA 至 A-)、普通投资级(BBB 至 BBB-)和较差投资级(BB+以上)。根据这一划分标准,截至 2016 年 12 月 31 日金砖国家开发银行发放的超过 22 亿美元贷款都可归为优先投资级,这些贷款在发放之初都将先划拨到位于中国内地或香港的银行,以方便金砖国家开发银行监控贷款流向,预防贷款在项目起始阶段的资金损失。

其次是流动性风险,这一风险最大可能来源于金砖国家开发银行被迫在要求的时间内以合理的价格变现某一投资或者在规定的时间内需要一定的现金流履行某一责任,包括维持正常的借贷运营以及支持公有和私有项目运营。金砖国家开发银行已经构建了完整的风控体系,使用一系列的风险衡量工具来识别和监控流动性风险。为了维持日常运营和预备紧急资金需求以完成发展任务和最优流动性配置,金砖国家开发银行永久保持一个适当头寸的高流动性资产规模,并开拓资金拆借渠道和发行债券。金砖国家开发银行还通过流动性风险管理政策中规定的流动性风险比率与指标来监控风险,通过预先根据资产和负债状况估算的未来现金流量表确定未来流动性的大致表现,防范流动性风险的发生。

最后是市场风险,这一风险主要来源于资产、负债和表外头寸的市场利率与价格变化,分为利率风险和汇率风险。这一风险由金砖银行的资产管理部门在董事会授权下通过对冲和投资消减。利率风险指因为利率变化导致包括收入和经济利益在内的金砖国家开发银行金融头寸向相反方向变化。金砖国家开发银行的所有借款和投资活动都有可能使资金暴露在利率风险之下。另外,宏观经济环境的改变也会显著地影响不同货币的利率曲线。对于利率风险,金砖国家开发银行设置了若干比例的容忍度限制。对抗利率风险的首要战略是在资产负债表的各端匹配好不同利率敏感性的个体货币。利率风险首先来源于与银行资产收益和借款费用的利差相关的敏感性差异。通常,利率风险管理的目标是通过久期分析和情景分析最小化银行资产和负债的期限结构敏感性错配程度,并通过衍生工具交易以对冲利率风险,这有利于减少金砖国家开发银行净收益受到市场利率波动影响。利率敏感性分析主要是通过模拟项目收益来预测、衡量并管理利率风险。假设利率在未来一段时间的波动程度,金砖国家开发银行的资产管理部门可以预测银行的收入、资产和负债价值的变化情况,以此为依据对利率风险进行管控。至于汇率风险,金砖银行使用汇率头寸限制的方式减少汇率风险的暴露,具体做法是寻求资金来源的货币匹配相应资产的配置,如用人民币配置人民币资产,用美元配置美元资产。汇率敏感性分析的方法和利率敏感性分析相似,也是通过假设汇率变化的各种情景计算汇率变化对金砖国家开发银行净收益的影响。

金砖国家开发银行还需要在资本管理框架下监控其资本充足率水平,以确保自身的资本可以充分覆盖其经营中产生的各种风险。这一资本管理框架包括运营限制、股权债务比率和资本使用比率三大指标。金砖国家开发银行对三大资本管理指标设置了警戒线(95%的运营限制、25%的股权债务比率和85%的资本使用比率)并在这一基准下监控自身的资本充足率。当指标的警戒线被触及时,金砖国家开发银行就需要采取相关行动使资本充足率回到安全范围。

三、平权结构特征与项目申请博弈

根据金砖国家开发银行章程协议,金砖国家开发银行初始认缴资本向创始成员国平均分配,各国认缴规模并不与各自的经济规模挂钩,每个成员的投票权份额与实收资本在银行总股本中的认购份额相等。这样的处理与一些多边性开发银行并不相同,也与亚投行不同,其目的是让各家话语权都一致。因此,目前金砖国家开发银行成员国股权结构和投票权表现为平权特征,各成员国投票权份额皆为20%。平权结构直接体现了银行内部成员国的平等地位,但也可能引致成员国在项目申请中的过度博弈,阻碍银行顺畅运行。

1. 平权结构特征与项目申请博弈层因探究

(1) 金砖国家开发银行成员国基础设施建设面临巨大资金缺口

金砖国家开发银行成员国基础设施建设落后,如表4-7所示,截至2015年在国际基础设施总体排名中均没有进入前50名,除巴西、俄罗斯和南非在移动通信领域排名相对靠前外,所有成员国在公路、铁路、港口、电力供应等领域均显著落后,其中,印度在电力供应、移动通信和固定通信领域更是排在100名开外。

表4-7　金砖国家基础设施质量国际排名

国家	国际总体排名	公路	铁路	港口	电力供应	移动通信	固定通信
巴西	120	122	95	122	89	37	51
中国	64	49	17	53	56	108	59
印度	90	76	27	76	103	121	118

(续表)

国家	国际总体排名	公路	铁路	港口	电力供应	移动通信	固定通信
俄罗斯	74	124	26	81	73	20	39
南非	59	37	44	46	99	25	40

资料来源:《2014—2015 年全球竞争力报告》,http://www.weforum.org

金砖国家政府都认识到了基础设施不足对本国经济和社会发展的制约,各成员国均准备投入巨资改善本国基础设施,如表 4-8 所示。然而,金砖国家开发银行授权资本为 1 000 亿美元,初始启动资本才为 500 亿美元,其能够发放的贷款总量在一定时期内有限,难以满足成员国贷款需求。由于金砖国家开发银行成员国基础设施建设资金需求巨大,而该行资金不能满足成员国所有项目的资金需求,成员国必然会利用自身在金砖银行中的投票权来进行博弈,争夺有限的银行贷款。

表 4-8　金砖国家开发银行部分成员国基础设施投资规划

国家	最近或未来基础设施部分发展规划	资金投资额度
俄罗斯	《2030 年前俄罗斯铁路运输发展战略》,新建铁路里程 2 万多公里	14 万亿卢布
印度	制定第十二个五年规划,着重道路、电力、供水、航空和港口等基础设施	投入 1 万亿到 1.2 万亿美元
南非	南非政府投入巨资发展基础设施,并推动基础设施相关立法工作,未来十五年基础设施投资规模更大	2012/2013 财年至 2015/2016 财年投入 8 270 亿兰特;未来十年投入 4 万亿兰特
巴西	2015 年公布第二阶段基础设施投资计划,主要涉及交通领域	总投资 1 984 亿雷亚尔,其中陆上交通投资 1 238 亿雷亚尔,海上设施 459 亿雷亚尔

资料来源:《2016 年金砖国家发展报告》,http://ex.cssn.cn

(2) 金砖国家开发银行向成员国开发项目提供优惠贷款利率

金砖国家开发银行作为新兴多边开发性金融机构,主要目的在于为改善成员国基础设施状况向成员国提供金融支持,其批准贷款利率通常较低。金砖国家开发银行各项收费标准重点参考伦敦银行间同业拆借利率(LIBOR)或者欧洲银行间同业拆借利率(EURIBOR),在此基础上合理浮动调整,如表 4-9 所示。虽然贷款利率严格执行上述标准,符合国际间开发性金融机构的通行做法,但优惠贷款利率对有巨大基础设施建设资金缺口的金砖国家成员国而言有着强烈的吸引力,成员国倾向于从金砖国家开发银行获取贷款。

表 4-9　金砖国家开发银行项目贷款利息与费用

费用类型	利率浮动(基点)	利基
费用点差 (项目贷款包括 DDF, MFF,PFF 和 SDL)	50	LIBOR 或 EURIBOR
风险溢价(给非成员国贷款)	由估价决定	LIBOR 或 EURIBOR
期限溢价	10	LIBOR 或 EURIBOR (平均偿付期限在 8—13 年)
	15	LIBOR 或 EURIBOR (平均偿付期限在 13—16 年)
	20	LIBOR 或 EURIBOR (平均偿付期限大于 16 年)
首次认购费用	25	核准的贷款数额
交易费用	25	增值的和未拨付的贷款表
折扣/额外费用	n. a.	n. a.

注:DDF 为开发性金融贷款;MFF 为多笔融资;PFF 为项目融资贷款;SDL 为可持续发展贷款
资料来源:金砖国家开发银行官网,http://www.ndb.int/

(3)金砖国家开发银行平权结构使项目申请竞争更为激烈

金砖国家开发银行成员国初始认缴资本相同,享有相同的股权。由于股权决定了投票权,所以各成员国亦享有相同的投票权,派驻的董事数量相同,金砖国家开发银行成员国表现出强烈的"平权结构"特征。平权结构特征意味着成员国对决策的通过均拥有同等巨大影响力,这确保每个成员国的利益诉求在决策过程中得以充分反映。但是,当成员国在决策过程中出现矛盾分歧时,平权结构会刺激成员国积极行使自身权力表达自身关切,这反而增加了成员国间博弈的可能性和博弈的复杂程度。博弈行为消耗成员国的时间和精力,增加了不必要的交易成本,情况严重时,甚至会阻碍金砖国家开发银行的运行机制。现实中金砖国家开发银行成员国显然也意识到以上问题,经过激烈博弈达成初步共识,即各成员国获得批准的贷款项目数量相同,共享金砖国家开发银行运营中的权力。现实情况也的确如此,经过激烈的讨价还价,金砖国家开发银行总部最终选择设在上海,首任行长由印度人担任,任期五年,之后按巴西、俄罗斯、南非和中国的顺序产生。首任理事长、董事长分别由俄罗斯和巴西指派,并在南非设立分部。在 2016 年上半年,该行审议通过 5 个成员国基础设施贷款申请,单个项目融资额度均超过上亿美元,每个成员国都有项目斩获。

(4) 金砖国家开发银行平权结构下特殊的项目决策机制

金砖国家开发银行相关章程规定,成员国根据自身出资额派驻代表自身利益的董事,各国派驻的董事组成董事会,相关重要决策由董事会表决通过;所有决策需要获得"简单多数"投票支持方可通过。章程中"简单多数"有以下两层含义:通常情况下的多数是指所有成员国有效投票权中的 2/3;特殊情况下是有效投票权中的 4/5。在现有的决策章程规定下,只要有两个成员国表达反对意见,决策就会无法通过,每个成员国都有显著的影响力。在博弈过程中,当某个成员国申请项目遭到其他成员国反对而迟迟无法通过时,项目申请国倾向于私下同反对成员国谈判协商,双方在谈判过程中讨价还价,如果谈判成功,则决策顺利通过;如果谈判破裂,申请项目最终无法通过,项目申请国会对持反对意见的成员国予以报复,在后者申请贷款项目时予以坚决反对,最终使得博弈各方陷入集体行动的"囚徒困境"。既有的决策机制给予成员国利用自身权力去博弈的机会,而博弈结果又对后续博弈产生深远影响,加大博弈的深度和广度。

2. 项目申请博弈策略效用与运营分析

以下参考汤凌霄等(2014)的研究,对比分析不同外部约束情形下金砖国家开发银行成员国博弈行为效用及其最优策略选择。假设只有"赞成""中立"和"反对"三种策略可供成员国选择,并对在不同情形下成员国策略组合所获取的博弈行为效用予以量化,即通过赋值表示成员国获取效用大小。其中,"赞成"策略是指在决策过程中某个其他成员国投票支持申请国,作为回报,项目申请国会对该国后续项目申请予以背书支持。"中立"策略是指在决策过程中项目申请国面临着来自第三国的反对,该国秉持不想得罪任何一方的立场,在投票时予以弃权,不发表决策意见。"反对"策略是指由于申请项目损害了该国的利益,该成员国可能或明或暗采取对抗措施反对某项决策,申请国必然会采取报复措施。值得注意的是,成员国博弈获取收益状况不仅受自身策略选择的影响,而且还会因其他成员国的策略选择影响,如成员国合作策略下所获取的收益会因其他成员国选择合作、中立、反对策略的不同而产生变化。

(1) 金砖国家开发银行成员国项目申请自由博弈行为效用分析

所谓自由博弈,即金砖国家开发银行成员国根据项目背后代表的本国国家利益自由选择赞成、中立、反对中的任何一种策略,不存在外部约束。针对某一项项目申请决策,由于申请国会投票赞成,所以决策能否通过关键是其余成员国的策略选择组合。在实际决策过程中,其他成员国之间会采取以下策略组合,所获取效用情况如表4-10所示。

表4-10　无外部约束情况下的成员间博弈矩阵分析

金砖国家2 金砖国家1	赞成	中立	反对	金砖国家2的 最大收益	金砖国家2 的占优策略 为"反对"
赞成	(12, 12)	(6, 13)	(−6, 15)	15	
中立	(13, 6)	(6, 6)	(−6, 7)	7	
反对	(15, −6)	(7, −6)	(−6, −6)	−6	
金砖国家1的最大收益	15	7	−6		选择(反对, 反对)策略
金砖国家1的占优策略为"反对"					

第一,(赞成,赞成),博弈各方由于利益一致都选择合作策略,决策顺利通过,此时博弈各方不仅获得贷款利息收益,还会获得申请国支持,所获利益丰厚,获得效用赋值(12, 12)。第二,(中立,中立),此时成员国激烈博弈,内部消耗巨大,双方效用赋值(6, 6)。第三,(反对,反对),双方都采取反对决策致使项目流产,博弈各方不能获得贷款收益并且激烈对抗,造成后果最为严重,获得效用最少,赋值为(−6, −6)。第四,(赞成,中立)或(中立,赞成),效用赋值为(6, 13)或(13, 6)。第五,(赞成,反对)或(反对,赞成),决策无法通过,秉持合作策略的博弈方不仅会失去贷款收益,而且会遭到反对方报复,所获收益较少,反对国目标达成,所获收益显著,效用赋值为(−6, 15)或(15, −6)。第六,(反对,中立)或者(中立,反对),项目申请无法通过,反对国达到目的,所获收益显著,中立国因没有支持任何一方,不仅无法获取贷款收益,而且受到反对国的报复,效用赋值为(7, −6)或者(−6, 7)。尽管采取(赞成,赞成)策略,即博弈各方采取积极合作的策略,此时获得的整体利益最大,是一种较为理想的状态。然而该状态不具有稳定性,由于成员国现实中的利益冲突和尽可能申请更多的项目贷款,倾向于选择反对策略,最终博弈行为在(反对,反对)策略组合情形下实现纳什均衡。由此可见,在可以自由选择博弈策略情况下,各成员国的博弈行为导致博弈结果陷入"囚徒困境"情形,博弈各方所获收益最少。

(2) 存在外部约束机制下的金砖国家项目申请博弈行为分析

奥尔森(1995)认为,当集体组织陷入集体行动的困境时,可以考虑引入外部约束机制,改变成员面临的预期成本和收益,促使成员改变原有决策,走出集体行动困境。外部约束包括"惩罚"和"激励"两方面。

首先是外部"惩罚"约束机制下博弈分析。

恶意采取"反对"策略阻挠决策顺利通过的成员国适用惩罚机制,惩罚措施要保证该国最终获得收益降低,比如收益值降低7;对于平常不认真行使自己权力、秉持中立策略的成员国,也要通过减少其收益来促使其积极行使表决权,比如收益值降低3。面对惩罚机制外部约束,不仅成员国策略选择所获效用相比以往会发生变化,而且其他成员国最终获得效用也会间接受其影响而发生变化。博弈双方采取不同博弈策略情形下具体收益如表4-11所示。

第一,(赞成,赞成),决策顺利通过,博弈各方不仅通过金砖国家开发银行获得项目贷款收益,还可获取申请方后续背书支持,获取收益最大,赋值(12,12);第二,(中立,中立),奉行中立策略的成员国因为不积极行使表决权而承担一定损失,所获收益变小,赋值为(3,3)。第三,(反对,反对),项目贷款申请无法通过,博弈各方不仅会受到额外惩罚,而且如同自由博弈情形下造成消极影响最为严重,所获收益最小,赋值(−13,−13)。第四,(赞成,中立)或(中立,赞成),相比自由博弈情形,持中立策略成员国收益遭受额外损失,赋值为(6,10)或(10,6)。第五,(赞成,反对)或(反对,赞成),项目申请不被通过,秉持合作策略的博弈方不仅会失去贷款收益,而且会遭到反对方报复,所获收益较少,反对国虽然会遭受额外惩罚,但目标达成,所获收益显著,赋值为(−6,8)或(8,−6)。第六,(反对,中立)和(中立,反对),项目申请无法通过,反对国达到目的,虽然遭受额外损失,但所获收益显著,中立国不仅无法获取贷款收益,而且受到反对国的报复,效用赋值为(0,−9)和(−9,0)。

表4-11 "惩罚"约束机制下的成员间博弈矩阵分析

金砖国家2　　　金砖国家1	赞成	中立	反对	金砖国家2的最大收益	金砖国家2的占优策略为"赞成"
赞成	(12,12)	(6,10)	(−6,8)	12	
中立	(10,6)	(3,3)	(−9,0)	6	
反对	(8,−6)	(0,−9)	(−13,−13)	−6	
金砖国家1的最大收益	12	6	−6		(赞成,赞成)策略下实现纳什均衡
金砖国家1的占优策略为"赞成"					

　　通过理论分析发现,建立外部惩罚机制可以使博弈双方均选择合作策略,获得收益显著提升,实现资源理想配置。但是,通过建立外部惩罚机制促使成员国做出最优策略选择的办法在现实中不具有可行性。金砖国家开发银行成员国政治经济差异巨大,国家利益诉求不尽相同,合作基础不牢,成员国具有采取不合作策略的现实动机。金砖国家开发银行刚成立不久,截至目前还没有取得显著成果,没有在成员国间树立足够威信,此时如果对成员国处罚过重,容易引起其不满而可能退出金砖银行,这无疑是对刚成立不久的金砖国家开发银行的重大打击,因此"通过建立外部惩罚机制以约束成员国策略选择"的办法在现实中不具可行性,只可以作为辅助手段加以利用。

　　其次是外部"激励"约束机制下博弈分析。

　　假如对采取"赞成"策略积极推动决策顺利通过的成员国予以正向激励,增加其最终获得收益,如收益值增加6,则博弈双方采取各种博弈策略组合情形下获取收益情况如表4-12所示。第一,(赞成,赞成),决策顺利通过,博弈各方除了获得项目贷款收益和申请国后续支持外,还可以获取额外奖励,此时所获取收益最大,赋值为(17,17)。第二,(中立,中立),同自由博弈情形一样,收益赋值为(6,6)。第三,(反对,反对),项目申请无法通过,博弈各方无法获取贷款收益,并且造成消极后果最为严重,所获收益赋值为(-6,-6)。第四,(赞成,中立)和(中立,赞成),秉持合作的博弈一方获取额外收益,收益赋值为(11,13)和(13,11)。第五,(赞成,反对)和(反对,赞成),项目申请被驳回,秉持合作策略的博弈方不仅会失去贷款收益,而且会遭到反对方报复,所获收益较少,反对国目标达成,所获收益显著,赋值为(-1,15)和(15,-1)。第六,(反对,中立)和(中立,反对),决策无法通过,反对国达到目的,所获收益显著;中立国不仅无法获取贷款收益,而且受到反对国的报复,收益赋值为(7,-6)和(-6,7)。

表4-12　"激励"约束机制下的成员间博弈矩阵分析

金砖国家2 ╲ 金砖国家1	赞成	中立	反对	金砖国家2的最大收益	金砖国家2的占优策略为"赞成"
赞成	(17, 17)	(11, 13)	(-1, 15)	17	
中立	(13, 11)	(6, 6)	(-6, 7)	11	
反对	(15, -1)	(7, -6)	(-6, -6)	-1	
金砖国家1的最大收益	17	11	-1		选择采取(赞成,赞成)策略
金砖国家1的占优策略为"赞成"					

通过建立"激励"的外部约束机制,博弈双方都选择合作策略,获取最大收益。积极的外部约束机制的建立改变了博弈各方策略选择的原有收益结构,增加了博弈各方选择合作策略的可能性,具有较强的可行性,是一种比较理想的制度设计。

(3)合作博弈策略下金砖国家开发银行项目审批有序进行

金砖国家开发银行成员国拥有稳固的合作基础,中国能源需求庞大,巴西、俄罗斯资源丰富,可以发展能源贸易。中国技术先进、资金充足,其余成员国基础设施落后,资金缺乏,中国可以帮助其发展基础设施。金砖国家成员国均渴望提升在国际事务中的话语权,而这无法靠任何单一国家来实现。成员国经济发展缓慢,迫切需要合作渡过经济危机。稳定的合作基础为金砖国家开发银行成员国间的合作带来巨大激励,促使其采取合作策略。得益于此,金砖国家开发银行筹备工作进展顺利,金砖国家开发银行自2014年由成员国签署协议批准,2015年正式宣布成立,2016年进行首批业务运营和债券融资,各项工作稳步进行。金砖国家开发银行已制定完善的规章制度,设立职能部门,重要岗位人员也已到任。金砖国家开发银行业务运行进展顺利,截至2019年年中,董事会共批准了39个贷款项目,总金额超过100亿美元,覆盖所有金砖国家,部分项目如表4-13所示。

表 4-13　金砖国家开发银行目前已审批通过的项目

贷款国	借款主体	贷款金额(百万美元)	行业领域	项目社会效益
印度	卡纳拉银行	250	能源	500 MW 可再生能源; 每年减少 81.5 万吨二氧化碳排放
中国	中国政府	81	能源	100 MW 太阳能; 每年减少 7.3 万吨二氧化碳排放
巴西	巴西国家开发银行(BNDES)	300	能源	600 MW 可再生能源; 每年减少 100 万吨二氧化碳排放
南非	南非国家电力公司(ESKOM)	180	能源	670 MW 可再生能源传送; 每年减少 130 万吨二氧化碳排放
俄罗斯	能源开发局(EDB)	100	能源	49.8 MW 可再生能源; 每年减少 4.8 万吨二氧化碳排放
印度	印度政府	350	交通	约 1 500 公里主要街道维修升级
中国	中国政府	298	能源	250 MW 风能; 每年减少 86.99 万吨二氧化碳排放
中国	中国政府	300	水利	改善湘江流域水质并加强防洪设施
中国	中国政府	200	能源	保存相当于 95 118 吨标准煤的能源; 每年减少 263 476 吨二氧化碳排放

（续表）

贷款国	借款主体	贷款金额（百万美元）	行业领域	项目社会效益
印度	印度政府	470	水利	设施将覆盖超过 3 400 个村庄，并使 300 万农村人口受益
俄罗斯	俄罗斯联邦政府	460	社会基础设施	增进司法审判的透明度和效率，并增强对公民司法公正权利的保护
印度	印度政府	345	农业灌溉	增加 125 万英亩农田的灌溉用水；修复 33 312 公顷渍涝的农田；增进 10% 的水资源使用效率
俄罗斯	俄罗斯联邦政府	68.8	交通	缓解道路拥挤，援助居民快速通勤；从城市中心转移危险品以改进道路交通安全；平衡城市居民区和工业区的发展空间；加强乌法作为交通枢纽的战略地位

资料来源：根据金砖国家开发银行官网公开信息整理（https://www.ndb.int/）

第四节　丝路基金运行机制

习近平主席在 2014 年 11 月 8 日宣布中国出资 400 亿美元成立丝路基金后，国家外汇管理局、国家开发银行、中国进出口银行、中国投资有限责任公司共同出资于 2014 年 12 月 29 日在北京注册成立丝路基金有限责任公司。丝路基金是由依照《中华人民共和国公司法》，按照市场化、国际化、专业化原则设立的中长期投资基金，重点是在"一带一路"建设进程中寻找投资机会并提供相应的投融资服务。

一、丝路基金基本概况

1. 丝路基金基本信息

丝路基金由中国人民银行牵头筹建，筹建后设立专门的管理机构。央行、发改委、财政部、外管局等相关部门已成立工作小组，负责监管协调丝路基金的前期运作。丝路基金成立过程中，中国人民银行起了牵头筹备的作用，但基金成立之后会独立运作，包括人才选用方面将实现企业化运作。

丝路基金为"一带一路"及亚太自贸区奠定基础，主要解决中长期项目投资主体缺失问题。在初期，丝路基金的投资项目将着眼"一带一路"沿线区域。丝路基金有限责任公司资金规模为 400 亿美元，首期资本金 100 亿美元，目前初定该基金的资金来源于外汇储备以及中国进出口银行、中国投资有限责任公司、国家开发银行三家机构,其中国家开发银行(通过国开金融有限责任公司)出资占比 5%,中国进出口银行和中国投资有限责任公司(通过赛里斯投资有限责任公司)各出资占比 15%,外汇储备通过梧桐树投资平台有限责任公司出资占比 65%。按照计划,未来丝路基金规模将逐渐扩大到 500 亿美元,并且上不封顶,可以视其投资成效和"一带一路"沿线的投资需求再增资。丝路基金注册基本信息如表 4-14 所示。

表 4-14　丝路基金注册基本信息

注册号	100000000045300.00	名称	丝路基金有限责任公司
类型	有限责任公司	法定代表人	金琦
注册资本	6 152 500万元人民币	成立时间	2014 年 12 月 29 日
经营期限自	2014 年 12 月 29 日	经营期限至	—
登记机关	国家工商行政管理总局	核准日期	2014 年 12 月 29 日
登记状态	存续(在营、开业、在册)		
住所	北京市西城区金融大街 7 号英蓝国际金融中心 F210-F211 室		
股东信息			
股东的出资信息截至 2014 年 12 月 28 日。2014 年 12 月 28 日之后工商只公示股东姓名,其他出资信息由企业自行公示。			
股东类型	股东	证照/证件类型	证照/证件号码
企业法人	国开金融有限责任公司	公司法人营业执照	100000000042217
企业法人	赛里斯投资有限责任公司	公司法人营业执照	100000000045295
企业法人	梧桐树投资平台有限责任公司	公司法人营业执照	100000000045279
企业法人	中国进出口银行	公司法人营业执照	100000000016442

资料来源:wind 资讯

　　丝路基金的股东资格也是开放的,将来若是有其他国内的或国外的机构有意向投入类似性质的资金,即可在第二期乃至第三期参与进来,或者在子基金层面上形成与丝路基金母基金的合作[①]。尽管丝路基金的大股东是中国外汇储备、主权基金和开发性银行,但丝路基金在日常经营中并

---

① 2015 年 3 月 8 日,股权投资基金"绿丝路基金"在北京启动,首期募资 300 亿元,由亿利资源集团、泛海集团、正泰集团、汇源集团、新华联集团、均瑶集团、平安银行、中(国)新(加坡)天津生态城管委会联合发起,用于改善丝绸之路经济带生态环境和发展生态光伏清洁能源。国内不少地区也已经开始尝试成立各类基金,福州市政府日前和国开行福建分行、中非发展基金携手合作,推动设立预计总规模 100 亿元人民币的基金,通过市场化运作,积极参与"21 世纪海上丝绸之路"建设。广东省政府也正酝酿设立"21 世纪海上丝绸之路建设基金"。

不会在税收、人员和地位等方面刻意追求多边国际组织的代表性和待遇。丝路基金的发展将是动态的纯商业行为,目前不含有外援性或捐赠性的资金来源。

2. 丝路基金属性定位

"一带一路"建设和发展进程中将产生不同类型的多元融资需求,并非单一金融机构便可完全满足的,因此丝路基金在定位上有别于亚投行,具体表现在投资范围及其投资项目应该集中在海上和陆上丝绸之路沿线的国家和地区,而亚投行则是面向整个签署备忘录的成员国。另外,丝路基金应该更倾向于以一种主权投资基金的形式进行投资,自然也不排除公私合营(PPP)的合作方式。从资金的需求方来看,有些项目希望寻找股权投资。就股权投资(直投)而言,比较多的是 PE(Private Equity)形式的投资,通常其投资期限是 7—10 年①。

全球金融市场并不缺乏资金,"一带一路"建设的资金瓶颈问题缘于金融资源期限结构不匹配,资金供给市场中通常存在大量价格相对不菲的短期资金。在这种背景下,金融市场就出现了一些期限比较长的基金,例如一些产油国的基金,其中有私人的、政府的及准政府的等等。周小川(2015)建议,中国可以做一些专注于中长期股权投资为主的基金,瞄准有战略意义的中长期项目。同时,股权投资基金也可以和别的融资模式相配合。从资金的需求方来看,在"一带一路"建设中,一些发展中国家中长期基础设施建设、资源和产业开发等项目对股权性质的、期限比较长的资金有较大需求,而传统的金融市场上能够提供中长期股权投资的资金来源不多。综合"一带一路"倡议下资金供给方和需求方的配对,丝路基金应运而生。

丝路基金在某种程度上可以看作私募基金,但其投资项目又比一般的私募基金回收期限要长一些。与其他新兴开发性金融机构相比,丝路基金与亚投行之间的不同在于亚投行是政府间的亚洲区域多边开发机构,各成员国都要出资,且以贷款业务为主;丝路基金由于其类似 PE 的属性,主要针对有资金且想投资的主体加入,并非投资范围内的经济主体都必须加入,且股权投资比例更大。丝路基金投资期限比较长,以商业化的方式运营,追求效益和回报,不含有外援性或捐献性的资金来源。丝路基金投资方向为有战略意义的中长期项目。

---

① 但对于基础设施建设(例如公路、铁路建设等)而言,存在比 PE 期限更长的中长期资金需求。

亚投行作为多边的金融机构,以多边协商的方式达成一致是基本的运营规则,有比双边更加透明的运作机制,更加能体现多方的需求。丝路基金目前作为单边金融机构,不同于双边或多边机构,运转上或可以更加快速。就投资领域而言,亚投行集中于基础设施,而丝路基金更多元;就资金管理方式而言,亚投行是一个政府间的金融开发机构,按照多边开发银行的模式和原则运营,而丝路基金的性质是基金,更倾向于投资。

二、丝路基金公司治理

1. 丝路基金组织结构

丝路基金由央行牵头筹建,筹建后设立专门的管理机构。央行、发改委、财政部、外管局等相关部门已成立工作小组,负责监管协调丝路基金前期运作。目前,丝路基金已搭建起以董事会和管理层为核心的双层组织结构(图 4-12),董事会由 11 名董事组成,监事会成员 6 人,包括股东代表监事和职工代表监事,设监事会主席一人,由全体监事过半数选举产生,监事会中职工代表监事的比例不得低于三分之一。丝路基金总经理由代表半数以上股权的股东提名,董事会聘任。公司职员按市场方式招聘管理,根据业务发展方式需要灵活配备,实行与业绩挂钩、有市场竞争力的薪酬激

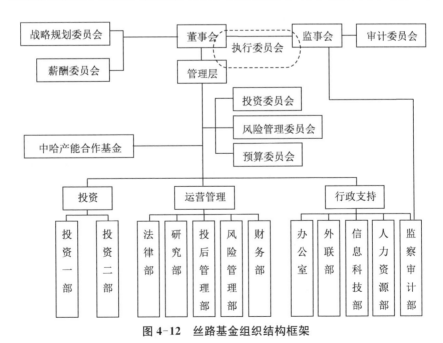

图 4-12 丝路基金组织结构框架

资料来源:丝路基金官网(http://www.silkroadfund.com.cn/)

励机制吸引高端人才加入。丝路基金有限责任公司的核心权力部门是由董事会、监事会和管理层组成的执行委员会,负责公司总体的决策与运营;公司的投资决策机构是投资委员会,负责对公司投资业务进行审议、决策,主要职责为审议公司资产配置策略及投资策略、拟投资事项、投资退出事项、其他投资事项等。

2. 丝路基金模式特点

丝路基金运作模式的基本特点在于通过市场化运作,吸引和带动民间资本、地方政府及外国资本共同发起设立子基金,发挥杠杆作用。丝路基金的定位是中长期开发性投资基金,通过股权、债权、贷款、基金等多元化投融资方式,为"一带一路"建设和双边、多边互联互通提供投融资支持,运作中将遵循对接、效率、合作、开放四项原则。魏磊(2015)认为在具体项目运行中,丝路基金也可以充分借鉴其他基金的运作方式(见表4-15)。

表 4-15　丝路基金与全球其他投资开发基金比较

名称	性质及运作方式
全球基金	是一个政府与民间合作创办的国际金融机构;利用机构及个人捐款为抗击艾滋病、结核病和疟疾提供资金援助
全球环境基金(GEF)	与国际机构、社会团体及私营部门合作,协力解决环境问题。利用"增资方"捐资为环保活动捐款和融资;该基金还管理着全球环境基金信托基金(GEF)、不发达国家信托基金(LDCF)、气候变化特别基金(SCCF)和名古屋协定书执行基金(NPIF)
英国碳基金	政府投资、按企业模式运作的独立公司;政府并不干预具体经营管理业务,其经费开支、投资、人员薪酬等由董事会自主决定。投资于提高能源效率、加强碳管理、低碳技术的研发
麦格里产业发展基金	麦格里产业全球发展基金由国际投资机构发起设立,采取主题产业聚集区投资模式。园区投资建设;园区助力基金设立;潜力企业的股权投资
亚行基金	亚洲开发银行设立的技术援助特别基金、日本特别基金和日本扶贫基金等
亚投行信托基金	亚投行考虑设立信托基金,亚投行和所在国政府出资,与私营部门合理分担风险和回报,动员主权财富基金、养老金以及私营部门等更多社会资本投入亚洲发展中国家的基础设施建设
亚开行特别基金	非洲开发银行设有特别基金发放贷款或提供担保;还有非洲开发基金和尼日利亚信托基金等

资料来源:魏磊:《丝路基金助推"一带一路"互联互通》,《国际商务财会》,2015年第4期

三、丝路基金投资管理

1. 丝路基金运作模式

丝路基金与亚洲基础设施投资银行的运作方式不同,也不会类似于中国投资公司的模式。丝路基金的性质是基金,更倾向于投资。中投公司的资本金完全来自政府,实行公司化管理,相对封闭,而丝路基金是基金型运作,委托一个公司管理,因此中投公司等主权基金与丝路基金不同。支持"一带一路"建设,需要资金规模很大,因此需要保障资本进入的可持续性。丝路基金的投资项目具有长期性、巨额性,不适合吸引中小投资者参与,保险公司、养老基金等能够长期出资的投资主体是私募基金的潜在股东和债权人。

丝路基金具有以下显著特点:一是服务于"一带一路"建设,促进各国建立更加平等均衡新型化的伙伴关系,实现互利共赢,为相关领域的广泛合作提供资金支持和融资平台,夯实世界经济长期稳定发展的基础;二是作为中长期开发投资基金,不追求短期获利,尤其能够为以基础设施、能源资源、产业及金融合作等为代表的周期长、回报一般的项目提供资金支持;三是主要以股权投资为主,支持企业由 EPC 为主的工程承包①,发展为以股东身份为主的深度参与,强化对项目的掌控能力并改善经营管理,实现真正的国际化经营。

一般项目都需要债权融资和股权融资相配合,通过丝路基金与其他投资者共同投资股权,一些本来因缺少资本金而难以获得贷款的项目变得易于启动。项目启动后,中国进出口银行和国家开发银行可以跟进发放贷款,中投公司也可以附加参与一部分股权投资,丝路基金在项目融资过程中起引导作用。与丝路基金相似的多边政府合作基金在中国并不鲜见。丝路基金秉承开放包容、互利共赢、商业化运作的运营思路。在选择项目时,坚持专业、审慎、统一的标准,做出投资决策前会对项目是否符合投资所在国的发展战略、项目本身的可行性,包括项目的经济效益和社会效益、项目的合作伙伴、是否符合国际标准等进行认真评估。

2. 丝路基金运行原则

(1) 对接原则

丝路基金的投资要与各国发展战略和规划相对接,所投资项目要符合

---

① EPC(Engineering Procurement Construction)是指公司受业主委托,按照合同约定对工程建设项目的设计、采购、施工、试运行等实行全过程或若干阶段的承包。通常公司在总价合同条件下,对其所承包的工程质量、安全、费用和进度进行负责。

所在国家和地区的发展需求,在推进"一带一路"发展进程中寻找投资机会,提供相应的投融资服务,实现合作基础上的互利共赢。丝路基金投资的对接原则要求所投资的项目要实现基金、项目方、合作方、东道国和当地人民的多方共赢。

（2）效率原则

丝路基金投资的项目要对实体企业和实体经济发展具有积极意义,且项目要在商业上可行,风险与收益要合理平衡。丝路基金的资金是有成本的,投资要追求合理的回报,风险和收益要适当匹配,并规划好合理的退出方案。丝路基金主要开展中长期股权融资,按照市场化、国际化、专业化原则运作,严格遵守投资所在国的法律、国际标准、商业规则,投资于有效益的项目,实现中长期合理的投资回报。

（3）合作原则

丝路基金投资项目要体现中国与沿线国家和地区的共同利益,并与国内外企业和金融机构相互合作配合,开展多元化投融资合作。基于丝路基金的开发投资功能,丝路基金与其他金融机构不是相互替代的关系,而是优势互补、合作共赢的关系,从而为"一带一路"沿线国家和地区发展做出贡献。

（4）开放原则

丝路基金是开放的,经历初创阶段走上正轨后,丝路基金将欢迎与其有共同意向的成员加入进来,或者在子基金层面上开展合作。投资者能够直接投资于丝路基金,或者在子基金的层面上开展合作。

3. 投资管理办法

丝路基金维护国际通行的市场规则,遵守中国和投资所在国与地区的法律法规,注重绿色环保和可持续发展,与其他金融机构和企业实现优势互补、合作共赢。自成立以来,丝路基金已确立了较为规范、全流程的投资决策体系,涵盖项目筛选、储备、预审、立项、决策、投后管理等前、中、后台各个环节。在项目筛选方面,公司注重与产业资本合作,在项目层面进行联合投资,优先支持对互联互通、国际产能合作具有强大带动效应的项目。

作为财务投资者,丝路基金并不寻求对被投资企业的控股权。在项目储备方面,公司积极开拓项目来源,根据公司内部流程的要求,项目投资团队对拟投项目进行不断深入的考量,并根据商务磋商的结果将投资条款报投资委员会最后审批。投资项目的执行与管理也得益于丝路基金中后台的支持,以维护投资安全和合规运行。其中,中台积极履行风控和投后管理职能,后台负责资金收付清算、投资平台管理。作为中长期开发投资机构,丝路基金以投后管理作为实现战略目标和投资价值的关键环节,按照立足长远、投管并重、协作配合、互利增值的要求,全面跟进投资协议、持续监控项目经营,妥善行使股东的权利义务,确保投资项目的成功实施,实现投资的预期收益和安全退出。

丝路基金的投资类型包括股权投资、债权投资、基金投资等,股权投资为公司主要投资类型,包括绿地和棕地等项目股权出资、企业并购和资产收购(M&A)股权出资、IPO 和 Pre-IPO 投资、优先股投资等;债权投资包括贷款、债券投资(含次级债、可转债)、夹层投资等;基金投资是指丝路基金设立子基金开展自主投资,与国际金融机构、境内外金融机构等发起设立共同投资基金,也可投资于其他基金。除此之外,丝路基金还可进行资产受托管理、对外委托投资等。

围绕丝路基金的战略定位和发展目标,不断完善风险管理制度、推动风险文化建设,使风险管理覆盖公司的全业务条线和全业务流程;探索使用专业的风险管理工具和模型,即准确地识别、评估和揭示风险,做好风险规避、风险控制和风险化解工作。在此基础上,丝路基金结合自身特点高度关注并妥善应对"一带一路"沿线国别和地区风险;从相对较长的投资期限出发,对项目保持长期与及时并重的风险观察视角;按照市场化原则开展投资合作,合理地与投资伙伴共享收益、共担风险。

4. 丝路基金投资成果

丝路基金的项目成果实实在在。截至 2019 年中,丝路基金已签约项目达到 30 个,承诺投资金额超过 120 亿美元,相关项目投资已覆盖"一带一路"重点地区,业务跟踪和拓展的触角不断延伸,有力地发挥了中长期股权投资支持"一带一路"建设的积极作用。丝路基金目前的投资成果表现出以下三大特征。

一是投资成果以中长期项目,特别是基础设施建设项目为主。丝路基金以股权和债权等方式投资"一带一路"沿线国家和地区油气开发以及能源电力等基础设施项目的金额占丝路基金全部承诺投资额的 70% 左右。这些项目的建设为支持战略对接、克服发展瓶颈、促进形成网络效应发挥了积极作用。

二是投资方式以股权投资为主。股权投资在丝路基金签约承诺出资总额中的占比超过 70%。在一些中长期基础设施项目中,股权投资是其基本的资金来源,能够成倍数地带动各层级债权投资,可以为一些融资数额比较大的项目解决资本金不足的问题。粗略估算,目前丝路基金所参与项目涉及的总投资额已达到 800 亿美元,这体现出丝路基金股权投资强大的杠杆作用。

三是投资形式上注重增进效率的创新,以优化项目间的网络布局和金融合作。除了综合使用股权和债权相结合的不同形态资金为项目提供金融支持外,丝路基金还探索通过投资参与基金、联合投资平台等创新性投融资支持方式,不断提升"一带一路"相关领域项目建设的投融资效率和拓宽资金来源渠道。

金琦(2018)认为,中国为打破"一带一路"区域互联互通瓶颈,带动国际社会更多资金支持"一带一路"建设,在自身建设资金并不非常宽裕的情况下发起成立亚洲基础设施投资银行和丝路基金等新兴开发性金融机构,并决定首先拿出数百亿美元资金投入,甚至在短短两年多时间内再次宣布增资千亿元人民币,这种务实推进"一带一路"建设的做法,使国际社会不少有识之士也充分认识到中国所倡议的"一带一路"建设并非空头支票,而是实实在在地为解决全球化进程中实际问题贡献的中国智慧与中国方案。

除了一个个具体项目的收获之外,对丝路基金而言,加深与海内外同行的合作也为长期发展奠定了更坚实的基础。丝路基金监事会主席杨泽军[1]表示,丝路基金将继续坚持对标国际一流机构[2],在学习借鉴国际同业经验的同时练好内功,注重规范内部运作机制和提升专业化水平,形成与"一带一路"发展需要相适应的企业文化是丝路基金实现长期发展的必备功课。丝路基金成立以来,其员工在项目商务谈判和对外交往中表现的职业素养和专业精神得到了业务往来中合作伙伴的认可与肯定,这也是丝路基金的合作项目得以不断增多的重要原因。

总的来说,"一带一路"倡议的逐渐落实将在微观上带动基础设施建设和投资贸易便利化等多个重要领域的发展,有助于增加沿线国家和地区就业岗位和居民收入水平,随着新兴开发性金融机构业务的顺利开展,一系列的投资项目在宏观上也将成为推动构建人类命运共同体的纽带。在此背景下,亚洲基础设施投资银行、丝路基金、金砖国家开发银行等机构在"一带一路"建设中的表现也将成为新时代中国全面对外开放的全新基石,

---

[1]　引自丝路基金监事会主席杨泽军接受《人民日报》采访——发挥丝路基金作用,服务"一带一路"建设(网址:http://www.silkroadfund.com.cn/cnweb/19930/19938/34974/index.html)。

[2]　丝路基金已经与欧洲复兴开发银行、世界银行下属国际金融公司、非洲开发银行、亚洲基础设施投资银行、上合银联体、香港金管局、澳门金管局等机构开展了多种形式的合作。

因而更加值得期待。

四、丝路基金成立影响

1. 支持"一带一路"建设

设立丝路基金的最直接目的是要利用我国相对丰富的资金实力和技术力量促进"一带一路"建设,以资金融通为重点,建设融资平台帮助打破亚洲互联互通的瓶颈。丝路资金的使用可以盘活沿线国家资金存量,在项目运营盈利后用好增量,提高投资效率,将宝贵的资金用在刀刃上。截至"一带一路"建设全面启动的 2014 年 12 月末,中国外汇储备余额将近有 4 万亿美元,相对沿线国家而言较为富余,可以拿出一定比例做中长期项目直接投资。

改革开放以来,中国积累了一些优势和经验,若能将其用于帮助其他发展中国家,会助益各国共同发展。此外,一些产品和服务的市场具有区域性特征,但需要前期的开发投入,这要求融得的资金具有中长期性质,这种机会在新兴市场和发展中国家较多。通过产业分工与合作能够促进当地市场发展,因此丝路基金的成立除了资金供求双方的耦合,还蕴含着李克强总理强调的开放包容与合作共赢精神①。中国的国家战略并非仅仅强调中国利益,更强调与新兴市场和发展中国家共同发展,这也是全球经济未来趋势的重要组成部分。

2. 化解产能过剩

丝路基金将通过投资基础设施和资源开发等领域,立足于我国比较优势,大力支持优势产业对外贸易与投资,尤其是国内高端技术和优质产能,有利于促进"一带一路"沿线采用我国的技术和装备,实现质量标准体系的互联互通。为加快开展实质性对外投资,丝路基金一方面加强战略规划和布局研究,建立完善投资决策程序和业务规范,另一方面丝路基金还积极拓展业务联系,加强项目评估和遴选,主动走访和联系有关部门与企业,确定一批重点跟踪项目和若干潜在可"落地"的投资项目。"一带一路"构想有意通过在邻近各国开展基础设施建设以提高沿线各国对建设物资的需求和消费能力,逐步消化中国国内的过剩产能。400 亿美元规模的"丝路基金"和中国主导的亚洲基础设施投资银行将提供资金支持,通过基建等促进中国企业进军当地市场。在中国经济增速放缓的背景下,这对中国的

---

① 引自李克强总理在 2015 年冬季达沃斯论坛上的讲话。

基础设施相关企业来说是一大良机。

3. 外储投资多元化

外汇储备的管理与投资一直是市场和学术界关注与争议的话题。丝路基金等新兴开发性金融机构的成立,表明中国庞大的外汇储备管理已开始转向多元化途径,选用中长期股权投资形式推动"一带一路"建设的丝路基金就是外汇储备多元化管理的典范。丝路基金主要由中国的政策性银行负责管理。中国出资 400 亿美元,其中外汇储备的占比在 65% 以上。未来类似于丝路基金的基金总量将达到 4 000 亿美元左右。这不但有利于促进外汇储备存量增值和增量多元化管理的水平提高,还可以为国内相关企业提供更多的发展机会,开拓海外市场。亚非拉等地区在基础建设、资源能源开发等领域,都非常"渴求"中国的资金、人员、技术及管理支持。

第五章　新兴开发性金融机构支持
"一带一路"建设内容

"一带一路"倡议构想的提出体现了和平发展、合作共赢的中华传统文化理念,得到了"一带一路"沿线国家甚至其他域外国家的热烈响应。这一构想从中国视角观察,它突破了外汇储备投资美国等发达国家的路径依赖,开拓了多元化配置资源的渠道;从域内国家视角观察,它致力于实现设施联通,有助于提高当地的经济社会效率;从区域整体视角观察,它将相关国家和地区连成一体,树立了以陆权为基石的新型国际经济理念,有利于促进新型国际经济社会规则的形成。如果将"一带一路"比喻为带动亚洲经济再次腾飞的雄鹰,那么互联互通就是亚洲经济的两只翅膀,而作为金融支持的新兴开发性金融机构,则是互联互通这两只翅膀的血脉经络①。

第一节　新兴开发性金融机构支持
"一带一路"建设资金需求

资金供求双方在经济运行过程中运用各种金融工具调节资金盈余的活动即是资金融通。在"一带一路"构想的内涵中,政策沟通、设施联通、贸易互通和民心相通都需要资金融通的保障,因此资金融通是"一带一路"建设的根本。加强"一带一路"沿线各国金融机构的合作力度,可以从基础上为"一带一路"倡议的实施保驾护航。在"一带一路"建设进程中,新兴开发性金融机构一方面能促进全球总需求的增长和资金流动的多边化,另一方面将遇到如何统筹资源支持庞大的"一带一路"建设资金需求,这需要新兴开发性金融机构采取措施放大金融杠杆,并提高项目的投融资效率。传统

---

① 血脉经络是中国的传统医学用语,意指运行气血、联系脏腑和体表以及全身各部的通道,是关键性的内在调控系统。血脉经络通畅,则身轻体健、充满活力。

多边开发性金融机构的经验表明,单纯依赖多边组织成员国注入的初始资本进行投融资支持对东道国的帮助是有限的,增加开发性金融的筹资渠道和项目现金流管理,设计出合理的投融资长效机制方能持续支持设施联通和贸易互通的发展。

一、古丝绸之路贸易的钱币支持与启示

古丝绸之路是联系亚欧大陆多个古文明国度的通道和桥梁,王永生(2010)认为丝绸之路是一条贸易之路,依靠交易各方对彼此商品贸易价差巨额利润的追逐来维系。钱币流通伴随着商品交换而出现,亦促进了贸易的发展,丝绸之路沿线出土的不同朝代和不同国家古钱币均佐证了古代货币国际流通的存在。货币的基本功能包含了价值尺度、财富贮藏、交易结算等,在东西方文明贸易的过程中,古钱币作为一般等价物发挥了其基本职能,稳定了古代商贾的利润,促进了长途跨境贸易的发展。至宋元时期,随着中国达到了历史上商品经济、科学创新以及文化教育的巅峰时代,中国古钱币沿着海上古丝绸之路广泛流通,史料记载:"钱本中国宝货,今乃四夷共用"[①]、"蕃夷得中国钱分库藏贮,以为镇国之宝"[②]等等,可见古钱币在古代陆上丝绸之路和海上丝绸之路上均发挥了交易结算和财富贮藏等不可替代的重要作用。

无论是考古发现[③]还是古代史料,均体现了我国古钱币在丝绸之路沿线国家的政治、经济、文化等社会诸多领域的广泛使用。通过货币和金融这一媒介有效联系国与国之间的关系,不仅加速了丝绸之路沿线贸易与交通运输的发展与繁荣,而且有效增强了东西方的人文沟通与交流。张星(2019)认为,币制先进和经济高度繁荣是我国古钱币在国际贸易中广泛流通的重要原因,古钱币流出带来境外商品流入,增加了中国社会的财富和福利,宋元钱币所承担的国际货币职能推动了海上丝绸之路贸易的发展,同时还传播了中华文明以及先进的货币文化。以史为鉴,实现"一带一路"倡议构想,迫切需要确保人民币货币制度的先进性,推动人民币国际化,降低新兴开发性金融机构在项目投融资过程中的交易成本和汇兑风险,发挥金融积极引领和带动作用,因此深化区域金融合作,扩大金融服务需求是

---

① 引自《宋史·食货志》。

② 引自徐松编著的《宋会要辑稿》。

③ 新疆和田麦里克阿瓦提汉代遗址出土 45 千克汉五铢钱、墨玉县出土 8.5 千克宋代钱币以及 1987 年广东阳江海域发现南宋沉船"南海一号",载有约 17 000 枚铜钱等等考古发现不胜枚举,可以推论中国古钱币是古丝绸之路贸易的主要通货。

落实"一带一路"倡议的重中之重。

二、"一带一路"建设多元筹资机制完善与路径思考

多元化与多层次的金融市场框架体系建设是创新"一带一路"区域基础设施互联互通投融资方式的根基。一方面,"一带一路"沿线国家和地区需要克服公共品供给"政府失灵"和"市场失灵"的桎梏,这需要经济能力相对较强,基础设施建设经验相对较丰富的国家发起跨国集体行动,加大新兴开发性金融支持力度。这种金融支持应首先体现在加大对开发性金融机构资本金的补充上,完善新兴开发性金融机构的资本金补充机制,资本金的来源可以是成员的增量外汇储备,也可以是投资项目的经营利润。其次是新兴开发性金融机构的成员应创造合作条件,引导商业性金融与开发性金融合作,令开发性金融的投资项目较快实现市场出口,提升其在东道国的开发效率。最后是各成员可协商以定向宽松、税收优惠等手段,鼓励追求盈利的商业银行与开发性金融机构合作,采用银团贷款或委托贷款等方式优化基础设施项目资本结构,提升金融机构的风险承担能力。

另一方面,发行债券是开发性金融增量资金来源的主要渠道,因此"一带一路"沿线国家和地区需夯实区域金融市场合作。亚太地区的新兴经济体内金融市场发展层次普遍较为单一,债券发行渠道不够宽畅,新兴开发性金融机构可利用东亚及太平洋中央银行行长会议组织(EMEAP)机制下的亚洲债券基金以及"10＋3"金融合作机制下的亚洲债券市场倡议推动成员丰富国内多层级金融市场建设,推动亚洲债券市场的发展。亚洲基础设施投资银行等新兴开发性金融机构可以通过发行中长期债券或设立各种创新融资工具吸引其他商业银行和私人资本投资,解决中长期基础设施建设项目融资缺口和资金错配问题。

多元筹资机制的完善首先要积极发挥沿线国家官方资本与外汇储备战略功能。例如,我国设立丝路基金就体现了利用外汇储备支持"一带一路"建设的战略布局,回报周期较长的"一带一路"基础设施项目是丝路基金的主要投资方向。和一般的主权财富基金不同,丝路基金是一个开放式的融资平台,鼓励保险公司、社保基金以及私募基金等适合长期投资的多种类型社会资本参与合作。除了国内资金合作者外,中国-东盟、中国-欧亚、中国-中东欧等多只政府性基金也是新兴开发性金融机构重要的潜在合作机构。这些基金普遍具有多年丰富的项目投资和建设经验,是促进区域互联互通的一大助力。传统多边开发性金融机构同样是多元筹资机制的重要组成部分,"一带一路"基础设施项目获得世界银行、亚洲开发银行

等其他多边机构和各国国有基础设施银行的金融支持,有利于减轻融资压力。因此,新兴开发性金融机构可作为牵头方组建银团,加强与受援国以及其他国际多边金融机构的合作,提供全方位的"一带一路"建设金融支持方案。

"一带一路"建设资金来源不能局限于政府财政,必须鼓励社会多元化投资,创新筹资机制。多元筹资机制完善的根本路径包括三点:一是要吸引社会资本参与"一带一路"建设项目,完善民营资本参与新兴开发性金融机构的收益分配机制,并结合混合所有制改革发展以民营资本为主导的"一带一路"中长期股权投资基金;二是新兴开发性金融机构加快建设PPP和BOT等新型投融资模式的配套制度,尽快明确公私合营项目建设合规性,引导成员择机将其提升到立法层次,为民营资本参与和退出提供足够的法律保障,并适度给予民营资本一定程度财政补贴或税收减免;三是新兴开发性金融机构要吸纳东道国境内外资金支持项目的开发与建设,充分依托东道国政府信用以及多边国际金融机构的增信机制,在区域内外金融市场发行"一带一路"建设专项债券,撬动沿线国家外汇储备、社保基金、保险公司以及主权财富基金等中长期性质的资本参与"一带一路"蓝图的实现。

"一带一路"建设需要非常庞大的资金支持,以多边开发性金融机构的资源为杠杆,撬动全球资金参与"一带一路"建设,建立利益共享、风险共担,责任、义务与实力相平衡的金融支持方案是解决巨额资金融资难题的最佳选择。正如亚洲基础设施投资银行首任行长金立群所言,亚投行对域内国家基础设施建设的支持力度并不决定于亚投行掌握了多少可供投资的资金,而是决定于亚投行能够带动多少社会资本参与投资。亚洲基础设施投资银行等新兴开发性金融机构和世界银行等其他多边金融机构交流与合作的同时,在支持"一带一路"建设的过程中还需坚持以自身资本为杠杆,撬动全球各种形式的资金参与建设。因此,不同条件下选择最有利于激励合作资本参与的融资模式有助于促使基础设施项目得到更多的建设资金。当然,越开放的经济制度、越稳定的金融环境和越多元的文化包容度越有利于增加可选择的融资模式,从而提高基础设施的融资效率。不过各国有自己不同的国情,选择什么样的制度,拥有什么样的环境是多种因素长期作用的结果,不可一概而论。

当前,在"一带一路"战略逐渐落实的新历史时期,针对沿线国家和地区基础设施跨境投融资机制构建的重要性,罗雨泽(2015)提出了搭建跨境基础设施投融资链条的基本框架。具体的投融资链条如图5-1所示。

跨境基础设施投融资机制链条起始于对基础设施市场和战略需求的

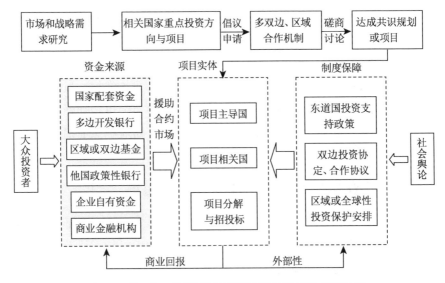

图 5-1 "一带一路"沿线跨境基础设施建设投融资机制

资料来源：罗雨泽：《"一带一路"基础设施投融资机制研究》，北京，中国发展出版社，2015 年。

研究，在与相关国家重点投资方向结合后进入多边合作机制中达成国际层面的合作共识，通过多种渠道筹集资金，引导社会舆论和相应的制度安排为项目落地提供保障，链条终于项目分解与招投标。建成运营后项目为资金方带来商业回报，为当地带来外部性收益。"一带一路"沿线基础设施投融资及其建设运营的成功有赖于项目东道国、资金来源方以及当地社会民众等的多方合作。

"一带一路"建设的金融支持除了资金的供给，还包括项目风险分担机制的构建，这也是新兴开发性金融机构持续经营的保障。新兴开发性金融机构参与"一带一路"建设可能面临较大的不确定性风险，风险来源既包括东道国内部金融危机或经济动荡等引致的汇率动荡、汇兑限制和资产贬值等金融风险，也包括沿线国家局势动荡导致的恐怖袭击或地缘冲突等非传统风险，这可能冲击新兴开发性金融机构投资项目的建设与运营，需要选择专业的保险公司量身定做保险合同分担风险。新兴开发性金融机构可以选择的首先是政策性保险，在基础设施互联互通建设中可引入海外投资险等政策性保险维护投资安全，保费价格和保额大小可视具体的项目背景协商而定；其次可选择的是商业保险，随着互联互通项目开工与建成运营，"一带一路"区域经济合作程度加深，各方人员因工程建设或商贸活动的往来将急剧增多，跨境背景下面临的各类型不确定性风险将比单一国度更为复杂,对工作人员人身财产和各方企业机构固定资产安全保障的需求也将日益迫切,因此跨境商业性保险产品亟待创新;最后,基础设施建设需要使用大型成套设备,固定资产的采购将对新兴开发性金融机构的现金流造成极大压力,此时新兴开发性金融机构可以设计金融租赁和出口信用保险结合的方式有效撬动信贷杠杆,将资金流压力及设备非正常损耗风险分担给其他合作的金融机构与保险公司,同时新兴开发性金融机构加强对机构自身现金流的管理能力,除控制项目分期投入数量外还需确保前期项目投入与利润的回收。

三、社会资本参与"一带一路"建设影响因素分析

创新融资渠道、引入新的投资主体,是解决资金缺口的重要途径。政府和社会资本合作(Public-Private Partnership, PPP)①旨在撬动社会私人部门资本参与基础设施建设融资方案,有利于解决政府因资金短缺而导致的公共品供给不足的难题。这种强调政府、社会和市场多方共赢的市场化机制,与生俱来地契合着"一带一路"倡议的理念。公有资本投入主体可以是政府,也可以是新兴开发性金融机构。在"一带一路"倡议的背景下,以PPP模式注入社会资本缓解资金缺口,是新兴开发性金融机构提高金融支持效率的一种可行方式。那么,多边开发性金融机构采用PPP模式投资"一带一路"沿线国家项目时,如何保证自身的投资效率? 这需要验证影响PPP项目投资效率的因素及其各自的影响程度,以及这种影响是否存在行业异质性问题。探讨这一系列问题对新兴开发性金融机构支持"一带一路"建设的具体模式选择具有现实意义。

1. 研究假设

PPP项目主要涉及能源、通信、运输、水利四个行业,尽管同属于基础设施建设领域,各个行业依然有其异质性特点。譬如,能源行业与工业企业的生产联系密切,通信行业关系到一国信息网络的命脉,运输行业为各地区搭建交通脉络,水利行业涉及普通百姓的日常生活。行业异质性令相同宏观环境背景下不同行业的PPP项目投资效率也存在一定的差异。据此,提出以下假设1:

---

① PPP项目强调多方合作,具体模式有广义与狭义之分:狭义PPP指的是政府和企业均全程参与项目运作,企业深度参与项目前期的可行性调研和立项工作,政府也深度参与项目中后期的建设管理运营;而广义PPP则不强调具体的合作范围与阶段,换言之,政府与私人部门虽建立起合作关系,但政府可能不参与项目的实际开发和运作。

假设1(H1):"一带一路"沿线国家的PPP项目投资效率影响因素存在行业异质性,但大体上呈现一致趋势。

项目运营无法抽离于其所处经济环境之外,面临竞争的市场环境和进入壁垒时,社会资本自由进入受到限制将阻碍其发挥应有的资源集聚效力,对投资效率提升造成负面影响。趋利避害是资本的天然特性,资本流动限制可能阻碍其流向需求更大的市场以获取更高质量的回报,或是因疑虑项目后期成本与利润回收风险而拒绝持续投资,这可能降低社会资本参与PPP融资模式的意愿。据此,提出以下假设2:

假设2(H2):"一带一路"沿线国家PPP项目在面临市场竞争和进入壁垒等阻碍时,投资效率的提升受限;反之,投资效率可在有效需求中得到提升。

PPP项目是公共资本与私人资本的合作,政治环境是否稳定可预期对PPP项目的投资效率会产生不可小觑的正负影响。一方面,稳定的政治环境使得政府处于可控态势,有能力承担其项目主导者或是合作者的职责,这有利于项目的效率提升。另一方面,较少的行政干预和优良的营商环境可能使项目运营者有更大的空间发挥其专长,作出有利于项目效率提升的决策。据此,提出以下假设3:

假设3(H3):"一带一路"沿线国家PPP项目在稳定的政治环境和较少行政干预的东道国中,投资效率能得以提升。

私人资本投入占PPP项目的比例也可能影响项目的投资效率。项目私有化程度提高意味着政府话语权的减少,这其中暗含着政府计划性指令干预影响能力的削弱,令项目建设和运作方式的市场化程度提高。私人资本追逐投资收益,对于投资效率的提升有更强烈的意愿和动机,相较而言政府的主要职能在于谋求公共利益最大化,愿意牺牲部分投资收益达到服务民众的目的。从根本而言,二者目标并非完全一致。当私人资本占比较高时,若政府配合项目建设与运营,有利于项目整体效率提升;但若政府因利益相关度较低而不积极配合项目建设,可能反而阻碍项目投资效率提升。据此,提出以下假设4:

假设4(H4):私人资本比例提高对"一带一路"沿线国家PPP项目的投资效率提升视政府合作程度而定。

2. 研究设计与样本选择

在研究方法上,目前用于评价投资效率的主流方法有数据包络分析法(DEA)和随机前沿分析法(SFA)。相比而言,DEA模型多用于处理平衡面板数据,评价的是多产出的有效性;而 SFA 模型可用于处理非平衡面板数据,一般用于测算单一产出效率。与 DEA 相比,SFA 最大的优点是考虑了随机因素对产出的影响,可以定量分析无效率因素对投资结果的影响,因此采用 SFA 模型分析 PPP 项目投资效率的影响因素是更合理的选择。

目前最流行的面板数据随机前沿模型是 Battese 和 Coelli(1995)提出的,通常称为 BC95 模型。BC95 模型是在 BC92 模型[①]的基础上,使用"一步法"以估算影响效率因素。假设 PPP 项目的产出效率服从截断单边正态分布的非时变性 C-D 函数,即借鉴 BC95 模型,模型的前沿方程表示为:

$$y_{it} = x_{it}\beta + (v_{it} - u_{it}), \quad i = 1, 2, \cdots, N; \, t = 1, 2, \cdots, T \quad (5\text{-}1)$$

式(5-1)中 y_{it} 表示第 i 个观测样本在第 t 期产出的对数值; x_{it} 是一个 $k \times 1$ 维向量(或其转置形式),表示第 i 个观测样本在第 t 期的投入数量的对数值; β 表示未知参数向量; v_{it} 是反映统计噪声的随机误差项,假设其服从 $N(0, \sigma_v^2)$ 的正态分布; u_{it} 表示无效率项的方程,假设其服从 $N(\mu_{it}, \sigma_u^2)$ 的分布,与 v_{it} 独立。而模型的无效率方程,即前沿方程中的 u_{it} 可表示为:

$$u_{it} = z_{it}\delta \quad\quad\quad\quad (5\text{-}2)$$

式(5-2)中 z 是一个包含可能影响效率因素的 $p \times 1$ 维向量; δ 是响应待估参数的 $1 \times p$ 维向量。在这一模型中,根据参数化方法,用 $\sigma^2 = \sigma_v^2 + \sigma_u^2$ 和 $\gamma = \sigma_u^2/(\sigma_u^2 + \sigma_v^2)$ 代替 σ_v^2 和 σ_u^2, γ 的取值范围是[0, 1]。

为检验模型设定的可靠性,对变差率 γ 进行零假设检验。令 $\gamma = \sigma_u^2/(\sigma_u^2 + \sigma_v^2)$,其中 γ 为待估参数,代表无效率项对混合误差的解释比例。 γ 若取值于 0.6—1.0 之间(不含 1.0),说明误差主要由无效率项引起,若小于 0.6 则更大程度由随机误差引起,若为 1.0 则应适用确定性前沿模型。在使用最大似然法(MLE)对 γ 进行估计后,若 γ 对应的 t 检验值通过显著性检验,则代表使用的随机前沿模型是合理的,否则应使用最小二乘法。

研究使用的 PPP 项目数据均来源于世界银行的 Private Participation in Infrastructure(以下简称 PPI)数据库。以该数据库为基础,筛选出"一带一路"沿线国家进行分析。根据数据的完整性和可得性,选取"一带一路"沿线 42 个国家 2005—2016 年数据进行实证分析。数据筛选过程如下:①剔除数据缺失的项目;②考虑到极端值对研究结果的不利影响,剔

---

① BC92 模型也称为时变无效性随机生产前沿模型,允许无效率项随时间而变化,用于估计效率值,由 Battese 和 Coelli 于 1992 年提出。

除数值明显异常的项目。依据上述标准,最后得到 1 818 个项目的 2 817 个观测数据。样本所属国家分布如表 5-1 所示:

表 5-1　样本国家及项目数量

国家	项目	样本	国家	项目	样本	国家	项目	样本
哈萨克斯坦	7	40	马尔代夫	2	8	土耳其	167	213
吉尔吉斯斯坦	6	16	斯里兰卡	56	84	亚美尼亚	10	33
塔吉克斯坦	5	19	孟加拉	52	83	保加利亚	42	85
乌兹别克斯坦	3	26	尼泊尔	22	24	格鲁吉亚	23	46
越南	74	76	阿富汗	4	14	阿塞拜疆	4	17
老挝	25	27	俄罗斯	83	210	白俄罗斯	5	33
缅甸	3	3	蒙古	2	2	摩尔多瓦	5	22
柬埔寨	17	24	不丹	1	1	阿尔巴尼亚	16	30
印度尼西亚	59	99	约旦	30	49	马其顿	6	29
马来西亚	23	52	也门	6	13	乌克兰	31	66
泰国	78	109	伊朗	4	11	罗马尼亚	48	94
菲律宾	68	108	埃及	10	37	塞尔维亚	7	23
印度	735	825	黎巴嫩	1	1	黑山	5	22
巴基斯坦	61	102	伊拉克	8	30	波黑	4	11

随机前沿模型的第一部分是前沿方程,分析的是投入与产出之间的关系。选择 PPI 数据库统计的 PPP 项目产能(Capacity)以衡量产出,因数值较大对其取自然对数记为 $\ln CAP$。传统意义上的投入主要是资本与劳动这两个要素的投放量,故使用 PPP 项目运营期间每一年的投资金额衡量资金投入,对其取自然对数后记为 $\ln INV$,估计方程的基本形式为:

$$\ln CAP_{it} = \beta_0 + \beta_1 \ln INV_{it} + v_{it} - u_{it} \qquad (5\text{-}3)$$

在式(5-3)中,$\ln CAP_{it}$ 表示第 t 年第 i 个项目的产出,下标 i 表示项目序号,取值区间为 $i = 1, 2, \cdots, 1\ 818$,t 表示年份编号,取值区间为 $t = 1, 2, \cdots, 12$;$\ln INV_{it}$ 表示第 t 年第 i 个项目的资金投入;v_{it} 是随机误差,服从正态分布 $v_{it} \sim N(0, \sigma_v^2)$;$u_{it} \geqslant 0$ 为无效率项,反映第 i 个项目在第 t 年的无效率程度,非负是为了保证所有效率均位于其效率前沿面上或前沿面以下,且是由外部环境因素造成的,假设 u_{it} 服从非负断尾正态分布,即 $u_{it} \sim N^+(\mu_{it}, \sigma_u^2)$。

随机前沿模型的第二部分是非效率方程,考虑到前人在研究投资效率时涉及经济层面、制度层面和项目层面三类因素,针对性地选择这三个层面具有代表性的指标。

第一,经济层面,选取 $GDPP$、$GDPG$ 和 DAY 这三个指标,前二者取自世界银行的 WDI 数据库,DAY 来源于世界银行 Doing Business 数据库。其中,$GDPP$ 表示东道国的人均 GDP,为便于比较,统一以 2010 年美元为计价单位,因其数值往往较大,为避免估算的系数太小而产生较大的误差,对其取自然对数处理,记为 $\ln GDPP$,衡量的是东道国的经济发展程度和人们的需求水平。$GDPG$ 表示东道国的 GDP 增长率,是衡量东道国市场成长状况的指标,同时以 $GDPPG$ 表示东道国的人均 GDP 增长率,在稳健性检验中作为 $GDPG$ 的替代指标使用。DAY 表示在东道国开展商业活动所消耗的时间,以日为单位,是衡量进入东道国市场难易程度的指标,同时以 $PROC$ 表示在东道国开展商业活动需要经过的行政程序数量,在稳健性检验中作为 DAY 的替代指标。

第二,制度层面使用较为广泛的是世界银行的 WGI 数据库,共有 6 个指标:①控制腐败能力(Control of Corruption,简称 COR);②民众话语权(Voice and Accountability,简称 VOI);③政治稳定程度(Political Stability and Absence of Violence/Terrorism,简称 STA);④法治水平(Rule of Law,简称 $RULE$);⑤公共部门效率(Government Effectiveness,简称 EFF);⑥管制能力(Regulatory Quality,简称 REG)。其值为世界银行针对该国当年情况的评分,取值范围为 $[-2.5, 2.5]$,分数越高则表现越好。考虑到这 6 个指标之间可能存在较高的相关性,使用 SPSS19 测算其 Pearson 相关性。Pearson 检验的相关性指标值在 0—1 之间,越接近 1,表示两个指标之间的相关性越强。由于 $RULE$ 与 COR、VOI、EFF、REG 的相关性都大于 0.6,而 STA 与其余 5 个指标的相关性绝对值都小于 0.4,故只保留 STA 和 $RULE$ 这两个指标,即能较好地表示制度要素,同时在稳健性检验中使用与 $RULE$ 相关性最高的 COR 作为替代指标。相关性检验结果如表 5-2 所示:

表 5-2　WGI 数据库 6 个指标的相关性

	检验方法	COR	VOI	STA	$RULE$	EFF	REG
COR	Pearson 相关性	1.000					
	显著性(双侧)						
	N	2 817					

（续表）

检验方法		COR	VOI	STA	RULE	EFF	REG
VOI	Pearson 相关性	0.499**	1.000				
	显著性（双侧）	0					
	N	2 817	2 817				
STA	Pearson 相关性	0.277**	−0.029	1.000			
	显著性（双侧）	0	0.12				
	N	2 817	2 817	2 817			
RULE	Pearson 相关性	0.870**	0.673**	0.181**	1.000		
	显著性（双侧）	0	0	0			
	N	2 817	2 817	2 817	2 817		
EFF	Pearson 相关性	0.809**	0.480**	0.186**	0.828**	1.000	
	显著性（双侧）	0	0	0	0		
	N	2 817	2 817	2 817	2 817	2 817	
REG	Pearson 相关性	0.732**	0.398**	0.389**	0.643**	0.742**	1.000
	显著性（双侧）	0	0	0	0	0	
	N	2 817	2 817	2 817	2 817	2 817	2 817

注：** 表示在 0.01 水平（双侧）上显著相关

第三,项目层面。PPP 项目相对于其他项目最大的特征是公私合营的模式。基于此,选择 PPP 项目中私人投资比例来衡量项目的私有化程度,考察其对 PPP 项目投资效率的影响。

综合上述因素,无效率方程具体设定为:

$$u_{it} = \delta_0 + \delta_1 \ln GDPP + \delta_2 GDPG + \delta_3 DAY \\ + \delta_4 STA + \delta_5 RULE + \delta_6 PRI \tag{5-4}$$

即研究的基准模型为:

$$\ln CAP_{it} = \beta_0 + \beta_1 \ln INV_{it} + v_{it} - (\delta_0 + \delta_1 \ln GDPP + \delta_2 GDPG \\ + \delta_3 DAY + \delta_4 STA + \delta_5 RULE + \delta_6 PRI)$$

$$\tag{5-5}$$

3. 实证结果分析

经过前述变量筛选,最终确定以产能作为产出变量,资金投入作为投入变量,无效率因素有经济、制度、项目三个层面的 6 个指标。所选取变量的描述性统计如表 5-3 所示。

表 5-3　变量描述性统计

类型	变量	变量符号	最小值	最大值	均值	方差
产出变量	产能	$\ln CAP$	-0.693	12.304	5.967	2.670
投入变量	资金投入	$\ln INV$	-2.303	10.480	4.655	1.574
无效率因素	需求水平	$\ln GDPP$	5.965	9.555	7.932	0.898
	市场成长速度	$GDPG$	-14.800	34.500	5.610	3.917
	$GDPG$ 替代变量	$GDPPG$	-15.421	33.030	4.566	3.777
	进入市场难易程度	DAY	2.000	164.000	29.629	20.681
	DAY 替代变量	$PROC$	0.000	18.000	10.014	3.818
	政治稳定性	STA	-2.327	1.320	-0.405	0.692
	法治水平	$RULE$	-1.897	0.588	-0.330	0.451
	$RULE$ 替代变量	COR	-1.638	0.910	-0.530	0.387
	私人化程度	PRI	5.000	100.000	92.374	17.370

　　针对随机前沿模型的系数估计,Tim Coelli 专门开发了模型的专用软件 Frontier 4.1,我们使用该软件对数据进行分析。在使用随机前沿模型前,需要对拟使用的非效率因素进行多重共线性检验,以确保结果的准确性。使用 SPSS19 对非效率变量进行共线性诊断后,结果显示所有变量的方差膨胀因子(VIF)均小于 10,说明变量之间不存在较为严重的多重共线性问题,可使用随机前沿模型进行分析。多重共线性诊断结果如表 5-4 所示。

表 5-4　共线性诊断结果

模型	t 统计量	显著性水平	共线性统计量	
			容差	VIF
(常量)	5.481	0.000		
$\ln INV$	34.177	0.000	0.951	1.052
$\ln GDPP$	2.488	0.013	0.670	1.492
$GDPG$	-6.331	0.000	0.893	1.120
DAY	-2.857	0.004	0.809	1.237
STA	4.084	0.000	0.762	1.313
$RULE$	-16.384	0.000	0.874	1.145
PRI	-9.075	0.000	0.914	1.094

确定模型基本形式后,使用 Frontier 4.1 分析 2005 至 2016 年"一带一路"沿线国家 PPP 项目投资效率的影响因素。为检验随机前沿模型设置的合理性,对模型的适用性进行以下四个步骤(见表 5-5)的广义似然比(LR)检验。

表 5-5　模型假设检验

步骤	原假设	约束模型对数似然值 $\ln L(\theta_0)$	非约束模型对数似然值 $\ln L(\theta_1)$	LR统计量	自由度	1%临界值	检验结论
步骤一	不存在效率损失	−6 337.702 7	−5 150.797 7	2 373.810 0	3	10.501	拒绝原假设,即存在无效率项
步骤二	不适用截断分布	−5 562.352 2	−5 150.797 7	823.109 0	2	8.273	拒绝原假设,即适用截断分布
步骤三	效率损失不随时间变化	−5 143.742 6	−5 150.797 7	−14.110 2	2	8.273	接受原假设,即效率损失不具有时变性的特征
步骤四	无效率项的变量选择不合适	−6 018.870 1	−5 143.742 6	1 750.255 0	8	19.384	拒绝原假设,即无效率项的变量选择合适

使用随机前沿模型的前提是无效率项 u 存在,因此首先判断是否存在效率损失项,若不存在,模型就可以直接转化为分析 PPP 项目投资影响因素的模型,反之,则确实存在投资阻力,需使用随机前沿模型进行估算和分析。在步骤一中设定 $u_{it} = 0$,仅估计投入对产出的影响。似然比检验结果显示,其自由度为 3,对应的 1% 显著性水平的临界值为 10.501,而 LR统计量大于 10.501,说明拒绝原 $u_{it} = 0$ 的假设,存在无效率项。随机前沿模型常用的分布是半正态分布和截断分布,步骤二假定模型适用半正态分布($\mu = 0$),即投资非效率方程中的所有系数都不需要估计;步骤三设定$\eta = 0$(即模型不具有时变性),检验 PPP 项目的投资非效率因素是否具有时变性;步骤四假定选择的无效率变量不合适。

使用 LR 检验法进行上述检验,得出的综合结果是:实证数据存在无效率项,适用截断分布的不具有时变性特征的随机前沿模型,且对 PPP 项目投资效率的变量设置是合理的。考虑到行业异质性,将样本总体按行业划分,研究"一带一路"沿线国家不同行业 PPP 项目投资效率的影响因素。其中模型一至模型四分别表示能源、通信、运输和水利行业,模型五表示样本总体的回归结果(见表 5-6)。

表 5-6　模型测算结果

变量	参数	模型一	模型二	模型三	模型四	模型五
前沿方程						
常数	β_0	7.154 9	5.110 4***	3.758 0***	6.699 5***	6.063 8***
		(8.279 8)	(0.112 1)	(0.323 0)	(0.865 0)	(0.172 7)
lnINV	β_1	0.895 5***	0.859 6***	0.276 8***	0.443 4***	0.849 8***
		(0.020 7)	(0.020 9)	(0.060 6)	(0.106 5)	(0.024 3)
非效率方程						
常数	δ_0	2.953 1	−18.881 1***	−39.895 2**	2.791 7	2.049 8***
		(0.829 6)	(6.174 7)	(18.540 8)	(2.579 9)	(0.777 4)
lnGDPP	δ_1	−0.010 8	−1.390 0***	3.648 9**	0.137 1	−0.183 2**
		(0.044 8)	(0.343 3)	(1.631 3)	(0.286 8)	(0.072 9)
GDPG	δ_2	0.018 2*	0.557 2***	0.457 2**	−0.009 5	0.080 4***
		(0.010 0)	(0.128 0)	(0.214 9)	(0.047 2)	(0.014 1)
DAY	δ_3	0.004 1**	0.061 9***	0.039 6	−0.001 0	0.007 9***
		(0.002 0)	(0.015 5)	(0.025 6)	(0.018 2)	(0.002 7)
STA	δ_4	−0.006 0	5.285 2***	1.414 0*	−0.037 3***	−0.329 5***
		(0.051 1)	(1.287 3)	(0.835 9)	(0.315 4)	(0.083 0)
RULE	δ_5	0.656 8***	−1.854 3***	−1.750 7*	1.616 8***	1.935 9***
		(0.092 5)	(0.702 1)	(0.976 4)	(0.582 8)	(0.133 5)
PRI	δ_6	0.038 7***	0.063 4***	0.041 4	−0.006 7	0.032 5***
		(0.002 0)	(0.183 3)	(0.041 3)	(0.011 0)	(0.003 7)
	σ^2	1.311 5***	20.326 1***	6.647 8***	0.588 7***	5.194 1***
		(0.051 9)	(5.336 8)	(2.276 1)	(0.144 5)	(0.199 4)
	γ	0.60***	0.97***	0.67***	1.00***	0.89***
		(0.384 4)	(0.009 8)	(0.119 9)	(0.210 1)	(0.021 4)
	log	−0.192 1	−1 689.711 2	−920.156 6	−40.025 3	−6 018.870 1
	样本数	1 238	1 067	467	34	2 817

注：***、**、*分别表示参数估计通过显著性水平为1％、5％、10％的 t 检验；每个空格内上方为参数估计，下方为标准差；无效率模型中，参数符号为正表示该变量对效率有负向影响，反之亦然

　　首先，"一带一路"沿线国家 PPP 项目投资效率的影响因素存在行业异质性，假设1得到了支持。一方面，实证结果显示在人均 GDP 更高的东道国投资能源和通信类 PPP 项目可获得更高的投资效率，但在运输和水利类 PPP 项目上却得出相反的结论；另一方面，行业异质性还表现为政治稳定和法治水平对不同行业的影响差异。

　　其次，在成长迅速和进入困难的"一带一路"沿线东道国市场，PPP 项目的投资效率相对较低，而生活水平对投资效率的影响具有行业异质性，

支持了假设 1 和假设 2。迅速成长的东道国市场拥有更为丰富的投资形式,各方资源和各种投资方式会循着自由配置的轨迹涌向市场。自由竞争越充分,PPP 项目投资面临越多其他投资形式的挤出,从而阻碍其投资效率的提升。生活水平更高的东道国不利于运输和水利类 PPP 项目投资效率提升的原因在于,这些国家的运输和水利基础设施建设往往较为完善,新增需求并不高。

再次,政治稳定有利于"一带一路"沿线国家能源和水利类 PPP 项目投资效率的提升,而通信和运输类 PPP 项目的投资效率则与东道国法治水平正相关,假设 3 部分得到了验证。从国家安全的角度考虑,通信和运输分别掌握着一国信息命脉和交通命脉,当政治环境稳定且法治水平不高时,东道国往往对私人资本的注入持谨慎态度而增加干预。与刘穷志和彭彦辰(2017)和崔娜等(2017)的观点类似,政府对市场干预减少寻租空间,增加市场进入难度,抑制投资效率的提升。

最后,私有化程度的提升普遍不利于"一带一路"沿线国家 PPP 项目投资效率的改善,大致与假设 4 的预期相符。一方面,正如刘穷志和芦越(2016)所言,私人化程度代表着"知识转移"效应和"成本增加"效应,磋商难度增大时,"成本增加"效应大于"知识转移"效应,会相应降低合作效率。事实上,合作双方都希望自己成为主导者以获取更大的自身利益,这本身是投资双方内部力量较量的拉锯战。刘穷志和彭彦辰(2017)在进一步研究中发现,政府资本比例过低会导致在项目运行中的政府"撂担子"行为,降低 PPP 项目的投资效率。实证结果正支持了上述说法。

4. 稳健性检验

为确保模型的稳健性,使用逐次替换指标的方法进行稳健性检验。检验一使用 GDPPG 替代 GDPG,检验二使用 PROC 替代 DAY,检验三使用 COR 替代 RULE。如表 5-7 所示,检验结果一致表明,即使进行相近指标的替换,也并不影响模型的整体效果,原模型具有稳健性。

表 5-7 稳健性检验结果

变量	参数	检验一	检验二	检验三	模型结果
前沿方程					
常数	β_0	6.079 8***	6.038 2***	6.168 5***	6.063 8***
		(0.175 4)	(0.174 5)	(0.167 6)	(0.172 7)

（续表）

变量	参数	检验一	检验二	检验三	模型结果
$\ln INV$	β_1	0.845 8***	0.857 9***	0.828 8***	0.849 8***
		(0.023 8)	(0.024 7)	(0.023 6)	(0.024 3)
非效率方程					
常数	δ_0	2.336 2***	2.045 2***	4.190 6***	2.049 8***
		(0.710 7)	(0.777 5)	(0.803 4)	(0.777 4)
$\ln GDPP$	δ_1	−0.207 8**	−0.878**	−0.411 4***	−0.183 2**
		(0.066 2)	(0.068 4)	(0.076 1)	(0.072 9)
$GDPG$	δ_2		0.080 8***	0.081 2***	0.080 4***
			(0.013 7)	(0.015 1)	(0.014 1)
$GDPPG$	δ_{2a}	0.077 2***			
		(0.014 1)			
DAY	δ_3	0.008 0***		0.092 61***	0.007 9***
		(0.002 6)		(0.002 6)	(0.002 7)
$PROC$	δ_{3a}		0.036 8**		
			(0.016 2)		
STA	δ_4	−0.378 0***	−0.262 4***	−0.332 2***	−0.329 5***
		(0.083 4)	(0.086 0)	(0.082 3)	(0.083 0)
$RULE$	δ_5	1.978 8***	1.773 9***		1.935 9***
		(0.130 5)	(0.134 1)		(0.133 5)
COR	δ_{5a}			2.261 3***	
				(0.160 0)	
PRI	δ_6	0.032 4***	0.031 4***	0.034 4***	0.032 5***
		(0.003 7)	(0.003 6)	(0.003 7)	(0.003 7)
	σ^2	5.204 8***	5.188 1***	5.290 0***	5.194 1***
		(0.191 2)	(0.195 9)	(0.181 4)	(0.199 4)
	γ	0.89***	0.89***	0.899***	0.89***
		(0.021 6)	(0.022 1)	(0.020 6)	(0.021 4)
	log	−6 020.312 5	−6 020.636 8	−6 035.851 6	−6 018.870 1
	样本数	2 817	2 817	2 817	2 817

注：***、**、*分别表示参数估计通过显著性水平为1%、5%、10%的t检验；每个空格内上方
　　为参数估计，下方为标准差；无效率模型中，参数符号为正表示该变量对效率有负向影响，反
　　之亦然

5. 本节主要结论及政策建议

基础设施互联互通是"一带一路"的优先合作领域和重点方向,而PPP作为一种糅合了政府与私人双方合作优势的投资模式,在新兴开发性金融机构支持"一带一路"建设背景下受到诸多关注。由于投资形式的特殊性,一般性的对外投资效率研究不能完全解释"一带一路"沿线国家PPP项目投资效率的影响因素,而通过本节的实证研究及其相应解读,我们发现:

第一,就经济层面而言,"一带一路"沿线国家对基础设施公共品的需求提高了PPP项目投资效率,但是东道国强劲的市场成长速度会带来剧烈的竞争和更为丰富的投资形式,PPP模式容易被其他投资形式挤出,从而导致项目效率提升受限。

第二,就制度层面而言,政治稳定性的提升使得"一带一路"沿线PPP项目免受政局动乱的负面干扰,但在关系国家安全的行业中,政治稳定但法治水平不高的东道国会通过行政干预增加私人资本进入东道国市场的难度,降低其在东道国进行资源整合的能力,从而负面影响PPP项目的投资效率。

第三,就项目特征而言,"一带一路"沿线国家PPP项目的投资效率影响因素的传导机制存在行业异质性,且私有化程度增加将抑制效率提升。行业特征使项目面临不同的需求偏好和行政干预程度,表现为影响因素作用机制的异质性。PPP项目投资主体组成的特殊性赋予其异于其他模式的特征,双方的内部较量与最终的势力均衡往往对投资效率有较大的影响。私有化程度的提升导致政府产生"撂担子"的行为,给PPP项目的投资效率提升带来负面影响。

研究"一带一路"沿线国家PPP项目投资效率的影响因素,有利于为新兴开发性金融机构采用PPP模式进行项目投资提供参考。首先,新兴开发性金融机构应着眼于行业异质性分析东道国市场投资环境,"一带一路"沿线多为发展中国家,投资PPP项目时可寻找需求旺盛的市场,但在剧烈竞争的市场上谨慎投资,以免受挤出效应的影响;其次,"一带一路"沿线国家政治体制迥异、制度环境复杂,新兴开发性金融机构应优先选择政治稳定性高但政府行政干预稍弱的东道国,以利于PPP项目的投资效率提升;最后,新兴开发性金融机构在与"一带一路"沿线国家合作投资PPP项目时,要谨慎处理投资者的内部关系,私人资本比例提升虽然可以缓解开发性金融的资金压力,但也可能会削弱新兴开发性金融机构和东道国政府的关注和支持力度,从而造成项目投资效率损失的代价,新兴开发性金融机构应注意完善 PPP 模式的协调机制,保护私人资本的利益与其参与积极性,争取多方共赢。

四、多元货币锚效应比较与稳定金融环境构建

人民币在"一带一路"货币圈中发挥货币锚的作用将为"一带一路"域内资金融通提供稳定的金融环境,有助于新兴开发性金融机构推动"一带一路"构想的实现。货币锚的发展历史可以追溯至金本位时代,黄金是最原始的货币锚。二战后,世界货币体系进入布雷顿森林时代,黄金是美元的货币锚,美元是其他国家的货币锚。在布雷顿森林体系解体后,货币体系进入牙买加协议时代,美元与黄金脱钩,但基于美国在世界上超然的国家地位,美元以其最为坚挺的币值及其传统的网络外部性特征依旧是目前大多数国家货币的锚。货币的锚效应一般起源于该种货币在国际上的自然使用,即货币母国对外贸易关联度的提升促使贸易合作伙伴使用该货币,进而储备该货币以满足交易需求。"一带一路"战略构想的提出与落实为人民币发挥货币锚作用提供了一个契机,随着中国经济的发展及中国与其他国家的贸易联系越加紧密,人民币的国际地位不断上升,和中国贸易联系密切的国家范围内有出现隐性人民币锚的趋势。和美元相比,选择域内的人民币作为锚货币,有助于从整体上降低来自"一带一路"区域外部的货币冲击风险。域内国家间稳定的汇率关系能促进资金融通的效率,降低货币兑换的汇率风险,选取人民币作为锚货币更能消除新兴开发性金融机构以美元等域外国家货币作为中介货币多次兑换的交易成本。人民币锚之构建将推进"一带一路"构想的落实,其背后反映的本质是人民币国际化程度的提升和国际社会对中国成为有责任、有担当大国形象的信心。

1. 人民币、欧元和美元在"一带一路"货币圈锚效应比较分析

货币锚效应的表现主要在锚货币对于其他货币的联动水平。假设国际货币是水底的固定物而其他货币是水上的船,船和水底的固定物之间有根锚连接。风浪也许会推动着船在水面晃动,但是只要锚不断,船就不会走远。有锚货币围绕着具有锚效应的国际货币波动,分析其相关系数可量化出锚效应的程度。世界上通行的国际货币有美元、欧元、英镑和日元等,在国际化程度上以美元居首,欧元次之。美元和欧元取得超然国际地位的原因不仅是美国和欧元区强大的经济实力,更是西方发达国家长年累月从政治、经济、文化、社会等多角度持续对外辐射所形成

的在贸易和投资上的影响力。为了更好地研究人民币与"一带一路"沿
线国家货币汇率联动性及其内在联系,以下分区域采用各经济体货币兑
SDR汇率月度数据的相关系数来加以研究,并用人民币、美元和欧元与
这一区域的各种货币相关系数进行对比,以初步检验三种货币在"一带
一路"上的影响力。

鉴于货币之间相互锚定、相互影响的特征,在使用美元、欧元和人民币
对"一带一路"货币进行联动态势检验前,首先将这三种货币之间的相互影
响分离出来,以更好地区分该种货币在"一带一路"范围内的影响力。然后
参照 Balasubramaniam 等(2011)以及 Fratzscher 和 Mehl(2013)的方法,
先对欧元和人民币作辅助回归,用辅助回归的残差代替汇率数据,以剔除
美元及其他主要国际货币的影响。回归前先使用散点图观察主要样本货
币之间的相互关系,可以较为直观地看出美元和人民币的走势有较强的正
相关关系,而美元和欧元存在较强的负相关关系,日元和英镑与其他货币
的相关性较弱(见图5-2)。人民币和欧元存在较明显的负相关关系可能
是由于锚定美元造成的。辅助回归方程见式(5-6)和式(5-7)。

$$SDR/CNY = \alpha + \beta_1 \times SDR/USD + \beta_2 \times SDR/EUR + \beta_3 \times SDR/JPY$$
$$+ \beta_4 \times SDR/GBP + \varepsilon_{CNY} \tag{5-6}$$

$$SDR/EUR = \eta + \chi_1 \times SDR/USD + \chi_2 \times SDR/CNY + \chi_3 \times SDR/JPY$$
$$+ \chi_4 \times SDR/GBP + \varepsilon_{EUR} \tag{5-7}$$

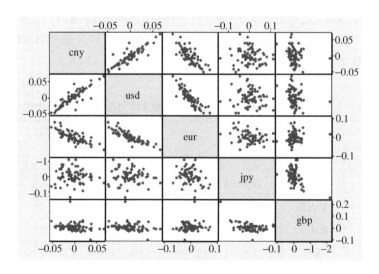

图5-2　主要样本货币汇率变化率关系

　　"一带一路"沿线范围广阔、涉及的国家及其货币众多,货币与货币之间的联动态势最直接的表现就是其两两间的相关系数。假定"一带一路"沿线国家货币兑 SDR 的汇率波动变化服从高斯分布,则使用皮尔逊积距相关系数分别度量人民币、欧元和美元与"一带一路"沿线国家的联动情况:

$$\rho_{X_iY_t} = \frac{Cov(X_i, Y_t)}{\sqrt{Var(X_i)} \times \sqrt{Var(Y_t)}} \tag{5-8}$$

　　其中,X 代表需要对比检验的主要国家货币,使用下标 i 区分人民币、欧元和美元;Y 代表"一带一路"沿线国家货币,使用下标 t 以区分不同个体。根据式(5-8)计算得出指标的统计特征(见表 5-8)。总体而言,人民币和中东欧、西亚和南亚诸多国家货币的相关系数均值较小,相关数据较小的标准差也佐证了这一特征事实。东南亚和中亚地区货币和人民币相关系数的均值稍高,但从最大值来看,人民币和沿线国家货币的联动关系也仅在个别国家有明显反映。与人民币和欧元相比,美元与除中东欧地区以外的"一带一路"沿线国家货币保持着强劲的联动态势,这一方面是由于美元拥有全球主要结算、交易、投资和储备货币的超然地位,另一方面是因为"一带一路"沿线,特别是西亚和中东部分国家局势动荡,美国扮演着"世界警察"角色在相关国家有军事与经济援助活动,这加强了美元和相关国家货币的联动性。自 2009 年跨境贸易人民币结算试点以来,人民币国际地位逐渐上升,但要达到美元在"一带一路"沿线地区的货币联动效果,还有很长的路要走。中国现在能做的是"以点带面",逐步增加在该区域国家相关的经贸与投资联系,以期在区域整体形成良好的联动效应。

表 5-8　人民币、欧元和美元与"一带一路"沿线国家货币联动态势的描述性统计

货币	统计指标	中东欧	西亚	东南亚	南亚	中亚
CNY	均值	0.03	0.08	0.14	0.01	0.14
	标准差	0.12	0.11	0.14	0.06	0.13
	最大值	0.3	0.37	0.37	0.1	0.32
	最小值	−0.11	−0.02	−0.01	−0.07	0
	偏度	1.2	1.63	0.5	0.36	0.85
	峰度	0.94	1.81	−1.23	0.57	1.9

（续表）

货币	统计指标	中东欧	西亚	东南亚	南亚	中亚
EUR	均值	0.56	0	0.02	0.01	0.01
	标准差	0.08	0.05	0.02	0.03	0.13
	最大值	0.2	0.1	0.04	0.06	0.12
	最小值	−0.08	−0.13	−0.02	−0.02	−0.16
	偏度	−0.1	−0.67	−0.39	0.18	−0.93
	峰度	−1.12	3.04	−1.42	−0.4	−0.24
USD	均值	−0.4	0.61	0.39	0.54	0.29
	标准差	0.47	0.43	0.28	0.21	0.29
	最大值	0.47	1	0.89	0.77	0.62
	最小值	−0.87	−0.02	0.01	0.33	−0.08
	偏度	0.85	−0.36	0.45	−0.03	−0.31
	峰度	−0.87	−1.89	−0.07	−2.45	0.95
样本数		16	18	10	7	4

资料来源：IMF 国际金融数据库

　　就人民币在"一带一路"区域的货币锚效应而言,人民币对中亚地区货币的联动态势较高,这显示出中国对古丝绸之路经济带的影响力。中亚地区深居内陆,其东部和中国接壤,欧美等传统海洋国家势力不便于直接渗入,中国在该地区有比较大的地缘政治经济优势,随着上海合作组织的成立与中国对中亚地区投资及经贸往来的提升,该地区货币和人民币的联系也变得较为紧密。南亚地区货币体系表现出以印度为首"一强多弱"的格局。中印边境上的尼泊尔和不丹两个国家货币近乎和印度完全相关,印度作为地区强国的存在影响了人民币在该地区货币锚效应的发挥。

　　就欧元在"一带一路"区域的货币锚效应而言,集中表现在对中东欧地区国家货币的联动态势,这与中东欧地区在历史上和西欧的经贸联系较为紧密有关。需要指出的是,在独联体国家中,美元、欧元和人民币都没有表现出较明显的影响力优势,可以初步判断该区域货币处于一种无锚的状态。

　　就美元在"一带一路"区域的货币锚效应而言,东南亚地区是传统的美元区,国内外有较多的学者研究了美元在东南亚区域的影响力。从总体来看,人民币在该地区的锚效应较美元低,但又稍高于欧元。这与东南亚地区一些国家实行出口导向型经济战略有关,且为了规避汇兑损失,贸易大多采用美元结算,创汇美元收入后又选择投资美国金融市场,因此,直接驻锚美元是一种理性选择。需要指出的是,中国与东南亚地区虽然地理上相邻,经贸与投资往来频繁,但由于人民币在汇改后实际上主要还是盯住美元(杨荣海和李亚波,2017),因此,人民币驻锚美元这一事实也阻碍其成为东南亚国家的货币锚(杨雪峰,2015)。美元在西亚地区表现出强烈的锚效应。结合西亚地区独特的政治敏感性分析,不难发现,一方面,该区域毗邻中东,地缘政治复杂;另一方面,虽然石油自然禀赋丰富,但这一战略资源以美元定价,且定价权受美国控制,而西亚国家经济又极为依赖石油出口。

综上所述,美元锚在"一带一路"区域仍然拥有绝对的领先优势,在沿海区域存在数个早已成形的美元区,欧元在"一带一路"区域内辐射效应较弱,人民币辐射优势集中于中亚和东南亚区域。

2. 人民币在"一带一路"货币圈中影响力比较的实证检验

目前学界在分析不同货币之间的相互影响关系时,通常使用的是 Frankel 等(1994)提出的经典"货币锚"回归模型。该模型最初用于分析美元等国际货币对东亚货币汇率的影响,后来广泛地被用于货币篮子权重及影响力的估计,其基本形式如下:

$$\text{Currency} = \varphi_1 + \varphi_2 \times \text{USD} + \varphi_3 \times \text{DM} + \varphi_4 \times \text{JPY} \\ + \varphi_5 \times \text{AUS} + \varphi_6 \times \text{NZD} + \varepsilon \tag{5-9}$$

其中,DM 为德国马克,AUS 是澳大利亚元,NZD 为新西兰元,Currency 为东亚国家货币,模型中的货币代码选用瑞士法郎作为中间货币,以各主要货币对瑞士法郎的汇率分析主要国际货币对东亚货币的影响效力,其中 ε 为扰动项。鉴于 IMF 的特别提款权(Special Drawing Rights, SDR)在人民币国际化进程中可能扮演重要角色(丁志杰,2017),以下选取 SDR 作为中间货币以使数据具有中立性,以各主要国际货币兑换 SDR 汇率月度数据作为解释变量,分析其对"一带一路"沿线国家货币的影响。当前国际化程度最高的货币分别为美元和欧元,因此,在式(5-9)的经典货币锚模型的基础上将德国马克替换为欧元,剔除在"一带一路"范围上影响力较低的澳大利亚元和新西兰元,并加入人民币和老牌国际货币英镑作为对比,初步构建模型如下:

$$\text{Currency} = \varphi_1 + \varphi_2 \times \text{USD} + \varphi_3 \times \text{EUR} + \varphi_4 \\ \times \text{JPY} + \varphi_5 \times \text{GBP} + \varphi_6 \times \text{CNY} + \varepsilon \tag{5-10}$$

基于图 5-2 中显示的美元和欧元、美元和人民币较强烈的相关关系,在式(5-10)的基础上引入美元与人民币的交互项 USD×CNY 和美元与欧元的交互项 USD×EUR,考察人民币和欧元对"一带一路"国家货币发挥货币锚效应的机制中美元是否充当了媒介作用。故将式(5-10)扩展为:

$$
\begin{aligned}
\text{Currency} = {} & \varphi_1 + \varphi_2 \times \text{USD} + \varphi_3 \times \text{EUR} + \varphi_4 \times \text{JPY} \\
& + \varphi_5 \times \text{GBP} + \varphi_6 \times \text{CNY} + \varphi_7 \times \text{USD} \\
& \times \text{CNY} + \varphi_8 \times \text{USD} \times \text{EUR} + \varepsilon
\end{aligned}
\tag{5-11}
$$

实证模型使用的汇率数据均来源于国际货币基金组织的国际金融数据库。回归分析范围为 2000 年 1 月至 2017 年 8 月,并将回归区间分为 2000 年 1 月至 2005 年 6 月、2005 年 7 月至 2013 年 9 月和 2013 年 10 月至 2017 年 8 月,分别表示人民币汇率改革前区间、人民币汇率改革后至"一带一路"倡议提出前区间和"一带一路"倡议提出后区间,以分析人民币汇率改革和"一带一路"倡议提出后人民币在"一带一路"空间范围内货币锚效应的变化。模型所采用的是月度数据,并已进行了自然对数的一阶差分处理,实证检验所使用的计量软件为 stata14。

在基准模型式(5-11)中,按照国家发展改革委、外交部和商务部在 2015 年 3 月联合发布的《推动共建丝绸之路经济带和 21 世纪海上丝绸之路的愿景与行动》中对"一带一路"区域的划分,选取所有"一带一路"范围内的国家货币作为样本[①]。

在对面板数据进行回归分析之前,首先对各经济体货币兑 SDR 汇率月度数据进行面板单位根检验(见表 5-9)。依次经过 LLC 检验、HT 检验、Breitung 检验和 IPS 检验后发现检验统计量均显著为负(P 值为 0.0000),故强烈拒绝面板包含单位根的原假设,认为面板数据为平稳过程。

---

① 样本国家包括哈萨克斯坦、土库曼斯坦、吉尔吉斯斯坦、乌兹别克斯坦、塔吉克斯坦、阿富汗、尼泊尔、不丹、印度、巴基斯坦、孟加拉国、斯里兰卡、马尔代夫、印度尼西亚、马来西亚、菲律宾、新加坡、泰国、文莱、越南、老挝、缅甸、柬埔寨、东帝汶、伊朗、伊拉克、格鲁吉亚、亚美尼亚、阿塞拜疆、土耳其、叙利亚、约旦、以色列、沙特阿拉伯、巴林、卡塔尔、也门、阿曼、阿拉伯联合酋长国、科威特、黎巴嫩、阿尔巴尼亚、波斯尼亚和黑塞哥维那、保加利亚、克罗地亚、捷克、爱沙尼亚、匈牙利、拉脱维亚、立陶宛、马其顿、黑山、罗马尼亚、波兰、塞尔维亚、斯洛伐克、斯洛文尼亚、俄罗斯、白俄罗斯、乌克兰、摩尔多瓦、蒙古和埃及。

表 5-9   面板单位根检验

检验方法	检验统计量	P 值
LLC 检验	−16.309 8	0.000 0
HT 检验	−0.007 6	0.000 0
Breitung 检验	−13.762 6	0.000 0
IPS 检验	−19.040 7	0.000 0

首先进行 Breusch-Pagan 检验得到 P 值为0.000 8,拒绝原假设,模型不适合用混合回归;其次经过豪斯曼检验发现 P 值为0.000 0,强烈拒绝原假设,检验结果认为应该使用固定效应模型。考虑"一带一路"沿线各个国家"国情"的个体效应区别,分期回归得到人民币对"一带一路"沿线不同地区、不同国家、不同时期的影响系数(见表 5-10)。其中,样本一为序列(1)至(3),表示 2000 年 1 月至 2005 年 6 月中国汇率改革前区间;样本二为序列(4)至(6),表示 2005 年 7 月至 2013 年 9 月汇率改革后至"一带一路"倡议提出前区间;样本三为序列(7)至(9)表示 2013 年 10 月至 2017 年 8 月"一带一路"倡议提出后区间。

表 5-10   面板模型固定效应分析结果

解释变量	样本一			样本二			样本三		
	(1)	(2)	(3)	(4)	(5)	(6)	(7)	(8)	(9)
USD	−0.395	−0.238	−0.514	0.257 *	0.211	0.231 *	0.372 *	0.457 ***	0.440 ***
	(−1.18)	(−0.70)	(−1.16)	(2.28)	(1.33)	(2.03)	(2.46)	(3.51)	(3.52)
EUR	0.151	0.159	0.132	0.289 **	0.265 ***	0.272 **	0.410 **	0.442 ***	0.429 ***
	(0.82)	(0.94)	(0.65)	(2.82)	(3.56)	(3.35)	(3.44)	(4.43)	(3.81)
CNY	0.844 **	0.724	0.990 **	0.321 ***	0.340 *	0.332 **	0.411 ***	0.422 ***	0.435 ***
	(3.05)	(1.82)	(2.92)	(3.57)	(2.58)	(3.15)	(4.57)	(4.7)	(4.54)
JPY	−0.015	−0.015	−0.023	−0.079 **	−0.093	−0.093 *	0.077 *	0.089 **	0.092 **
	(−0.15)	(−0.15)	(−0.22)	(−3.33)	(−1.83)	(−2.21)	(2.21)	(3.28)	(3.06)
GBP	0.038	0.045	0.058	0.021	0.017	0.021	0.022	0.043	0.045
	(0.63)	(0.97)	(1.32)	(0.58)	(0.38)	(0.62)	(0.74)	(1.18)	(1.43)
USD * CNY		−3.579			−2.096			6.782	
		(−0.45)			(−0.34)			(0.87)	
USD * EUR			5.587			1.836			−6.513
			(0.77)			(0.46)			(−1.46)

（续表）

解释变量	样本一			样本二			样本三		
	(1)	(2)	(3)	(4)	(5)	(6)	(7)	(8)	(9)
常数项	0.002**	0.002*	0.003*	0.003*	0.003	0.003	0.003***	0.002*	0.002*
	(2.82)	(2.07)	(2.29)	(2.43)	(1.56)	(1.79)	(3.72)	(2.49)	(2.5)
样本数	4 023	4 023	4 023	5 809	5 809	5 809	2 611	2 611	2 611
Adj.R	0.007	0.007	0.008	0.004	0.003	0.003	0.02	0.02	0.021

注：*、**、***分别表示在10％、5％、1％的水平下显著，系数下括号内数值为t统计量值

首先，"一带一路"倡议提升了人民币在"一带一路"区域范围内的货币锚效应。实证结果显示，序列（7）至（9）中无论是否加入交互项，人民币的影响系数都较序列（4）至（6）有所提升，且显著性水平保持在1％水平下。在"一带一路"倡议提出后的实证区间内，人民币兑SDR汇率变动1％将促使"一带一路"国家货币汇率变动约0.42％，而"一带一路"倡议提出前约为0.33％。因此，坚定落实"一带一路"倡议蓝图，人民币在该区域内可以稳步提升货币锚效应。

其次，美元和欧元的货币锚效应也得到了提升，但程度略逊于人民币。美元的变量系数在序列（1）至（6）中的可信程度不高，但在倡议提出后的区间里可信度有较大的提升，总体上美元和欧元的影响系数都有一定程度的上升，这表明无论对于域内经济体还是其他欧美发达经济体来说，"一带一路"倡议都并非中国一家之"独奏"，而是一首互利共赢、共同发展的"合唱"。在模型中加入交互项后，美元和欧元的系数变得极为显著，这意味着人民币、欧元和美元在"一带一路"范围内的货币锚效应存在相互影响的机制。

再次，在"一带一路"范围内，日元的货币锚效应远逊于人民币、美元和欧元，英镑基本不存在货币锚效应。在倡议提出后的区间内日元影响系数显著水平增加，但系数大小无明显变化，说明日元在"一带一路"倡议内的经济活动中参与程度较低，但日本牢固的东亚经济强国地位使日元在搭乘"一带一路"便车后锚效应也有所增强。英镑作为老牌国际货币在国际上的地位下滑严重，在"一带一路"区域内几乎没有存在感。

最后，交互项的引入增加了美元、欧元和日元系数的显著性水平，这一特征在倡议提出后的区间最为明显，但是交互项本身并不显著。实证结果显示，引入交互项的序列（8）和序列（9）中美元、欧元和人民币的影响系数极为显著，日元也比较显著，这说明"一带一路"倡议的提出加深了各主要

国际货币在"一带一路"货币圈中的联动效应。

通过以上的综合分析,可得到以下主要结论。

首先,人民币作为国际货币的后起之秀,其货币锚效应远逊于传统老牌国际货币美元和欧元。人民币能够发挥货币锚作用的区域限于邻近的周边国家,远未达到辐射"一带一路"全部区域的程度,所发挥的锚效应主要表现为"隐形锚",和美元在中东地区、中南半岛等区域存在的"美元区"相比还有很大的提升空间。

其次,中东欧地区欧元的锚效应较强,西亚、中东地区美元的锚效应较强。人民币发挥锚效应较大的区域多集中于东南亚和中亚的周边国家,对更远区域的影响普遍较弱。"一带一路"区域存在锚效应的真空地带,如北面的俄罗斯和中东地区东部的两伊,这可能是未来扩大人民币影响范围的关键区域。

最后,通过对与人民币联动态势较强的货币进行面板固定效应模型分析发现,"一带一路"倡议提出后人民币对这类货币的影响系数上升且变得非常显著,说明"一带一路"倡议的提出促进了人民币锚的形成。我国应继续坚定坚持"一带一路"战略的推进,增加对沿线国家的贸易与投资。

基于上述分析,提出以下政策建议。

第一,适当增加在"一带一路"国家的投资。"畸形"的外汇储备可能对本国货币发挥锚效应产生负面影响(白钦先和张志文,2011),因此,我国应适当使用对外贸易累积起来的部分外汇储备去投资"一带一路"沿线区域的优质项目,在促进当地经济社会发展的同时也拉近中国和东道国的经贸联系,通过增强经贸影响促进人民币的货币锚效应。

第二,发挥新兴多边开发性金融机构的作用。近年来,随着亚洲基础设施投资银行、金砖国家开发银行和丝路基金的兴起,中国在世界舞台上能发挥的作用越来越大。中国应利用自身在新兴多边开发性金融机构中的优势,支持其在"一带一路"沿线区域开展帮扶项目,逐渐增加使用人民币结算的项目,提升人民币在国际贸易与投资上的使用量。

第三,加强和国际货币基金组织的合作。国际货币基金组织的 SDR 是世界各国经济上的一种重要融资手段,支持 SDR 作为储备资产在"一带一路"沿线国家经济建设和金融稳定中发挥更大作用有利于"一带一路"倡议的稳步推进。自从人民币加入 SDR 货币篮子后,人民币在 SDR 中的权重非常稳定。SDR 和人民币之间存在的这种稳定关系将使 IMF 成员国使用 SDR 时提升人民币的使用率,进而提升人民币锚的水平。

第四,支持国内第三方支付平台走出去。近年来,以支付宝和微信支付为代表的第三方支付平台发展迅速,与我国经济社会融入程度较高,技术也较为成熟。阿里巴巴和腾讯的民营性质可以在一定程度上消除东道国在国家层面上的戒心,降低对我国在东道国推行人民币的抵触情绪。第三方支付平台的融入一方面便利当地居民的消费支付,加快货币在经济社会的流通速度;另一方面也可以让当地居民熟悉人民币的支付模式,在增加用户黏性的基础上有利于推广人民币使用,进而促进人民币在东道国货币篮子权重的上升。

第二节　新兴开发性金融机构推动"一带一路"设施建设

设施联通是"一带一路"倡议的重点合作内容,具体包括了铁路、公路港口、航空、邮政、能源、信息基础设施和质量技术体系的衔接。以资金融通促进设施联通,推进"一带一路"沿线基础设施投融资机制的完善是发展中国家建设基础设施的保障。新兴开发性金融机构构建"一带一路"区域基础设施互联互通网络首先应掌握区域内基础设施存量的特征与分布状态,进而明确在跨境项目融资背景下影响基础设施建设的因素,从而因地制宜为东道国提供最适合当地经济发展的基础设施。

一、"一带一路"基础设施建设概况

1. 基本介绍

根据世界银行(1994)的定义,不同类型基础设施的属性可分为经济性和社会性。具体而言,经济性基础设施作为物质资本有助于提高社会产出效率从而促进经济增长,包括交通运输、通信邮电、能源供给等行业;而社会性基础设施包括科教文卫、环境保护等形成人力、社会和文化资本以提升经济软实力的制度、举措及硬件设施。因此,基于以上定义及样本国家基础设施资本数量难以获得的限制,我们从交通、通信、能源、卫生和教育五个角度选取相应实物指标以度量样本国家的基础设施建设水平。

第一,在交通基础设施方面,"一带一路"蓝图中"五通"之一便是设施联通。在各种交通方式上,航空运输(Transport1)是最为便捷、快速的交通方式,能够以最快速的方式将人流转移,航空运输业全球范围内的注册

承运人数量可以反映一国航空运输能力的强弱;海运是沿海国家联系世界的重要渠道,港口基础设施质量($Transport2$)影响了一国在国际贸易中运输能力,样本国家存在部分内陆国缺少港口等相关基础设施,在贸易中无法直接通过海运的方式将商品运出,先天在交通运输能力禀赋上弱于有优良港口的沿海国家;而铁路($Transport3$)则承载了一国陆地人流和物流转运重要任务,特别是对于国土面积较大国家而言,铁路枢纽堪称一国的动脉血管。从海陆空三大维度选取指标衡量能够全面反映一国交通基础设施建设程度。

第二,在能源基础设施方面,电能是人们日常接触最多的终端能源,而无论其能量来源是化石燃料抑或其他可再生能源。从能源维度衡量基础设施建设,既需要考虑能源消费量,也需要考虑能源的可达性,因此选取了样本国家的总体通电率($Energy1$)和农村通电率($Energy2$)以从两个角度反映其能源可达性,以及人均耗电量($Energy3$)以衡量其能源供给。

第三,在通信基础设施方面,人们日常传递信息的渠道是网络,而载体工具较多是电脑、固定电话和手机。能够使用互联网的人数比重越大,移动手机用户数量越多,说明一国通信基础设施建设得越好,国民的通信交流越便利。故而选取了样本国家中固定宽带用户数量($Tele1$)、固定电话用户数量($Tele2$)以及使用互联网的人数占人口的比重($Tele3$)以衡量通信基础设施建设。

第四,在卫生基础设施方面,最直观评价一国医疗条件好坏的指标便是对于医疗方面的投入。医护人员及其医院配套设施相对于国民人口的配比越高,同样能够说明该国的卫生条件越好。因此,选取了政府医疗支出($Health1$)、每千人拥有的医院床位数($Health2$)以及每千人护士数量($Health3$)以衡量一国卫生基础设施建设。

第五,在教育基础设施方面,教育的支出及其效果是衡量教育基础设施质量的两个角度。一般而言,教育投入越高,占政府支出的比重($Edu1$)和占 GDP 的比重($Edu2$)越大,说明该国政府对于教育的重视程度越高,在教育基础设施方面可调配的资源越多,越易提高国民综合素质,提升国家软实力促进经济发展。而从教育的结果上考虑,认字是一个人学习的基础,因此成人识字率($Edu3$)便是反映教育成果的最基础指标,可以考察教育基础设施建设情况。

具体的各类型基础设施指标汇总见表 5-11。

表 5-11　基础设施指标汇总

基础设施类型	变量	变量名称
交通	Transport1	航空运输业全球范围内的注册承运人数量(个)
	Transport2	港口基础设施质量
	Transport3	铁路货物运输量(百万吨/公里)
能源	Energy1	通电率(占人口的百分比)
	Energy2	农村通电率(占农村人口的比例)
	Energy3	耗电量(人均千瓦时)
通讯	Tele1	固定宽带用户数量(个)
	Tele2	固定电话用户数量(个)
	Tele3	使用互联网的人数占总人口的比例(%)
卫生	Health1	政府医疗费用支出(百万美元)
	Health2	每千人医院床位数(个)
	Health3	每千人护士数量(人)
教育	Edu1	政府支出中教育支出的比例(%)
	Edu2	教育支出占 GDP 的比例(%)
	Edu3	成人识字率(%)

表 5-12 至表 5-16 分别报告了 2001 年至 2017 年交通、能源、通信、卫生和教育五大类基础设施在样本地区建设的总体概况。表 5-12 显示,东亚地区拥有最多的航空承运人、最好的港口和最长的铁路里程。东南亚地区海、空交通基础设施存量较多,但铁路里程较短,这可能是因为东南亚国家幅员较小,且缺乏跨国连贯的交通基础设施。

表 5-12　交通基础设施指标描述性统计

类型	地区	均值	标准差	最小值	中位数	最大值
Transport1	总体	140 000.00	460 000.00	0.00	13 107.00	4 400 000.00
	东亚	1 100 000.00	1 400 000.00	4 212.00	430 000.00	4 400 000.00
	东南亚	130 000.00	180 000.00	0.00	50 220.00	920 000.00
	南亚	92 230.00	200 000.00	1 297.00	21 361.00	1 000 000.00
	中亚	12 913.00	15 135.00	1 945.00	7 099.00	73 188.00
	西亚	14 378.00	13 811.00	0.00	11 532.00	62 768.00

（续表）

类型	地区	均值	标准差	最小值	中位数	最大值
Transport2	总体	2.25	1.55	0.00	2.49	5.03
	东亚	3.28	1.05	1.39	3.53	4.60
	东南亚	3.08	0.78	1.98	2.75	5.03
	南亚	2.43	1.61	0.00	2.83	4.90
	中亚	2.85	1.06	1.30	2.91	4.70
	西亚	0.28	0.70	0.00	0.00	2.50
Transport3	总体	92 754.00	390 000.00	0.00	146.20	2 600 000.00
	东亚	1 100 000.00	1 100 000.00	5 287.00	720 000.00	2 600 000.00
	东南亚	1 697.00	2 185.00	0.00	492.00	7 166.00
	南亚	67 217.00	180 000.00	0.00	54.30	720 000.00
	中亚	34 261.00	71 191.00	228.30	2 772.00	240 000.00
	西亚	6 678.00	384.00	0.00	5 476.00	8 897.00

资料来源：根据世界银行 WDI 数据库数据整理而得，下同

　　表 5-13 显示，中亚地区的总体通电率、农村通电率和人均耗电量均是"一带一路"沿线最高的，东亚和东南亚次之，南亚最差。特别是在人均耗电量方面，东南亚、南亚远低于东亚和中亚，反映了这三个地区更需要能源方面的基础设施投入。

表 5-13　能源基础设施指标描述性统计

类型	地区	均值	标准差	最小值	中位数	最大值
Energy1	总体	68.57	31.44	0.50	81.50	100.00
	东亚	70.21	29.83	16.80	86.08	100.00
	东南亚	61.67	30.13	3.20	68.25	100.00
	南亚	65.17	26.17	0.50	71.28	100.00
	中亚	99.32	0.72	95.68	99.50	100.00
	西亚	93.52	34.92	71.00	96.63	100.00
Energy2	总体	1 029.00	1 107.00	36.52	562.90	6 247.00
	东亚	2 175.00	1 083.00	1 071.00	1 842.00	4 774.00
	东南亚	619.40	696.70	36.52	335.10	2 814.00
	南亚	555.50	495.40	64.98	428.80	2 152.00
	中亚	2 371.00	1 176.00	1 236.00	1 987.00	6 247.00
	西亚	561.90	712.60	64.98	157.10	2 427.00

（续表）

类型	地区	均值	标准差	最小值	中位数	最大值
Energy3	总体	75.39	26.65	0.78	86.75	100.00
	东亚	88.55	10.72	72.06	91.38	100.00
	东南亚	70.64	25.12	17.74	78.63	100.00
	南亚	71.99	22.78	0.78	77.55	100.00
	中亚	99.56	0.46	97.94	99.67	100.00
	西亚	60.21	31.49	9.10	64.00	100.00

表 5-14 显示，东亚地区拥有最多的宽带用户和固话用户数量，通信事业发展较好，而中亚地区使用互联网的人数比例较高。西亚的通信基础设施指标是整体区域最低的，一方面是因为人口较少，另一方面也是因为战乱频仍，难以统一建设大型的通信基站等基础设施。

表 5-14 通信基础设施指标描述性统计

类型	地区	均值	标准差	最小值	中位数	最大值
Tele1	总体	4 900 000	30 000 000	0.00	12 260.00	380 000 000
	东亚	65 000 000	100 000 000	49.00	310 000.00	380 000 000
	东南亚	1 300 000	2 200 000	0.00	31 324.00	11 000 000
	南亚	1 400 000	3 800 000	120.00	21 948.00	19 000 000
	中亚	380 000	680 000.00	0.00	25 027.00	2 700 000.00
	西亚	3 366	4 998.00	0.00	1 420.00	23 250
Tele2	总体	12 000 000	50 000 000	1 714.00	460 000.00	370 000 000
	东亚	140 000 000	150 000 000	120 000.00	90 000 000	370 000 000
	东南亚	5 000 000	8 100 000.00	1 714.00	2 100 000.00	41 000 000
	南亚	5 500 000	12 000 000	5 130.00	830 000.00	50 000 000
	中亚	1 200 000	1 100 000	230 000.00	600 000.00	4 400 000
	西亚	36 294	45 281.00	3 499.00	10 047.00	160 000.00
Tele3	总体	15.51	17.06	0.00	8.78	79.00
	东亚	19.87	16.39	1.65	14.25	54.30
	东南亚	14.20	15.46	0.00	7.59	58.83
	南亚	11.55	13.34	0.00	6.57	64.09
	中亚	24.29	24.06	0.05	15.50	79.00
	西亚	12.76	12.27	0.47	8.00	50.16

在卫生基础设施方面(见表 5-15),中亚地区有最高的政府医疗费用支出、相对最多的医院床位数和医务人员数量。东亚次之,西亚尚可,但南亚和东南亚的卫生基础设施条件较为恶劣。

表 5-15　卫生基础设施指标描述性统计

类型	地区	均值	标准差	最小值	中位数	最大值
*Health*1	总体	124.10	147.40	3.40	71.74	1183.00
	东亚	158.30	132.40	26.46	118.20	508.40
	东南亚	66.64	51.99	3.40	55.56	225.00
	南亚	111.90	216.30	8.11	38.20	1183.00
	中亚	177.60	146.90	7.33	117.40	503.10
	西亚	147.90	97.44	16.97	129.10	441.90
*Health*2	总体	2.69	2.10	0.10	2.26	8.50
	东亚	5.01	1.81	2.20	5.22	7.50
	东南亚	1.86	1.70	0.10	1.01	5.90
	南亚	1.43	1.33	0.15	0.70	4.68
	中亚	5.24	1.59	2.26	4.80	8.50
	西亚	2.24	1.11	0.60	2.30	4.10
*Health*3	总体	2.64	2.20	0.12	1.82	9.78
	东亚	2.67	1.19	0.96	3.12	4.15
	东南亚	1.73	1.50	0.62	1.15	5.92
	南亚	1.53	1.76	0.16	0.82	9.78
	中亚	5.79	1.75	2.57	5.46	8.95
	西亚	2.24	1.16	0.12	2.00	5.76

表 5-16 显示,在教育方面西亚投入的比重较大,但教育的效果却不如东亚和中亚,成人识字率仅略微高于"一带一路"沿线样本总体平均水平。南亚的成人识字率是最低的,但其教育支出的比重却又未见明显低于其他地区。总体而言,东亚和中亚的成人识字率最高,也说明教育基础设施是较有效率的。

表 5-16　教育基础设施指标描述性统计

类型	地区	均值	标准差	最小值	中位数	最大值
*Edu*1	总体	14.55	5.06	2.41	14.19	44.80

（续表）

类型	地区	均值	标准差	最小值	中位数	最大值
*Edu*1	东亚	12.06	2.72	7.54	12.11	20.31
	东南亚	12.83	5.35	2.41	12.79	24.24
	南亚	14.40	4.25	5.59	14.10	26.35
	中亚	12.98	3.28	5.64	13.20	20.88
	西亚	18.72	4.96	10.48	18.10	44.80
*Edu*2	总体	4.03	2.42	0.69	3.60	16.08
	东亚	4.37	0.83	3.51	4.18	7.21
	东南亚	2.81	1.36	0.69	2.63	6.13
	南亚	3.39	1.39	1.13	3.47	7.39
	中亚	3.47	1.30	1.98	2.98	7.38
	西亚	6.53	3.38	3.11	5.00	16.08
*Edu*3	总体	81.39	19.33	30.74	90.87	99.98
	东亚	95.81	4.18	85.04	97.99	98.96
	东南亚	80.44	15.50	37.60	87.52	97.00
	南亚	64.00	21.46	30.74	58.95	98.70
	中亚	99.13	1.47	91.24	99.53	99.98
	西亚	83.03	13.14	52.60	81.24	99.63

2. 指数构建

在构建基础设施建设水平指数时,由于各类型指标所体现的基础设施职能发挥情况及其量纲都存在差别,难以对此做出准确的判断进而确定各项指标在最终指数中的权重。然而,客观合理的权重是决定指数是否可靠的重中之重,各类型基础设施及其细分指标在最终指数中所占权重需要科学数量方法确定。主成分分析法可以很好地解决这一问题,因此在各类型指数构建的学术研究中得到了广泛应用。较为典型的案例有亚太地区经济一体化程度综合指数计算(Chen 和 Woo,2010)、人民币国际化指数构造(彭红枫和谭小玉,2017)等等,都较好地实现了指数构建的目的。

主成分分析法(PCA)是一种对一组多个存在较高相关关系的变量进行线性变换以得到一系列新的互不相关变量,从而实现数据的降维,进而研究变量之间内在结构的数量方法。本书构造基础设施建设水平综合指数的方法如下:假设具有 k 个反映基础设施建设使用的指标,时间长度为 T,构成的数据集为矩阵 $X_{T \times k}$。$R_{k \times k}$ 为 k 个指标序列的协方差矩阵,令 λ_i ($i = 1, 2, \cdots, k$)表示矩阵 $R_{k \times k}$ 的第 i 个特征值,$a_{k \times 1}^i$ 表示矩阵 $R_{k \times k}$ 的第

i 个特征向量。因此,主成分可以表示为原始数据与相应的特征向量之乘积,即 $PC_i = X\alpha^i$,且 $\lambda_i = Var(PC_i)$。根据所有的主成分及其相对重要性,构造基础设施建设综合指数如下:

$$Infra = \frac{\sum_{i=1}^{k}\lambda_i PC_i}{\sum_{i=1}^{k}\lambda_i} = \frac{\sum_{i=1}^{k}\sum_{j=1}^{k}\lambda_i \alpha_j^i x_j}{\sum_{i=1}^{k}\lambda_i} = \sum_{j=1}^{k}w_j x_j \qquad (5\text{-}12)$$

其中,$x_j(i=1,2,\cdots,k)$ 表示原始数据集矩阵 X 的第 j 列,第 j 个指标的最终权重为:

$$w_j = \frac{\sum_{i=1}^{k}\lambda_i \alpha_j^i}{\sum_{i=1}^{k}\lambda_i} \qquad (5\text{-}13)$$

按照主成分分析法构造指数的标准步骤,先计算样本数据的特征根、贡献率与累计贡献率如表 5-17 所示,再计算成分因子载荷如表 5-18 所示,并使用 KMO 检验法和 SMC 法对主成分分析的效果进行检验如表 5-19 所示,最后计算数据权重如表 5-20 所示,并构造最终指数。在计算最终的基础设施建设指数前,先行使用 Z-score 正规化方法对原始数据进行无量纲化处理,以消除各变量量纲差异对最终指数的影响。

$$X = \frac{x_i - \bar{x}}{\sigma} \qquad (5\text{-}14)$$

式(5-14)中,x_i 为原始数据,$\bar{x}$ 为原始数据均值,σ 为原始数据标准差,X 便是经过无量纲化处理后的数据集。在进行这一变换后,各原始变量都已转化为均值为 0,标准差为 1 的标准序列,在保留波动变化特征的同时剔除了先天带有的数量单位差异,提升了指数结果的可靠性。

表 5-17　特征根及贡献率分布

主成分	特征值	方差贡献率	累计贡献率
成分 1	5.103	0.34	0.34
成分 2	3.325	0.222	0.562
成分 3	2.002	0.133	0.695

（续表）

主成分	特征值	方差贡献率	累计贡献率
成分 4	1.047	0.069 8	0.765
成分 5	0.968	0.064 5	0.83
成分 6	0.675	0.045	0.875
成分 7	0.504	0.033 6	0.908
成分 8	0.386	0.025 7	0.934
成分 9	0.285	0.019	0.953
成分 10	0.233	0.015 6	0.969
成分 11	0.227	0.015 1	0.984
成分 12	0.172	0.011 4	0.995
成分 13	0.032 5	0.002 2	0.997
成分 14	0.022 4	0.001 5	0.999
成分 15	0.018 7	0.001 2	1

根据表 5-17 反映的各主成分特征根和贡献率情况，为保留原始变量 90% 以上的信息，选取前 7 个主成分，此时累计方差贡献率达到 90.8%，基本可以反映全部指标的信息，因而可以替代原来的 15 个指标。

成分载荷矩阵见表 5-18，矩阵中的每个元素即主成分载荷，表示在表 5-17 中选取的前七个主成分和相应原始变量之间的相关系数。

表 5-18　成分因子载荷矩阵

变量	成分 1	成分 2	成分 3	成分 4	成分 5	成分 6	成分 7
$Transport1$	0.265	0.406	0.143	0.015 9	−0.021 4	0.015 7	0.086 1
$Transport2$	0.155	0.173	−0.447	0.119	0.115	0.521	0.463
$Transport3$	0.257	0.406	0.125	−0.036	0.092 3	−0.134	−0.077 1
$Health1$	0.261	−0.186	0.204	−0.226	−0.536	−0.121	0.036 7
$Health2$	0.236	−0.224	0.008 45	−0.45	0.483	−0.025 4	−0.040 1
$Health3$	0.272	−0.344	0.002 66	−0.246	0.141	−0.036 5	0.046 7
$Energy1$	0.334	−0.161	−0.128	0.486	−0.003 52	−0.105	−0.277
$Energy2$	0.337	−0.081 1	0.041 6	−0.208	0.167	0.482	−0.384
$Energy3$	0.336	−0.166	−0.151	0.457	0.037 3	−0.121	−0.263
$Tele1$	0.25	0.357	0.169	−0.113	−0.052 4	0.039 9	0.065 4

(续表)

变量	成分1	成分2	成分3	成分4	成分5	成分6	成分7
*Tele*2	0.235	0.4	0.113	0.039 4	0.113	−0.195	−0.078 3
*Tele*3	0.297	−0.136	0.043 4	−0.027 7	−0.55	0.311	0.147
*Edu*1	−0.113	−0.096 4	0.503	0.361	0.203	0.438	0.055 9
*Edu*2	−0.023 2	−0.121	0.619	0.119	0.089 6	0.026	0.119
*Edu*3	0.292	−0.217	0.042 5	0.149	0.203	−0.329	0.652

　　在计算最终的指数权重前,先使用 KMO 和 SMC 方法对主成分分析的效果进行检验。KMO 检验法即 Kaiser-Meyer-Olkin 抽样充分性测度法,是由相关系数和偏相关系数两个指标的比值得到的。KMO 值介于 0 和 1 之间,其值越大说明变量的共性越强,使用主成分分析法可以取得较好的数据约化效果。SMC 检验法即计算数据集中的一个变量和别的所有变量复相关系数的平方,其值越高说明变量间的线性关系越强,主成分分析越合适。

　　在表 5-19 中,KMO 检验法计算得出的 15 个变量检验值大多处于 0.7 至 0.9 的区间,表明原始数据中变量间的共性较强,主成分分析得出的降维效果较好,各变量的 SMC 检验值结果同样佐证了这一结论。

表 5-19　主成分分析效果检验

变量	KMO 检验值	SMC 检验值
*Transport*1	0.692	0.962
*Transport*2	0.693	0.507
*Transport*3	0.708	0.963
*Health*1	0.754	0.634
*Health*2	0.7	0.636
*Health*3	0.809	0.758
*Energy*1	0.702	0.959
*Energy*2	0.851	0.644
*Energy*3	0.707	0.96
*Tele*1	0.69	0.918
*Tele*2	0.739	0.941
*Tele*3	0.824	0.6

变量	KMO 检验值	SMC 检验值
*Edu*1	0.54	0.546
*Edu*2	0.574	0.594
*Edu*3	0.84	0.603
合计	0.729	—

最后，根据式(5-13)的计算路径得出各变量在基础设施指数中的最终权重如表 5-20 所示。

表 5-20　基础设施建设的最终权重

变量	*Transport*1	*Transport*2	*Transport*3	*Health*1	*Health*2
权重	0.140 433 39	0.059 725 447	0.130 984 535	0.014 013 172	0.020 126 55
变量	*Health*3	*Energy*1	*Energy*2	*Energy*3	*Tele*1
权重	0.005 886 717	0.055 821 661	0.074 367 281	0.053 646 691	0.124 419 443
变量	*Tele*2	*Tele*3	*Edu*1	*Edu*2	*Edu*3
权重	0.126 407 11	0.040 343 776	0.046 594 515	0.046 559 555	0.060 670 157

在计算出基础设施建设指数后，根据样本国家 2017 年的指数大小从高至低进行排序，并建立空间、时间和指数三维坐标图使用曲面图（图5-3），直观展示样本区间内样本国家基础设施建设概况。总体而言，在样本区间内各样本国家的基础设施建设水平均处于稳步提升的趋势中。同时，中国作为世界上最大的发展中国家，基础设施建设水平在样本区间内急剧提升，用最终得出的基础设施指数衡量可以发现当前中国的基础设施建设水平远超其他样本国家。另外，通过曲面图的展示还可知哈萨克斯坦和印度的基础设施建设在样本国家内仅次于中国，但又远逊于中国，这表明中国作为亚洲基础设施投资银行的发起国，在基础设施建设领域确实具备相应的经验和能力帮助"一带一路"沿线国家及亚洲基础设施投资银行成员政府提供更多的公共品，促进东道国经济增长和"一带一路"区域内的互联互通，这也是中国政府倡议成立亚洲基础设施投资银行在国际上能够迅速得到响应的缘由。

图 5-3 虽然展示了样本国家在 2001 年至 2017 年基础设施建设水平的概况，但因为中国的基础设施建设能力相比其他国家过于卓越，曲面图不能很好描述其他样本国家基础设施建设水平在样本区间中的变化。基

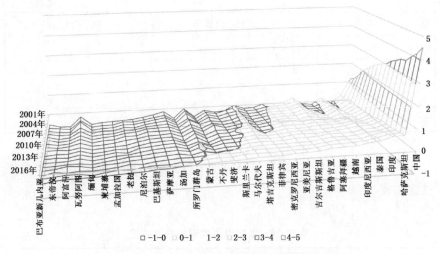

图 5-3　样本国家基础设施建设指数变化概况

资料来源：运用主成分分析法根据世界银行 WDI 数据库计算而得

于此，按照"一带一路"沿线国家的地理位置和中国对外政策中的战略布局，将除中国外的样本国家归入"一带一路"六大经济走廊进行区域层面的比较，具体的归类结果见表 5-21。

表 5-21　"一带一路"六大经济走廊及其沿线国家

经济走廊	沿线样本国家
中蒙俄经济走廊	俄罗斯、蒙古
新亚欧大陆桥经济走廊	哈萨克斯坦、俄罗斯、乌克兰、白俄罗斯、波兰、立陶宛、拉脱维亚、爱沙尼亚、捷克、斯洛伐克、罗马尼亚、摩尔多瓦、保加利亚、塞尔维亚、斯洛文尼亚、克罗地亚、北马其顿、波斯尼亚黑塞哥维纳、黑山、阿尔巴尼亚、希腊、意大利、匈牙利
中国-中亚-西亚经济走廊	阿富汗、吉尔吉斯斯坦、塔吉克斯坦、乌兹别克斯坦、土库曼斯坦、伊朗、亚美尼亚、阿塞拜疆、格鲁吉亚、伊拉克、叙利亚、土耳其、科威特、沙特阿拉伯、阿拉伯联合酋长国、卡塔尔、阿曼、也门、黎巴嫩、约旦、以色列、巴勒斯坦、埃及、塞浦路斯
中巴经济走廊	巴基斯坦
孟中印缅经济走廊	孟加拉国、印度、缅甸、不丹、马尔代夫、斯里兰卡、尼泊尔
中国-中南半岛经济走廊	马来西亚、新加坡、柬埔寨、印度尼西亚、老挝、泰国、菲律宾、越南、文莱、斐济、密克罗尼西亚联邦、巴布亚新几内亚、东帝汶、汤加、萨摩亚、瓦努阿图、所罗门群岛

资料来源：根据"一带一路"官网（https://www.yidaiyilu.gov.cn/）公开资料整理而得

"一带一路"沿线的六大经济走廊包括中蒙俄经济走廊、新亚欧大陆桥经济走廊、中国-中亚-西亚经济走廊、中巴经济走廊、孟中印缅经济走廊和中国-中南半岛经济走廊。其中,萨摩亚、瓦努阿图等大洋洲样本国家虽不处于亚欧大陆板块上,但一者这些国家获得了较多亚洲开发银行和世界银行基础设施项目投资,二者这部分国家有些已成为亚洲基础设施投资银行域内成员,有些正积极申请加入亚投行,故此将这部分岛屿国家均归入中国-中南半岛经济走廊,将其所属区域作为这一经济走廊的延伸。

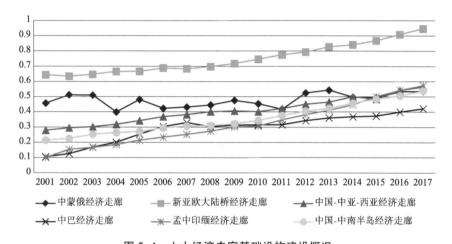

图5-4 六大经济走廊基础设施建设概况

资料来源:运用主成分分析法根据世界银行 WDI 数据库计算而得

通过折线图的形式展现六大经济走廊基础设施建设水平的发展概况,从图5-4中可以较为直接地发现,新亚欧大陆桥经济走廊沿线国家的基础设施建设水平相对最高,其次为中蒙俄经济走廊,这两大走廊均是前苏联曾经的势力范围,基础设施建设水平稍高。同时还需注意,中巴经济走廊和孟中印缅经济走廊的基础设施建设水平较低,而这两大经济走廊又是区域内人口最为密集的地区。总体而言,六大经济走廊的基础设施水平都在稳步提高的趋势中。

二、"一带一路"基础设施建设资本投入影响因素分析

资本投入基础设施建设的目的是获取收益,这种收益既包括公益性部分,也包含商业性部分,在一般性的分析框架中不对其进行区分。一般性分析框架的搭建从基础设施建设及运营的本质特征开始。基础设施项目的特征主要有三个:建设周期较长、资金的投入量大且具有持续性,建成

后寿命期内还有维护成本投入。为简化分析,假设基础设施投入分为项目启动时的一次性资本投入 I_0 和后续维护投入 I_t,基础设施项目产生收入的持续期为 T,且 $0 \leqslant t \leqslant T$。那么,基础设施项目的收益 R 可表示为:

$$R = \int_0^T \delta^t I_0^\alpha \mathrm{d}t \tag{5-15}$$

式(5-15)中, α 为产出指数,而基础设施项目的产出有其上限,为使其满足收敛性,假设 $0 < \alpha < 1$; δ 为项目收益的贴现因子,取值范围为 $0 < \delta < 1$,贴现因子的取值和一国金融市场发展水平、融资难度及利率水平等金融因素相关。

基础设施项目的后续维护投入成本总和可表示为:

$$M = \int_0^T \delta^t I_t \mathrm{d}t \tag{5-16}$$

因为每期的维护成本和基础设施项目规模及基础设施使用年限成正比,所以每期的基础设施维护成本函数设置为:

$$I_t = \frac{t}{T} \times \theta \times I_0 \tag{5-17}$$

其中, θ 为维护系数。将(5-17)代入(5-16)可得:

$$M = \int_0^T \frac{t}{T} \theta I_0 \delta^t \mathrm{d}t = \frac{\theta I_0}{T} \int_0^T t\delta^t \mathrm{d}t \tag{5-18}$$

设利润函数为 $\phi(I_0) = R - I_0 - M$

将 R 和 M 的表达式代入利润函数中可得:

$$\phi(I_0) = \int_0^T \delta^t I_0^\alpha \mathrm{d}t - \frac{\theta I_0}{T} \int_0^T t\delta^t \mathrm{d}t - I_0 \tag{5-19}$$

式(5-19)中对 I_0 求导,并令 $\phi'(I_0) = 0$,得其优化一阶条件:

$$I_0^* = \left[\frac{\alpha T(\delta^T - 1)\ln \delta}{\theta T \delta^T \ln \delta + T \ln^2 \delta - \theta \delta^T + \theta} \right]^{\frac{1}{1-\alpha}} \tag{5-20}$$

同时,由(5-19)式还可得其二阶导数为:

$$\phi''(I_0) = \frac{\alpha(\alpha - 1)(\delta^T - 1)I_0^{\alpha-2}}{\ln \delta} \tag{5-21}$$

由于 $0 < \alpha < 1$,且 $0 < \delta < 1$,因此 $\phi''(I_0) \leqslant 0$,优化最大值二阶条件

满足。由式(5-20)可以发现,基础设施项目启动伊始的最优投资规模 I_0^* 与该基础设施项目的产出指数 α、项目运营年限 T、维护系数 θ 和贴现因子 δ 密切相关。

首先,考察产出指数 α 对基础设施建设投入的影响。由 $0 < \alpha < 1$ 的预设条件可推知,式(5-20)中的幂指数 $\dfrac{1}{1-\alpha}$ 的取值范围是 $(1, +\infty)$,且 α 值越大,幂指数也越大。另外,α 还在式(5-20)的分子中出现,结合分析可知,产出指数 α 越大,初始资本投入 I_0 越大,即基础设施对经济发展的贡献越大则投入的资本越多。

其次,讨论贴现因子 δ 对基础设施建设投入的影响。先不考虑式(5-20)中幂指数的影响,设:

$$A = \frac{\theta T \delta^T \ln \delta + T \ln^2 \delta - \theta \delta^T + \theta}{\alpha T (\delta^T - 1) \ln \delta} \tag{5-22}$$

则 $I_0^* = \left(\dfrac{1}{A}\right)^{\frac{1}{1-\alpha}}$,对式(5-22)进行裂项处理后,可得:

$$A = \frac{\theta}{\alpha} + \frac{\theta + \ln \delta}{\alpha(\delta^T - 1)} - \frac{\theta}{\alpha T \ln \delta} \tag{5-23}$$

由于 δ^T 的收敛速度快于 $\ln \delta$,所以当贴现因子 δ 提高时,A 的值下降。由恒等式 $I_0^* = \left(\dfrac{1}{A}\right)^{\frac{1}{1-\alpha}}$ 可知,I_0^* 提高。因此,贴现因子和初始资本投入正相关。在建设和运营周期较长的基础设施项目中,贴现因子越高意味着项目未来的预期现金流入越高,投资者收益率越可观。对未来收益预期的提升是吸引更多资本进入基础设施领域的重要原因。当然,对收益的估量应在风险溢价的视角下进行,即高收益是否足够补偿投资者所需要承担的风险。

再次,研究维护系数 θ 的影响。在式(5-23)的裂项结果下,对 θ 求偏导,可较容易得到:

$$\frac{\partial A}{\partial \theta} = \frac{1}{\alpha} + \frac{1}{\alpha(\delta^T - 1)} - \frac{1}{\alpha T \ln \delta} \tag{5-24}$$

A 和 θ 在式(5-23)中构成了一元一次方程的关系式,式(5-24)中等号右侧是变量 θ 在这一关系式中的系数。不妨先设 $\dfrac{\partial A}{\partial \theta} > 0$,可得关系式

$T\ln\delta+\dfrac{1}{\delta^T}>1$，即贴现因子 δ 和项目运营年限 T 满足这一关系时，维护系数越高，则 A 值越大，初始投资资本 I_0^* 越小，反之则反是。

最后，是对项目运营年限 T 的讨论。式(5-23)中 T 处于等式右侧第二和第三项的分母位置。由于 $0<\delta<1$，所以 $\ln\delta<0$，因此 T 越大，第三项 $-\dfrac{\theta}{\alpha T\ln\delta}$ 越小。至于第二项则较为复杂，因为维护系数 θ 大于零而 $\ln\delta<0$，因此 T 对第二项 $\dfrac{\theta+\ln\delta}{\alpha(\delta^T-1)}$ 的影响还取决于 θ 和 $\ln\delta$ 的相对大小。将这一数量关系置回式(5-16)中便可知，项目运营年限对基础设施项目初始资本投入的影响取决于维护系数 θ 和贴现因子 δ 间的关系，若维护系数相对较大，则该基础设施项目对于资本的吸引力将减弱，这在经济学意义上比较容易得到解释。

一般性分析讨论了产出指数、贴现因子、维护系数和项目运营年限四种一般性因素对基础设施项目最优投资规模的影响。然而，基础设施建设投入大、周期长的特点使得"一带一路"沿线较多经济基础薄弱的国家无法从国内获得足够的基础设施建设项目融资，出现市场和政府双重失灵的问题，造成基础设施供给的严重不足，制约经济增长和民生福利改善。为此，这一部分发展中国家需要寻求国际资本，特别是新兴开发性金融机构的投资支持本国的基础设施建设。新兴开发性金融机构对于"一带一路"沿线基础设施项目的选择所需考虑因素可以基于一般性的分析框架展开，再在此基础上和国际资本跨国流动中遭遇的问题相结合进行分析。

首先是产出指数。基础设施项目建成运营后通过向公众收费或者政府补贴的方式能够获得运营期间持续的现金流入，在基础设施项目投资启动前的评估期对这部分现金流入的预期越大，资本越有动力进入。然而，需要注意的是，基础设施项目必然存在一定的外部性，部分项目甚至是完全的外部性，基础设施项目的收益除了包含资本投入方应得的经济效益外，还有项目所在地民众的福利效益。如果收益中经济效益的部分无法弥补资本投入方的成本，或者收益率达不到资本投入方的要求，基础设施项目吸引资本进入就必须添加一定程度的附加收益。多边开发性金融机构的资本虽然具备一定的公益属性，但并非完全无偿的。发展中国家基础设施的不完善限制了当地市场的开拓和各种优势要素的使用，在补全基础设施建设的短板后，多边开发性金融机构中经济实力较强的成员能够有机会利用项目所在国较为廉价的劳动力、各种初级产品资源等生产要素，增强其在国际贸易中的竞争力。当然,对项目所在国生产要素的发掘也会为当地带来大量的就业岗位和经济发展的机会,东道国民众收入水平的普遍上升也将促进当地市场潜力的进一步开发,使得国外企业有机会开拓海外市场,提高营业利润。因此,多边开发性金融机构投资发展中国家基础设施项目是一种双赢的合作机制,项目所在国基础设施短板得到补全,经济得到发展,人民生活得到改善,而项目投资国开拓了市场,降低了生产成本,提高了国际竞争力。在该种机制下,多边开发性金融机构的附加收益便是当地市场和劳动力,可以直观衡量的数据便是项目所在国外商直接投资的流入和当地货物商品的出口,由此不妨作出以下假设。

假设 1:多边开发性金融机构对发展中国家基础设施项目的投资受项目所在国 FDI 及其国内商品货物的贸易出口额影响,对这两种变量的预期越高,说明国际认为该国经济潜力越大,因此基础设施项目的投资越大。

其次是贴现因子。贴现因子本质上反映的是项目投资方对于基础设施项目运营的预期收益在当前投资时点的估值水平,和项目所在国国内金融市场及相关的国际金融市场环境有莫大关系。一般而言,贴现因子的取值和一国金融市场发展水平、融资难度及利率水平等金融因素相关,相对稳定的金融环境促使投资方对收益存在稳定的预期,不至于要求过高的风险溢价。就国内而言,金融部门可控的资产构成比例、适度的国内信贷投放和中央政府债务水平有利于东道国保持国内金融市场稳定,而在经济基本面考虑,物价的总体稳定也有助于投资方对未来收益产生稳定预期。但就国际而言,多边开发性金融机构投资还涉及国际资本在跨国流动中普遍遇到的汇兑风险,若东道国当局货币和国际货币之间的兑换汇率波动较大,对多边开发性金融机构的投资可能造成额外损失的风险,这对于收益预期也存在影响。考虑到盈利能力稍弱的基础设施项目吸引资本进入的附加条件,在国际上体现在对投资方当局货币国际化进程的推动,即多边开发性金融机构的主要成员期望东道国的基础设施项目能够使用其货币进行支付结算,这能够促使该主要成员在内部磋商中推动多边开发性金融机构批准项目发放贷款,而弱化贴现因子在决策过程中的重要性。小结对于贴现因子角度的分析,提出以下假设。

假设 2:稳定的国内金融市场环境和物价水平有助于推动基础设施项目投资,但对于多边开发性金融机构的跨国投资而言,还需考虑东道国货币和国际货币的相关性及国际货币在东道国中的锚效应。

最后是维护系数和项目运营年限,依据一般性分析所得出的结论,这两个要素不可单独考虑。维护成本越高表明基础设施项目运营的难度越大,投资者较难收回投入成本,自然期望项目的运营年限尽可能的短。而项目运营年限越长,理论上的现金流入应该越大,此时贴现因子对于投资者预期的影响也将放大,这又回到了对金融市场及经济环境稳定性的讨论,但假如基础设施项目的维护系数过大,则项目运营年限越长,运营方的资金压力越大。维护系数的大小除了受基础设施类型的影响外,还受项目所在国地理环境和人文素质的影响,如潮湿多雨的户外环境对钢铁制品的腐蚀折旧损耗、低素质民众对公共物品的故意损坏等都会提高基础设施的维护系数。以这一角度分析涉及较多的不可定量观测问题以及前文已讨论因素,故不提出研究假设。

三、基础设施投资影响因素实证检验

1. 样本选取与数据说明

研究设计的基础是本书通过理论分析提出的假设,因此在考虑使用何种方式验证研究假设前,有必要先行厘清假设中隐含的待检验问题和所涉及的变量。提炼研究假设中包含的问题与变量,将其汇总于表 5-22 中。

表 5-22　研究假设的问题和涉及变量

假设	待检验问题	涉及变量
假设 1	外商直接投资和贸易出口额是否影响多边开发性金融机构投资?	外商直接投资、贸易出口额、多边开发性金融机构投资
假设 2	货币汇率相关性、金融市场稳定性和物价水平是否影响多边开发性金融机构投资?	货币锚相关系数、金融市场指标、CPI、多边开发性金融机构投资

从表 5-22 中可知,实证研究对象是多边开发性金融机构投资和基础设施建设融资需求,检验的是对这二者产生影响的因素。因此,样本选取的范围由世界银行和亚洲开发银行两大传统多边开发性金融机构投资的项目所在国和基础设施数据较齐全国家的重合部分决定。

当前,"一带一路"沿线区域运营的多边开发性金融机构包括亚洲基础设施投资银行、金砖国家开发银行、上合组织开发银行、亚洲开发银行和世界银行。由于亚洲基础设施投资银行、金砖国家开发银行和上合组织开发银行成立为时尚短,其运营经验还无法产生足够的数据进行实证研究。而亚洲开发银行和世界银行在"一带一路"沿线地区有类似的基础设施项目投资经历,选取这两大资历较久的多边开发性银行在基础设施领域的投资

数据进行分析,有助于探究"一带一路"沿线地区基础设施投融资的影响因素,并为新兴多边开发性金融机构运营提供经验参考。基于此,以"一带一路"沿线国家为样本范围,筛选出亚洲开发银行和世界银行在 2001 年至 2017 年这一样本区间内均有投资数据的国家作为实证分析样本。依照这一标准共筛选出"一带一路"沿线 74 个样本国家,分别分布于"一带一路"沿线六大经济走廊。

数据缺失问题一直困扰着基础设施投融资研究,"一带一路"沿线需要多边开发性金融机构提供资金及技术援助的国家大多处于发展的中低级阶段,部分国家数据可得性条件不佳。通过找寻并整理世界银行、亚洲开发银行、国际货币基金组织、联合国统计司等多边开发性金融机构及其他国际性金融组织数据库,相关预处理原始数据得到较完整的收集,为进一步提供经验证据证明本书的假设和推论准备了丰富的研究素材。对于国际组织数据库未收录的部分缺失数据,通过依次查询样本国家国内官方统计局网站进行填补,仍旧缺失遗漏的个别数据通过线性插值法、前后项均值法等数量方法手工补充完整。实证研究模型中所涉及的变量及其原始数据收集来源见表 5-23。

表 5-23 实证模型变量汇总与来源说明

变量标签	变量名称	数据来源
Wb-fin	世界银行投资金额(百万美元)	世界银行
Wb-num	世界银行项目数量	世界银行
Adb-fin	亚洲开发银行投资金额(百万美元)	亚洲开发银行
Adb-num	亚洲开发银行项目数量	亚洲开发银行
Total-fin	多边开发性金融机构总投资金额(百万美元)	世行和亚行
Total-num	多边开发性金融机构总项目数量	世行和亚行
CNY	人民币和样本国家货币相关系数	国际货币基金组织
EUR	欧元和样本国家货币相关系数	国际货币基金组织
JPY	日元和样本国家货币相关系数	国际货币基金组织
USD	美元和样本国家货币相关系数	国际货币基金组织
GBP	英镑和样本国家货币相关系数	国际货币基金组织
Reserve	外汇储备(百万美元)	国际货币基金组织
Trade	货物、服务及初级产品出口额(百万美元)	世界银行

（续表）

变量标签	变量名称	数据来源
FDI	外商直接投资流入（百万美元）	世界银行
Peo	人口数量（百万人）	世界银行
Infra	基础设施建设水平指数	世界银行
Fin1	银行总资产中流动资产的比重（％）	世界银行
Fin2	中央政府债务占 GDP 比重（％）	世界银行
Fin3	金融部门提供的国内信贷占 GDP 的比重（％）	世界银行
Freedom	经济自由度	美国传统基金会
CPI	物价指数	国际货币基金组织
GDP	国内生产总值（百万美元）	世界银行

2. 变量构建及计算

（1）多边开发性金融机构投资

实证部分需要检验的多边开发性金融机构投资指的是由世界银行和亚洲开发银行 2001 年至 2017 年在样本国家每年投资于交通、能源、通信、卫生和教育五种类型基础设施上的金额及项目数量，具体的整理和描述已在前文有详细描述，不再展开叙述。

（2）基础设施建设水平指数

基础设施建设水平指数是反映"一带一路"沿线国家在样本区间基础设施建设状况的变量，是选用交通、能源、通信、卫生和教育五种类型基础设施的实物数据通过主成分分析法确定权重计算得出的。详细的计算过程已在前文指数构建中有详细阐述，此处不再进行赘述。

（3）货币锚相关系数

跨境基础设施投资必然牵涉资金在国际上的流动。多边开发性金融机构批准成员申请的融资项目后，其提供投资的资本是以国际货币持有的。基础设施的建设涉及材料的购买、人力的雇佣等现金流出的诸多环节。基础设施建设与东道国当地的经济社会运行息息相关，因此对于该部分的采购支出有较大比例是在当地进行的，这就需要多边开发性金融机构将其投资的资本转换为东道国当地货币。另外，当基础设施项目建成运营后，多边开发性金融机构又需要将本金收回，而项目现金流入的一般是当地货币，机构组织将收回的项目成本及其利润转出东道国境外需要将这部分资金兑换回国际货币。因此，多边开发性金融机构的投资资本在东道国的一进一出均将面临汇兑风险,若东道国货币相对于国际货币的汇率波动较大,可能不利于国际机构作出投资决策。

国际货币在外汇市场上可以充当其他币种的锚,发挥其锚效应。若东道国当局货币能以国际货币为锚,那么多边开发性金融机构所面临的汇兑风险将处于可控范围内,这将促使国际金融机构更易做出投资决定。货币锚本质上反映的是国际主流货币与其他货币之间的联动关系,继续沿用刘刚和张友泽(2018)的方法,使用皮尔逊积距相关系数刻画国际货币与样本国家当局货币的锚关系:

$$\rho_{X_iY_t} = \frac{Cov(X_i, Y_t)}{\sqrt{Var(X_i)}\sqrt{Var(Y_t)}} \qquad (5-25)$$

其中,X 是指能够充当货币锚的国际货币的汇率,使用下标 i 以区分;Y 是指样本国家当局货币的汇率,用下标 t 以区分。式(5-25)中的货币汇率均是月度数据,用以计算年度相关系数。鉴于 IMF 特别提款权(SDR)在国际上的接受程度较高,且其在人民币国际化进程中可能扮演的重要角色(丁志杰,2017),分别选用国际货币和样本国家当局货币兑换 SDR 的汇率以指代各种货币的币值变化。同时,由于亚洲基础设施投资银行、亚洲开发银行和世界银行分别是由中国、日本和美国发起成立的,样本国家中有相当一部分属于英联邦成员国,而欧元区具有较多的发达国家和国际金融中心能够为基础设施建设的投融资提供服务,因此分别选取人民币、日元、美元、英镑和欧元作为样本国际货币。当然,目前人民币国际化还处于起步阶段,将其纳入仅作为比较检验,以期为亚投行业务开展提供参考。

(4)其他解释变量说明

一是外汇储备。外汇储备是一国清偿其国际债务能力的实质保证,外汇储备充足的国家更有能力维持其货币币值稳定,因此更能增强国际资本信心,从而吸引其进入。在互联互通大背景下基础设施建设资金的募集涉及资本的跨国流动,因而多边开发性金融机构更倾向于投资外汇储备充足的东道国。

二是货物及服务出口额。对于发展中国家而言,对外贸易是其经济发展的重要引擎。无论是日本、韩国等高收入国家,还是中国这类中等收入国家,在现代经济发展的初级阶段均是凭借劳动力成本低廉等要素优势发展对外贸易,以此积累外汇储备,获得经济长期发展的动力。在这一阶段的国家其货物和服务出口额将保持在较高水平,因此这一变量可用于衡量发展中国家未来经济的发展潜力。

三是外商直接投资流入额。新兴市场较高的经济增长速度是吸引外商直接投资(FDI)的重要原因,FDI 的流入可引入资本、技术、高端人力资源等发展中国家较为稀缺的要素。FDI 进入一国境内一方面可反映国际市场对该国经济发展的认可,另一方面 FDI 对基础设施的更高要求也将提升当地的基建需求,从直接和间接两种不同的方式影响东道国基础设施投融资环境。

四是人口数量。基础设施根本上是为一国国民服务的,人民的衣食住行、生老病死均离不开对基础设施的使用。一国人口基数越大,则对基础设施公共品的需求就越大,对基础设施的投资活动越频繁。

五是金融相关指标。金融市场的发展能够增进基础设施建设的投融资效率,为基础设施建设提供更多的融资渠道和资金支持。基础设施建设的资金需求量较大,仅依靠多边开发性金融机构投资很难满足资金需求,而一个好的国内金融市场能够撮合国际机构和其他不同性质资本的合作,令基础设施项目的股权结构更为多元。金融相关指标包括银行总资产中流动资产比例、金融部门提供的国内信贷占 GDP 比例、向私人部门提供国内信贷占 GDP 的比例和银行向私人部门提供国内信贷占 GDP 的比例。

六是中央政府债务。大型基础设施公共品的提供主体一般是一国中央政府,中央政府的财政能力决定了其开展基础设施建设的能力。中央政府的债务水平反映了其筹资能力和财政负担。债务水平过高将影响中央政府为基础设施建设的筹资能力,同时影响多边开发性金融机构投资该国项目的信心。

七是国内生产总值。国内生产总值(GDP)是衡量一国经济实力的主要指标,一国经济发展越好,越有能力为其国民提供更多的基础设施公共品。然而,多边开发性金融机构投资具有一定程度的公益性,经济实力强大的国家自身已有足够的实力建设基础设施,多边开发性金融机构资源有限,可能更倾向于投资经济实力薄弱的发展中国家。

八是物价指数。物价稳定是一国宏观经济政策的四大目标之一,过高的通货膨胀将扰乱国内市场秩序,对经济增长造成冲击。基础设施建设的投入与产出间隔时间较长,若失去物价稳定的经济环境,将对基础设施项目的成本收回与利润生产形成不可预估的风险,影响国际机构对经济基本面前景的预判。

九是经济自由度。经济自由度指数是由美国传统基金会国际贸易与经济中心(The Heritage Foundation's Center for International Trade and Economics,CITE)基于 12 种定量和定性指标构建的一组反映世界 186 个国家制度质量与经济开放的指数,囊括了法律制度、政府规模、监管有效性和市场开放度四个维度的评价。借此可以反映样本国家在制度层面和对外开放政策方面的差异。

3. 实证研究方法

"一带一路"基础设施建设投资影响因素研究的对象是基础设施建设的投资方,由于新兴开发性金融机构运营历史较短,不足以提供充足的经验证据,因此确定的具体对象是传统多边开发性金融机构。本节实证研究需要检验的问题主要是传统多边开发性金融机构投资的影响因素,基于此从这个角度构建模型进行实证检验。

根据前文的定义,模型中的传统多边开发性金融机构具体是指亚洲开发银行和世界银行两大经营历史较长的国际组织,影响这两大组织投资决策的因素包含两类:一是东道国货币与国际货币间的锚定关系;二是东道国国家内部的基本面因素。

对于第一类因素的检验,以亚洲开发银行和世界银行对项目东道国的投资金额和项目数量作为被解释变量,以各币种主流国际货币和样本国家当局货币的相关系数作为解释变量以反映其锚定关系,同时考察解释变量滞后项是否存在时滞效应,由此构建面板模型:

$$Or\_Fin_{it} = \alpha + \sum_{i=1}^{n} \beta_i \times Currency_{j}\_\rho_{ij,\,t} + \sum_{i=1}^{n} \gamma_i \times Currency_{j}\_\rho_{ij,\,t-1} + \varepsilon$$

$$(5\text{-}26)$$

式(5-26)中,$Currency_{j}\_\rho_{ij,\,t}$ 指按照式(5-25)的公式计算得出的国际货币与样本国家货币相关系数,$Currency_{j}\_\rho_{ij,\,t-1}$ 是其滞后项,β_i 和 γ_i 是回归系数。

至于第二类因素的检验,考察的是东道国国家宏观基本面因素对多边开发性金融机构投资的影响。既往成功的基础设施项目投资、建设和运营经验某种程度上是一个正面的信号,说明政府和多边开发性金融机构有良好的合作经验,这对于基础设施项目投资的成败影响重大。因此,对第二类因素需要从动态的角度分析,加入被解释变量的滞后一阶和滞后二阶为解释变量。

在模型中引入滞后被解释变量后,面板数据模型中较常用的固定效应模型和随机效应模型无法继续确保得到无偏的参数估计,故需要使用两阶段差分广义矩估计法(D-GMM)以消除自回归中的内生性影响。所建立的动态面板差分 GMM 模型的基本形式是:

$$Or\_Fin_{it} = \alpha + \delta_i \times Or\_Fin_{i,\,t-p} + \sum_{i=1}^{n} \eta_i \times Economy_{it} + \varepsilon \quad (5-27)$$

式(5-27)中 $Economy_{it}$ 里包含的经济基本面变量包括基础设施指数、外汇储备、贸易出口额、外商直接投资流入、人口数量、银行总资产中流动资产的比例、金融部门提供的国内信贷占 GDP 的比例、中央政府债务、物价指数、经济自由度和国民生产总值。方程(5-26)和(5-27)中涉及变量的具体描述性统计见表 5-24。

表 5-24　变量描述性统计

变量标签	平均值	标准差	最小值	中位数	最大值
Wb-fin	512.30	1072	0	65	7326
Wb-num	5.51	6.45	0	3	39
Adb-fin	391.20	700.70	0	66.75	3 860
Adb-num	6.46	8.12	0	4	52
Total-fin	903.50	1655	0	151.50	10 255
Total-num	11.97	13.61	0	8	85
CNY	0.39	0.55	−0.95	0.51	1
EUR	−0.47	0.53	−0.99	−0.7	0.99
JPY	0	0.52	−0.97	0	0.94
USD	0.5	0.53	−0.94	0.67	1
GBP	−0.27	0.45	−0.97	−0.34	0.96
Reserve	86 072	440 000	18.07	1 692	3 900 000
Trade	82 910	320 000	29	3 300	2 700 000
FDI	7 832	32 941	−4 160	333	290 000
Peo	114.50	309.80	0.10	7.92	1 390
Infra	0	0.62	−0.69	−0.08	4.54
Fin1	24.58	19.46	2.79	18.29	131.30
Fin2	3.66	15.13	−71.83	2.74	41.74
Fin3	45.01	40.17	−46.81	40.69	215.20
CPI	95.54	29.37	18.15	95.12	172.20
Freedom	55.02	7.06	33.50	54.60	76
GDP	300 000	1 300 000	181	10 400	12 000 000

4. 实证结果

在对货币锚因素的影响程度进行回归分析前,先对五种拟讨论的国际货币与样本国家货币的相关系数进行面板单位根检验(表5-25),以确定面板数据是否为平稳过程。依次经过 LLC 检验、HT 检验、Breitung 检验和 IPS 检验后发现,CNY、EUR、JPY、USD 和 GBP 五种国际货币的相关系数的 LLC 检验、Breitung 检验和 IPS 检验统计量显著为负,而 HT 检验值显著且极小,均能强烈拒绝面板数据包含单位根的原假设,因此可确定面板数据是平稳过程。

表 5-25 面板单位根检验

检验方法	LLC 检验	HT 检验	Breitung 检验	IPS 检验
CNY	−5.61***	0.09***	−8.44***	−9.34***
	(0.000 0)	(0.000 0)	(0.000 0)	(0.000 0)
EUR	−8.95***	0.18***	−8.37***	−8.5***
	(0.000 0)	(0.000 0)	(0.000 0)	(0.000 0)
JPY	−3.95***	0.06***	−11.77***	−9.49***
	(0.000 0)	(0.000 0)	(0.000 0)	(0.000 0)
USD	−6.03***	0.19***	−6.39***	−8.39***
	(0.000 0)	(0.000 0)	(0.000 0)	(0.000 0)
GBP	−12.82***	0.04***	−11.99***	−9.91***
	(0.000 0)	(0.000 0)	(0.000 0)	(0.000 0)

注:括号内表示 P 统计量值

进行面板回归分析之前,对样本模型进行豪斯曼检验以确定模型的适用性,发现除模型四外,其他序列均无法拒绝原假设,因此对模型四使用固定效应模型检验,其他序列使用随机效应模型检验。

表 5-26 多边开发性金融机构投资与货币锚关系的检验结果汇报

变量	模型一	模型二	模型三	模型四	模型五	模型六
	ADB-Fin	WB-Fin	Total-Fin	ADB-Num	WB-Num	Total-Num
CNY	−0.066 9*	0.003 88	−0.026 0	−0.005 75	0.026 4	0.010 1
	(−1.87)	(0.10)	(−0.82)	(−0.19)	(0.74)	(0.35)

（续表）

变量	模型一	模型二	模型三	模型四	模型五	模型六
	ADB-Fin	WB-Fin	Total-Fin	ADB-Num	WB-Num	Total-Num
L. CNY	−0.030 6	−0.062 3	−0.053 5	0.017 3	−0.080 8 **	−0.026 6
	(−0.81)	(−1.54)	(−1.59)	(0.53)	(−2.13)	(−0.87)
EUR	0.063 9	0.044 4	0.055 1	0.118	0.212 **	0.170 **
	(0.64)	(0.41)	(0.62)	(1.37)	(2.13)	(2.11)
L. EUR	0.079 3	0.112	0.104	0.148 *	0.064 6	0.121
	(0.79)	(1.04)	(1.18)	(1.73)	(0.65)	(1.49)
JPY	0.070 8 **	0.022 0	0.044 7 *	0.071 2 ***	0.080 7 ***	0.080 4 ***
	(2.32)	(0.68)	(1.65)	(2.73)	(2.65)	(3.27)
L. JPY	0.055 5 *	0.074 8 **	0.072 6 **	0.122 ***	0.098 0 ***	0.119 ***
	(1.72)	(2.17)	(2.53)	(4.42)	(3.04)	(4.56)
USD	0.087 7	0.049 9	0.067 9	0.073 3	0.210 **	0.144 *
	(0.83)	(0.44)	(0.72)	(0.81)	(1.98)	(1.68)
L. USD	0.072 8	0.189 *	0.151	0.088 2	0.195 *	0.148 *
	(0.69)	(1.67)	(1.61)	(0.97)	(1.84)	(1.73)
GBP	0.078 0 **	0.072 0 **	0.079 5 ***	0.032 4	0.088 2 ***	0.061 6 **
	(2.33)	(2.01)	(2.67)	(1.13)	(2.64)	(2.28)
L. GBP	0.038 2	0.113 ***	0.089 0 ***	0.041 9	0.096 5 ***	0.071 4 ***
	(1.13)	(3.10)	(2.95)	(1.44)	(2.85)	(2.60)
常数项	0.026 8	0.022 6	0.026 0	0.039 7 *	0.032 8	0.039 1
	(0.18)	(0.14)	(0.16)	(1.81)	(0.21)	(0.25)
Hausman	13. 19	7. 74	9. 52	19. 57 *	10. 11	14. 88
	(0.281 1)	(0.736 6)	(0.573 6)	(0.051 7)	(0.520 2)	(0.188 1)
观测值	496	496	496	496	496	496

注：***、**、*分别表示在1％、5％和10％水平下显著,系数下括号内数值是 t 统计量值,下同

　　实证检验的样本区间是中华民族伟大复兴的关键阶段,无论是何种经济衡量指标在样本区间开始和结束两个时间点的对比,都可以发现我国发生了翻天覆地的变化。但总体而言,在样本区间内人民币还不能称为国际货币,人民币和样本国家货币的联动关系对于亚洲开发银行和世界银行而言无足轻重。相比较而言,作为亚洲开发银行的发起国,日本的货币日元与样本国家货币的相关系数在模型中极为显著,无论是当期还是滞后一期的日元相关系数均显著影响了亚洲开发银行在样本国家的投资和项目数量,当局货币与日元的相关系数越高,越易得到亚洲开发银行的基础设施

项目投资,日元的影响效果在短期和长期都是显著的。

相对而言,世界银行的机构发起国货币和样本国家货币的相关系数对项目投资金额和数量的影响不如日元这么明显。美元是世界银行主导国家美国的货币,也是最通用的国际货币,检验结果显示美元相关系数越高的样本国家获得的世界银行项目数量越多,但投资金额未必越多。在世界银行中,美元相关系数的影响效果要远高于日元及其他国际货币,这彰显了美国对世界银行投资基础设施项目审批、采购等流程的绝对控制权。

除美元和日元外,英镑对世界银行和亚洲开发银行的项目投资金额与数量也有较强的影响力,虽然这种影响力稍逊于美元和日元。有较多的样本国家在近代曾是英国的殖民地,其经济、政治、文化等各方面的制度均深受英国影响,即便在独立后这部分国家和地区也有不少加入了英联邦成员国,虽然和英国之间没有直接的管辖关系,但经贸之间的联系仍旧密切,对英镑这一曾经的世界第一货币依旧较为认可。加之英国还有世界排名前三的伦敦金融中心,多边开发性金融机构对样本国家的投资、样本国家寻找基础设施融资渠道,特别是发行债券募集资金等都可能经过伦敦金融中心,这在某种程度上能够解释英镑相关系数对亚洲开发银行和世界银行的影响。同样地,欧元区也具有若干国际影响力很强的金融中心,是多边开发性金融机构重要的资金募集地区,因此欧元相关系数也在一定程度上影响着亚洲开发银行和世界银行的投资决策。

采用两步法得到动态面板模型的差分 GMM 估计结果如表 5-27 所示。作为一致估计,模型扰动项应不存在自相关,对各模型扰动项序列相关性进行 Arellano-Bond 检验,发现 AR(1) 检验的 P 值均小于 0.05,AR(2) 检验的 P 值均大于 0.1,即模型扰动项存在一阶相关,但不存在二阶序列相关性。GMM 估计的一致性还取决于工具变量的有效性,Sargan 过度识别的检验结果也显示,不能拒绝工具变量有效性的零假设。故此,模型的设定是合理的,并且工具变量也是有效的。

表 5-27 多边开发性金融机构投资与经济基本面关系的动态面板检验结果汇报

变量	模型七	模型八	模型九
	Total-Fin	*Wb-Fin*	*Adb-Fin*
L. Total-Fin	0.216***		
	(7.63)		

（续表）

变量	模型七 *Total-Fin*	模型八 *Wb-Fin*	模型九 *Adb-Fin*
L2. Total-Fin	0.024***		
	(2.72)		
L. Wb-Fin		0.142***	
		(9.16)	
L2. Wb-Fin		0.011**	
		(2.03)	
L. Adb-Fin			0.187***
			(10.16)
L2. Adb-Fin			0.166***
			(11.28)
Reserve	1.048***	1.117***	−0.018
	(9.36)	(16.64)	(−0.07)
L. Reserve	−0.152	0.035	0.173
	(−0.94)	(0.73)	(1.53)
Trade	−0.302***	−0.836***	−0.127
	(−3.31)	(−4.35)	(−0.63)
FDI	−0.494***	−0.487***	−0.385***
	(−10.35)	(−8.71)	(−6.40)
Peo	6.170***	3.842***	2.856***
	(6.45)	(4.85)	(5.71)
Infra	−1.163*	0.588***	−0.686
	(−1.67)	(2.83)	(−1.14)
Fin1	0.071***	0.058**	0.032
	(2.99)	(2.39)	(1.47)
Fin2	−0.196***	−0.173***	−0.056
	(−4.50)	(−2.63)	(−0.46)
Fin3	0.306***	0.231**	−0.146
	(4.24)	(2.33)	(−0.54)

（续表）

变量	模型七	模型八	模型九
	Total-Fin	Wb-Fin	Adb-Fin
CPI	0.029	−0.071***	0.093*
	(0.73)	(−2.78)	(1.77)
Freedom	−0.059*	−0.113***	−0.008
	(−1.81)	(−2.75)	(−0.31)
GDP	−0.412***	−0.263	0.158
	(−2.65)	(−1.01)	(0.81)
常数项	0.452***	0.496***	0.191***
	(4.13)	(3.65)	(3.18)
AR(1)检验 P 值	0.004 6	0.015 7	0.003 6
AR(2)检验 P 值	0.260 3	0.504 4	0.438 4
Sargan 检验 P 值	1.000 0	1.000 0	1.000 0
样本数	434	434	434

　　模型七至模型九的报告均显示,样本国家获得过亚洲开发银行和世界银行在基础设施项目上的投资经历有助于其在未来继续获得多边开发性金融机构的援助。外汇储备越充足的国家越易获得国际组织的投资,但外汇储备的多寡对多边开发性金融机构投资金额的多少不具有长期效应。贸易出口额和外商直接投资流入显著为负,说明贸易出口量大的国家和得到国际资本青睐的国家反而并不易吸引世界银行和亚洲开发银行的投资,这一反常识的现象可能是出于这两大开发性金融机构公益属性较强,更倾向于投资国内缺乏资金开展基础设施建设的不发达国家,因此贸易出口多和外资流入多的有能力自主建设基础设施的国家并不能吸引太多开发性机构资金的支持。同样地,国内生产总值和多边开发性金融机构投资基本表现出负向关系,说明国家实力越强大,越难吸引投资,这与贸易出口额和外商直接投资流入两个变量的检验结果一致。物价指数变化对多边开发性金融机构投资的影响较为轻微,而且影响方向不太明朗,相比较而言,世界银行会更在意项目所在国的物价指数变化。

　　基础设施本质上是由一国国民使用的,人口越多对基础设施公共品的需求越大,多边开发性金融机构投资人口基数大的国家可以使得有限的资金覆盖更多的人群。这一关系在实证报告中得到证明,各组模型中人口变量对投资金额系数极大且非常显著,说明亚洲开发银行和世界银行均更偏向于投资人口基数更大的国家。总的来看,基础设施指数对多边开发性金融机构投资的影响为负,说明基础设施建设越薄弱,越能吸引投资。对于世界银行而言,基础设施建设有一定基础的国家更易获得资金,但对于亚洲开发银行而言,这种关系是完全颠倒的。至于经济自由度变量,根据常识判断,制度越好、越开放的国家应该越能吸引国际投资,但得出的实证结果恰恰相反,经济自由度指数的系数在模型中显著为负,这可能是由于接受多边开发性金融机构投资的样本国家大多经济发展水平较低,制度质量和对外开放水平不高,因此这一结果只能说明接受世界银行和亚洲开发银行投资的国家具有经济自由度指数较低的特征,而不能说明存在经济自由度越低的国家越能吸引多边开发性金融机构项目投资的因果关系。

金融市场的完善能够促进多边开发性金融机构投资。商业银行资产在金融市场总资产的比例一般大于其他金融机构之和,在发展中国家这种特征一般更为明显。商业银行总资产中流动资产的比例越大,则一国金融市场越稳定,越能应对金融风险,当然,过高的流动资产比例也会削弱银行的盈利能力。在实证检验中发现,银行总资产中较高的流动资产比例能够显著推动多边开发性金融机构做出投资决策,向东道国拨付基础设施建设资金。同理,完善的金融市场是实体经济的发动机,能够为经济建设提供更充足的资金支持,具体的量化指标可以用金融部门提供的国内信贷来反映,为便于国际比较,取国内信贷金额和 GDP 的比值进行检验。结果发现,国内信贷比重越高,越有助于吸引世界银行,但对亚洲开发银行的影响不显著,说明世界银行更加注重项目所在国国内金融市场是否更加完善。中央政府债务过高显著削弱了本国基础设施领域对多边开发性金融机构的吸引力,这在不同的多边开发性金融机构中的实证结果具有一致性。

第三节　新兴开发性金融机构优化"一带一路"贸易结构

丝绸之路首先是一条贸易之路,因此贸易畅通是"一带一路"倡议实施的支柱。没有实实在在的实体贸易作为支撑,"一带一路"这艘巨轮的航行便没有意义。由于"一带一路"沿线各国具有不同竞争优势、要素禀赋、经济体制和经济结构,因此着力发展各自的比较优势,形成合理的国际分工,强化优势部门的专业化程度是沿线国家优化贸易结构,在国际竞争中持续获利的关键,也有利于全球价值链的重构,令发展中国家摆脱在链条上的不利位置。

新兴开发性金融机构对于促进"一带一路"沿线国家优化贸易结构可以扮演重要角色,这种促进机制应从三方面分析:一是为沿线国家设施联通建设提供金融支持,帮助发展中国家补齐水、电、道路交通等基础设施短板,为发展中国家建立工业园区发展生产和开发比较优势提供基础条件,促进沿线国家增加出口产品的贸易附加值;二是为沿线国家提供合作平台,提升设施联通项目的运作效率,发展自由贸易区,深化沿线国家间优势生产要素的协同程度,促进成员间的投资贸易便利化合作;三是新兴开发性金融机构还可利用机构自身多边性地位在国际贸易上为发展中国家争取话语权,改善国际治理体系不公平的现状,帮助发展中国家优化进口贸易结构,从发达国家进口先进生产技术和生产设备,提升沿线国家的生产效率。

一、寻找新兴增长点,海外投资多元化

贸易结构优化的前提是新经济增长点的挖掘,社会生产的基础条件完善是沿线国家寻找新兴增长点的保障。新兴开发性金融机构促进沿线国家互联互通的内容包括陆地和海上运输通道建设,具体发展的运输方式包括公路、铁路、航空、水运以及管道。中国是"一带一路"倡议的发起国,以中国为中心的"一带一路"六大经济走廊存在大量需要建设的基础设施项目,新兴开发性金融机构应当遵循轻重缓急的原则,优选投资项目,在注重机构整体现金流管理的基础上逐步推进设施联通建设。

沿线国家由于所处发展阶段不同,在贸易结构优化的目标选择上也必然存在差异。发展阶段较低的国家对外出口的产品中原材料和初级产品的比例较高,进口的产品中消费品的比例较高;发展阶段较高的新兴经济体则可能面临着出口产品技术附加值不高,贸易利润提升缓慢的困扰。因此不同发展阶段的沿线国家应加强价值链上的合作,具体而言低收入国家应利用低廉的劳动力价格优势发展制造业,提升产品附加值,创造就业岗位,收入相对较高的国家则应该着重提高出口产品技术含量,提高利润率。故此,在"一带一路"背景下扩大国际投资和贸易,应把握以下重点。

1. 鼓励新兴经济体企业到低收入国家发展加工贸易

中国的机电、轻纺、冶金等行业企业在"一带一路"倡议发起时已具备了到海外发展加工贸易的能力。然而,受制于低收入国家基础设施不完善,普遍缺少水、电以及道路交通等工业生产所必需的基础条件,工业园区

和生产厂房的建设将加重企业负担,令东道国投资吸引力下降。新兴开发性金融机构可注意对这类企业的跟踪,和东道国政府合作,提供产业园区等基础设施服务。新兴开发性金融机构在基础设施建设上具有规模经济优势,机器设备、建造技术、项目管理团队和融资渠道均有现成基础,帮助东道国建设基础设施的成本较普通生产企业要低。而且,新兴开发性金融机构的多边性质有助于其抵御东道国政治风险,降低东道国因政权更迭等非经济因素破坏基础设施项目的概率。即使损失发生,新兴开发性金融机构也比一般企业更有能力处理和回收资产。新兴经济体通过发展海外加工贸易,可创造出口需求,通过资本输出促进劳务和商品输出,优化贸易结构。

2. 鼓励新兴经济体企业和东道国企业开展合作

相比于国内投资,企业海外投资面临更多的不确定性因素。尽管单独投资决策上会更方便,但一般来说抗风险能力较弱,因此海外项目的落地应尽可能寻找东道国或若干个不同国家的合作伙伴,采取多元化的股权投资,增强投资项目的安全性。新兴开发性金融机构在这方面可发挥平台作用,例如丝路基金在海外投资中并不寻求项目管理的绝对控制权,完全可以利用自身丰富的投资经验为企业穿针引线,撮合不同国家企业的合作,项目安全性的提升也有利于丝路基金降低风险,优化资产组合结构。

对于从新兴经济体走出去的企业,应充分重视以下三点:一是投资前需充分考察潜在投资项目,掌握投资项目的相关信息,包括缜密科学分析项目的投资收益和潜在风险,并充分了解投资目的地的法律和文化,慎重进行投资决策;二是借助新兴开发性金融机构和东道国当地咨询公司,乃至母国驻外机构的帮助,听取他们的意见和建议,聘请熟悉当地投资业务和法律的权威咨询机构作为参谋,减少可能的决策失误和损失;三是发挥行业协会在投资中的协调功能,避免国内企业在海外投资中自相竞争。

3. 着重加强能源类设施联通建设和供给基地开发

中国国内需求量较大的能源资源主要是石油和天然气,且国内的自给率较低。中国较大比例的化石能源运输方式是海运,途径马六甲海峡,存在较大的风险隐患,沿着六大经济走廊在陆地铺建能源管道是中国外交政策的长期诉求。新兴开发性金融机构和沿线东道国与中国政府合作,能源类设施联通建设有助于消除这类基础设施在东道国境内建设的阻碍,加快完工进度,这也是中国政府所乐意见到的。管道等设施完工后,一方面将优化中国能源类产品的进口结构,缓解马六甲困局的威胁;另一方面对于沿线东道国政府而言,在管道建成后将获得管道使用费和能源过路费收入,这有助于增加沿线国家的财政收入,增加沿线国家政府偿还外债和发展经济的能力。随着中国经济发展,对能源资源的市场需求必将增加,这类基础设施的使用率也将维持在较高水平,因此对于新兴开发性金融机构而言风险较小。

围绕这些中国短缺的能源产品,新兴开发性金融机构还可投资稳定的供给基地,如丝路基金就参与了俄罗斯天然气项目的开发。一般而言,通过市场手段购买比较成熟的资源类企业股权比直接购买矿藏更为有利,因为不需要为开发矿藏而投资配套基础设施。新兴开发性金融机构的多边属性使其经济活动具备一定的中立性,有助于被收购企业及其东道国政府降低戒心。

二、促进贸易投资便利化,发展自由贸易区

自由贸易区除了具有自由港①的大部分特点外,还可以发展出口加工企业,吸引外资设厂。允许和鼓励外资在自由贸易区设立企业或机构有利于促进自由贸易区区内经济综合全面地发展,并带动周边区域建设。

自由贸易区的设置有助于促进经济良性循环发展(见图5-5),其具体作用有四个方面:一是自由贸易区凭借其商品集散中心的集聚效应,扩大国内商品出口和转口贸易,提高进出口流量,提升自由贸易区设置国家在国际贸易中的地位,并增加外汇收入;二是依靠便利化的制度和税收优惠措施吸引发达国家资本,引进国外先进技术与管理经验;三是企业在自由贸易区的聚集可以增加就业岗位,提高当地居民收入;四是自由贸易区的设置可繁荣港口,并刺激东道国交通运输业发展和带动自贸区周边经济建设。自由贸易区设置从静态和动态两个角度影响区域经济:一方面由于区域内成员相互之间缔结贸易协定并取消贸易数量限制措施和降低关税后可直接影响各成员贸易发展;另一方面设置自由贸易区后,区域内生产效率提高和资本积累增加能促进各成员经济增长加快。

自由贸易区设置的首要前提是港口基础设施的完善,并且具有向港口腹地延伸的交通网络和企业生产所必需的水、电等基础条件。"一带一路"

---

① 自由贸易区从自由港发展而来,通常设在港口的港区或邻近港口地区,最先是经济发达国家创造的,如美国有对外贸易区92个。早在50年代初,美国便提出可在自由贸易区发展以出口加工为主要目标的制造业。20世纪60年代后期,有发展中国家利用这一形式建成特殊工业区,发展成出口加工区。20世纪80年代开始,许多国家的自由贸易区向高技术、知识和资本密集型发展,形成"科技型自由贸易区"。

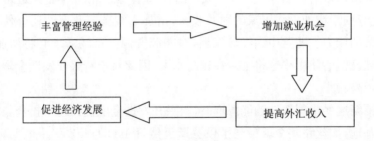

图 5-5　自贸区设立的作用

沿线的海上丝绸之路经济带国家虽然地理位置优越,但由于基础设施不完善限制了自由贸易区拉动国内经济腾飞的能力。巴基斯坦瓜达尔港、缅甸皎漂工业区、斯里兰卡科伦坡港等均是天然的深水良港,但由于基础设施建设滞后,长年无法吸引足够的货轮停泊。物流人流集聚的失效令依托港口设置的自由贸易区难以吸引足够的企业入驻,从而无法发挥自贸区应有的作用,良性的循环也未能建立。解局的关键就是港口基础设施的投入,这需要长期巨额资金的支持。新兴开发性金融机构非常适合参与这类发展中国家自由贸易区的建设,这些国家港口建成后的潜在收益是可观的,但收益的实现又需要长年累月的积累,民营企业或单一企业均无力承担巨额投入产生的不确定性风险和还本付息压力。在港口、交通网络和基本的办公生产条件达成后,自由贸易区方才有能力吸引外资入驻,从而带来先进技术和丰富管理经验,创造就业岗位,提高东道国外汇收入,促进经济增长,形成经济腾飞的发动机。

三、打造合作产业链,推动贸易国际化

"一带一路"区域辐射范围较广,沿线存在多个区域性合作组织,国家之间经贸关系错综复杂。综合考虑中国与"一带一路"沿线国家的经贸合作态势,以及沿线国之间的政治经济地缘关系,乃至国际商品过境情况等因素,未来"一带一路"倡议辐射的经贸合作范围应是依托六大经济走廊,这构成了"一带一路"国际贸易服务重点辐射的六条支线。亚洲基础设施投资银行、金砖国家开发银行和丝路基金作为"一带一路"政策导向下的新兴开发性金融机构,可以在农业、纺织、化工、能源、交通、通信、金融、科技等诸多领域基础设施建设为各个国家提供资金支持,为经济技术合作提供坚实保障。

根据各领域重点贸易货种的需求特点,可以归纳出"一带一路"沿线区

域的三大服务需求体系(见图 5-6)：首先是国际物流需求，"一带一路"沿线商品贸易产生了对国际化物流技术、网络和设施的需求，货物高效流动与交换的实现有赖于硬性交通基础设施的建设和质量提升，以及软性的国际物流制度对接安排，主要包括物流节点的通关、联运设施、仓储及服务体系的完善，软硬条件的改善令货物交易各方可以选择最佳的方式与路径，并以最低的费用和最小的风险，适时、保量、保质地将商品从供方国运到需方国；其次是产业加工需求，用作贸易的产品必然存在处理、加工和组装的需求，贸易沿线若能按照贸易国的产品诉求或者贸易产品本身的特殊性，集聚零件、材料或原料，使用本地的生产技术和能力，加工处理货物后再运至需求国，便能提高产品的附加值，并延长其产业链；其三是商贸促进需求，贸易路途中商贾同样存在市场化和行政服务需求，全面、便捷、高效的服务体系将令贸易变得更有吸引力，完善的外围配套服务、集成化专业服务、"一站式"通关等等贸易投资便利化举措有助于促进贸易额的增长，"一带一路"沿线国家若能在贸易节点上提供如国际采购、贸易金融、跨国结算、专业市场、商贸展销、贸易旅游、电子商务等贸易相关服务，便能进一步提高贸易发展所获得的收益。

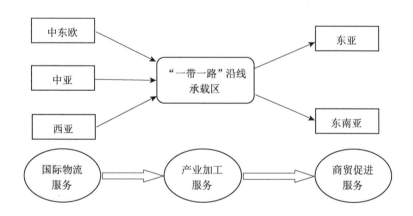

图 5-6 "一带一路"沿线三大服务需求体系

从图 5-6 中可以看出，建立"一带一路"国际贸易产业链最为关键的两个问题是硬性基础设施的完善和软性贸易制度的对接，均需要新兴开发性金融机构发挥多边组织的协调作用加以完善。新兴开发性金融机构可引导成员尝试建立国际经贸合作机制和创新便利化的贸易政策，探索签证管理、外汇结算、贸易通关、货物备案管理、企业登记备案等方面的制度突破与创新,打破跨国贸易的沟通障碍,在政策层面推动资金流、物流、人流便利化,以国际化战略协同与跨洲际经贸沟通为思考原点,引导利益协同,谋求共同发展。

第四节　新兴开发性金融机构加强"一带一路"政策沟通

"一带一路"倡议,自提出以来便得到国际社会和周边国家的积极响应和支持,沿线各国领导人纷纷表示希望参与"一带一路"建设,从而搭上中国发展的快车,中国也在努力以亚洲基础设施投资银行等新兴开发性金融机构为平台,对接各国的发展战略(见表5-28),实现共同崛起和繁荣。作为一个潜在的世界级大市场,一旦建成必将造福欧亚人民,从而实现欧亚大陆经济的持续繁荣。但与此同时,这样一个大市场的构建必然会打破现有的国际秩序,降低世界银行和国际货币基金组织在全球市场中的影响。"一带一路"这一战略构想实现的道路和相关新兴开发性金融机构构建的过程必然是曲折的,可能将受到现有利益团体的抵制。

表 5-28 "一带一路"沿线国家发展规划

国家(地区)	发展规划	基本内容
波兰	琥珀之路	"琥珀之路"是一条古代运输琥珀的贸易道路,从欧洲南部地中海通往欧洲北部北海和波罗的海,连接欧洲的多个重要城市。它对于波兰人的意义并不亚于"丝绸之路"之于中国人
东盟	东盟互联互通总体规划	在第17届东南亚国家联盟(东盟)首脑会议上得到通过,朝东盟共同体建设迈出了新步伐,有利于促进东盟地区全方位联通,并为东亚地区互联互通铺平道路
澳大利亚	澳大利亚北部大开发	北部开发计划包括打通影响发展的6大瓶颈:改善繁杂的用地法规制度,加大水资源开发利用,扩大商业、贸易和投资,增加基础设施、降低经营和生活成本,取消用人障碍,以及提高执政水平
埃及	新苏伊士运河计划	埃及政府计划未来沿苏伊士运河建设"苏伊士运河走廊经济带",包括修建公路、机场、港口等基础设施,预计经济带全部建成后每年将为埃及创造高达1 000亿美元收入,约占该国经济总量的三分之一
越南	南北经济走廊/两廊一圈	越南南北经济走廊即指谅山(越南北部)-河内-胡志明市-木排(越南南部西宁省)走廊,贯穿越南南北全境。目的是形成全国基础设施建设骨架,支撑大城市经济,拉动周边建设
蒙古	草原之路	"草原之路"计划由5个项目组成,总投资约500亿美元,项目包括:连接中俄的997公里高速公路、1 100公里电气化铁路、扩展跨蒙古国铁路以及天然气和石油管道等

（续表）

国家（地区）	发展规划	基本内容
哈萨克斯坦	光明大道计划	这一计划的核心是基础设施建设，重点是霍尔果斯口岸经济特区基础设施第一期工程和阿克套等地油气设施建设，该计划希冀以重点口岸拉动周边经济发展，并加强地区间铁路、公路和航空运输能力
印度尼西亚	全球海上支点战略	这一战略优先考虑建成五个支点，即发展海上交通基础设施、保护和经营海洋资源、进行海上外交、复兴海洋文化、提升海上防御能力
俄罗斯	欧亚经济联盟	目标是在2025年前实现联盟内部资本、服务、商品和劳动力自由流动，并推行协调一致的经济政策。根据时间安排，将于2016年建立统一一药品市场，2019年建立共同电力市场，2025年建立统一的石油和天然气市场。同时，2025年还将在哈萨克斯坦的阿拉木图市建立负责调解联盟金融市场的超国家机构
印度	季风计划	目的是深化环印度洋地区的互利合作，帮助印度谋求可持续的区域战略利益，保障更加牢固地区领导权，实现印度的全球战略抱负
韩国	欧亚计划	包括三个具体方案：一是丝绸之路快车；二是欧亚能源网；三是贸易协定互通
欧盟	容克计划	通过新设立总额210亿欧元的欧洲战略投资基金，撬动私营部门约3 150亿欧元的投资。该战略投资基金将由欧盟委员会和欧洲投资银行共同组建并注资，资金将主要投向交通、电信、能源以及教育创新等领域

一、从"一带一路"与马歇尔计划看中美关系

随着亚洲基础设施投资银行成立并成功运营，以及中国宣布设立丝绸之路基金，"一带一路"建设进入务实合作阶段，受到国际社会的高度赞赏和热情欢迎。但与此同时，西方对"一带一路"的误读和曲解之声也不绝于耳，西方媒体经常热炒"一带一路"是中国版"马歇尔计划"的说法。实际上，"一带一路"和"马歇尔计划"的本质和内涵有天壤之别（见图5-7）。

首先是出发点不同。马歇尔计划既是二战后美国援助西欧各国重建的经济计划，同时也是其遏制苏联和发动冷战的经济工具。中国的"一带一路"倡议顺应和平、发展、合作、共赢的时代潮流，在区域经济一体化加快推进和经济全球化深入发展的背景下，既满足自身发展合理需要，亦有利于激发沿线地区经济发展活力和合作潜力。

其次，秉持的理念不同。马歇尔计划以意识形态的一致性为先决条件，服务于美国的全球霸权目标。中国倡导的"一带一路"以发展为目标，弘扬的是"和平合作、开放包容、互学互鉴、互利共赢"的新丝路精神，对合作不附加任何政治条件。

　　最后,实现的方式和手段不同。马歇尔计划由美国一家主导,西欧国家总体处于被动接受地位,对计划几乎无发言权。而"一带一路"强调"共商、共建、共享"。有关各国自愿平等参与,完全根据本国利益自主作出决断。

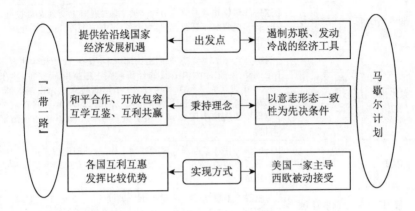

图 5-7　"一带一路"与马歇尔计划对比图

　　从以上事实不难看出,西方对"一带一路"的误解也或多或少地反映出了以美国为首的西方国家对中国这个新兴市场经济体崛起的恐惧,更为重要的是,"一带一路"的推进伴随着亚洲基础设施投资银行、金砖国家开发银行和丝路基金等由中国主导的新型开发性金融机构的出现,会导致全球金融体系话语权发生不可逆转的变更,这才是以美国为首的西方国家惧怕"一带一路"的真正理由。

　　从定位来看,亚洲基础设施投资银行是一个政府间性质的促进区域合作与伙伴关系的亚洲区域性多边开发机构,重点支持基础设施建设。除此之外,中国还于2014年参与了金砖国家开发银行的创建以及丝路基金的筹建。中国参与的这一系列新兴开发性金融机构的建立都旨在解决一个问题——满足发展中国家对基础设施投资需求的资金缺口。但中国的这些举措,也对第二次大战后一直由美国主导的世界银行和国际货币基金组织以及由日本主导的亚洲开发银行构成政治上的直接挑战,尤其是亚洲基础设施投资银行的建立,将在很大程度上削弱世界银行和亚洲开发银行的影响力。

　　贺军(2014)认为亚洲基础设施投资银行的成立触动了美国的神经,刺激起两国激烈的政治行动,并在亚洲国家中进行了范围和力度都不小的政治博弈。虽然美国此前对亚洲基础设施投资银行的批评集中在"模糊不清的性质"和缺乏"透明度",但根本原因则在于,中国此举被视为挑战美国主导的国际金融秩序,以及日本以亚洲开发银行为平台的亚洲金融格局。就此而言,亚洲基础设施投资银行所引发的博弈并不是结束,而是中国与美国一个新博弈周期的开始。斯科特·莫里斯(2015)认为,与气候变化协议相似,中美之间应该在取得双边成果的基础上,围绕亚洲基础设施投资银行和亚行寻求共识,实现发展和解,助力实现发展目标。另一方面,美国在亚行开展工作的同时,中国同样可以在亚洲基础设施投资银行采取建设性的举措,表明中国愿意让亚洲基础设施投资银行在现有的多边开发银行体系内运作,采纳世行及亚行已牢固树立的价值观、规范和基本原则。

二、从"一带一路"与欧亚经济联盟看中俄关系

中国和俄罗斯于2015年5月8日共同在莫斯科发表《中华人民共和国与俄罗斯联邦关于丝绸之路经济带建设和欧亚经济联盟建设对接合作的联合声明》。根据联合声明,俄方支持丝绸之路经济带建设,愿与中方密切合作,推动落实该倡议。中方支持俄方积极推进欧亚经济联盟框架内一体化进程,并将启动与欧亚经济联盟经贸合作方面的协议谈判。双方将通过双边和多边机制,特别是上海合作组织平台开展合作。同时,在优先领域采取分步措施推动地区合作,主要涉及投资贸易合作、产能与园区合作、硬件和软件联通、企业合作与金融合作。

俄罗斯地处欧亚大陆北部腹地,是丝路经济带沿线中蒙俄经济走廊和新亚欧大陆桥经济走廊上的重要国家。同为联合国五大常任理事国之一,中国与俄罗斯之间的政策沟通是合作与竞争并存的沟通(见图5-8)。21世纪以来,中俄逐渐加快跨境基础设施建设合作,多条欧亚运输新通道正在形成。在俄罗斯远东地区和中国东北,中俄正积极推动管道、港口、桥梁等项目建设。在投资和贸易领域,俄罗斯早已经向中国投资者发出善意信号,主动尝试对接"一带一路"项目。在金融领域,中国发起并建立了亚洲基础设施投资银行、上合组织银行和丝路基金等新兴开发性金融机构,支持"一带一路"框架下的基础设施建设,为中俄双边重大投资项目提供融资支持。

在贸易方面,中俄已经签署本币互换协议(1 500亿元人民币/8 150亿卢布),人民币和卢布直接结算的领域和规模不断扩大。此举既有利于俄罗斯摆脱欧美的经济制裁,又将加快人民币的国际化进程。2015年,中国经济发展步入新常态,以供给侧结构性改革助推产业转型升级,作为曾推动中国经济高速发展的外贸也面临结构调整。俄罗斯为应对美国制裁造成的国内经济危机同样需要调整国内经济结构,发展远东地区经济,加强与亚洲国家的经贸合作是俄罗斯遭遇制裁后的优先发展方向之一。

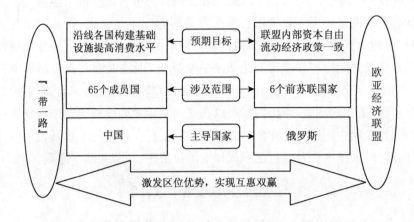

图 5-8   "一带一路"与欧亚经济联盟对比图

同时,中俄关系在"一带一路"建设上也存在着显著的风险。中国借美欧制裁俄罗斯之际推进与俄的深度经济合作是完全可行的。中俄虽为战略伙伴关系,但因为过去这种关系缺乏实质的经贸支撑,中俄双边贸易在各自的对外经贸中所占比例很低,没有广泛和深度的贸易往来,单靠双方领导人的政治热情,这种战略关系很脆弱,不能持久。其次,俄罗斯多年来一直主导建立的由俄罗斯、白俄罗斯和哈萨克斯坦等国家组成的欧亚经济联盟与中国主导建立的"一带一路"在很多方面存在冲突和矛盾,两大经济组织能否很好地做到合作共赢,化解矛盾,将在很大程度上决定"一带一路"倡议能否有效地实施和执行。

中俄是一衣带水的友好邻邦。两国高层互访频繁,经贸合作逐步升级、举办系列主题年等大型人文项目,这极大地促进了民间交流,提升了民众互信。丝绸之路经济带是一个开放的平台。它不仅包含并升级中俄既有合作项目,而且为上海合作组织、金砖国家合作机制及欧亚经济联盟等区域合作机制注入新的内涵与活力。因此,需要中俄双方以开放包容的态度面对"一带一路"建设,在政治互信的基础上促进双方经济蓬勃发展。

三、从"一带一路"与"季风计划"看中印关系

与中国相似,印度也是世界公认的崛起中权力强国。若无中印两国的同时崛起,就无所谓国际经济秩序多极化局面的出现。在中国大力推动"一带一路"倡议之际,作为古代"海上丝路"重要驿站的印度,也提出"季风计划",悄然酝酿着深化环印度洋地区互利合作的新平台。"季风计划"作

为印度莫迪政府的一种外交战略新构想,与中国政府提出的"一带一路"倡议有着异曲同工之妙(见图5-9)。

　　无论从何种角度来看,"海上丝路"与"季风计划"之间都存在着微妙的博弈,两大构想存在着竞争的同时,也存在着巨大的合作及共建共享的空间。根据已披露的信息,"季风计划"的主要内容是以环印度洋区域印度文化圈悠久的贸易往来史为依托,以印度为核心推进环印度洋地区国家合作开发海洋资源,促进经贸往来的构想。

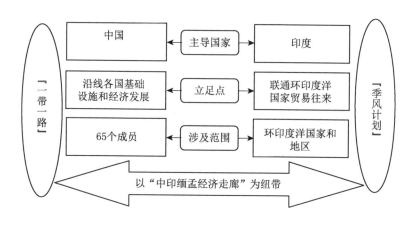

图5-9　"一带一路"与"季风计划"对比图

　　尽管莫迪政府并未提出"季风计划"的战略设想和具体内容,但其定名蕴含着印度政府在从南亚次大陆到整个环印度洋的广大区域内打造以印度为主导的地区合作新平台的远大抱负。印度若反制中国"一带一路"倡议,将意味着中国以新兴开发性金融机构为依托打通通往印度洋的中巴经济走廊和孟中印缅经济走廊的前进道路上面临巨大的地缘政治艰险。

　　然而,现今世界建立在政治互信上的多方合作才是各方经济稳健发展的根本保证。从现实观察,中国的对外贸易离不开印度洋。中国对外39条主要航线中有21条途经印度洋,90%的外贸经海上运输,其中近七成途经印度洋。作为大国,中印在环印度洋地区展开合作是大势所趋,也是两国崛起战略和中国政府倡导"海上丝路"建设的题中应有之义。

　　中印两国建交后在环印度洋地区也屡有意义深远的战略性合作。例如,20世纪50年代,两国协同推进印支问题的解决,共同主张以"和平共处五项原则"指导国际关系,携手共推万隆会议形成亚非合作"十点共识"。如今,中印又在非洲、中东、东南亚等地展开能源与基建合作,在非洲东海岸展开印度洋反海盗合作。2013年以来,两国领导人还正式达成共识推进"孟中印缅经济走廊"建设。因此,建立在合作基础上的良性竞争,才是中印双方和平共同发展的根本保证。

第五节 新兴开发性金融机构促进"一带一路"文化发展

文化交流与合作有助于提升"一带一路"沿线国家的认同感,增进彼此之间的相互理解。文化是一个国家核心竞争力的重要组成部分,在综合国力竞争中的地位和作用日益突出。新兴开发性金融机构要注意发挥文化潜移默化的影响作用,做好与"一带一路"沿线国家的文化交流与合作。我们应利用好新兴开发性金融机构的平台讲好中国故事,把"中国梦"同周边各国人民过上美好生活的愿望联系起来,促进中华文化"走出去",提升中国的国际话语权和影响力。"一带一路"建设不仅要成为一个让各方受惠的经济事件,更应成为一个引起沿线国家人民共鸣的文化事件。只有同时实现经济收益与文化共鸣,"一带一路"才能够升华为赢得国际社会尊重的国际公共品。

一、加强文化交流,促进民族共荣

民族文化①主要包括一个民族精神文化和物质文化等内容,国内许多学者研究了民族文化的起源。比如,马兴胜和陈之敏(2008)认为民族文化是一个民族在长期历史发展过程中所创造出来并赖以生存的一切文明成果的总和,孙立梅(2002)则认为民族文化是在长期生产、社会和审美实践中形成的,是一个可以指导更大规模实践的认知系统和价值系统。杨韶艳(2015)认为我国少数民族地区与沿线国家具有千百年来民族文化交融和认同的深厚基础是"一带一路"战略构想及实施所依托的一个重要条件。民族文化通过影响相关产业的产生和发展,进而影响到国际贸易的内容并最终对国际贸易的规模和格局产生深刻影响。不同地区的民族文化既存在"异质性",也存在"同质性"。民族文化"异质性"赋予产品的差异化促进国际贸易的产生并形成强大竞争力,民族文化"同质性"形成的民族文化禀赋优势有利于国际贸易"网络效应"的形成并强化国际贸易关系。在"一带

---

① 《社会科学大词典》中民族文化是指各民族在历史上所创造的具有民族特色的各种文化的总和。

一路"建设中民族文化能够推动我国经济欠发达少数民族地区发展国际贸易,有效补充经济方面的"劣势"。

我国同沿线国家合作的民意基础有赖于文化交流与合作夯实。蔡武(2014)认为文化的影响力跨越国界,超越时空。文化距离会负面影响贸易流量(吕延方和王冬,2017),因此借助亚投行等新兴开发性金融机构的平台打造开放共赢的合作模式并缩小文化差别能确保我国与"一带一路"沿线国家贸易的可持续性增长,最终增进"一带一路"实施效果。国之交在于民相亲,民相亲在于心相通。"一带一路"沿线互联互通既需要经贸合作的"硬"支撑,也离不开文化交流的"软"助力。历史文化宗教的国别异质性只有通过开展文化交流与合作,才能使沿线各国人民加深彼此感情、增强相互信任、产生共同语言。

21世纪以来,中国与"一带一路"沿线广大发展中国家的文化交流规模越来越大、内容越来越多、形式越来越新、影响越来越广,签署了大量政府间文化交流合作协定及执行计划,互办过文化年、艺术节、电影周和旅游推介活动等,还在许多国家多次举办了以"丝绸之路"为主题的文化交流与合作项目。目前我国已在"一带一路"沿线许多国家建立了孔子学院,输出我国的传统优秀文化,取得了良好的影响效果。谢孟军等(2017)就曾以孔子学院作为文化输出的代理变量,研究发现中国的文化输出显著推动了对外直接投资。因此,增强民间层面的文化认同有助于促进经贸合作的开展,新兴开发性金融机构应立足现有基础,探索新机制、打造新模式,建立平台促进沿线国家的文化艺术、地方合作、科学教育、体育旅游等友好交往,加深成员之间的友好感情,夯实合作的民意基础和社会基础。

二、培养专业人才,保障语言沟通

古丝绸之路不仅是一条贸易之路,亦是一条文化交流之路。"一带一路"倡议落实的地理空间极为广阔,涵盖人口几十亿,覆盖亚欧非三大洲,沿线国家和地区语言具有巨大的多样性和差异性。然而,作为全世界语言最多样化的地区,"一带一路"沿线使用语言和方言近千种,语言研究的难度很大。虽然英语等通用语言在沿线地区能用来进行一般沟通,但是要真正了解沿线国家和民族的文化与思维模式,增进民心相通,就要用当地人惯用的语言来沟通。

自"一带一路"倡议提出后,中国加强了对沿线国家和地区语言乃至方言的研究。中国周边语言文化协同创新中心现已启动或准备开展对40多个国家语言状况的调查研究工作。通过国内外交流合作,该中心在国内培养能研究和掌握关键语言的人才,在周边国家推广汉语和中国文化,创建中国周边语言文化数据库,打造国家语言战略智库。新兴开发性金融机构是一个多边性平台,成员囊括了"一带一路"沿线大多数国家,以新兴开发性金融机构为依托开展语言研究将更为方便。另外,语言研究早就不仅局限于静态语言本身,研究目的除了使用外,更重要的是透过语言了解其背后的文化,以增进对其他文明更深层次的了解。

随着"一带一路"建设在沿线国家的陆续展开,很多国家的地方政府积极配合,表现出了较高的积极性。然而,大部分国家的地方政府均把重点锁定在基础设施项目建设、跨国贸易和资金融通,以及相关政策沟通等显性工作上,忽视了加强民心相通的重要性,令其推进速度明显慢于其他"四通"。新兴开发性金融机构也应注意这一问题,在东道国开展项目支持时,也应在当地和地方政府及其他国家合作者举办接地气的文化交流活动,争取当地民众的配合。倘若在缺少深入了解沿线国家国情的背景下贸然推进其他项目,很可能会因没有当地人脉资源支持而遭遇麻烦。因此,新兴开发性金融机构需要把"民心相通"置于首要位置。整合成员各方现有资源,除了支持交通、能源、通信等经济类基础设施建设外,还应注意支持教育、医疗等社会类基础设施建设,依托大学等教学培养机构,迅速建立高效实用、机制完善、目标明确的"一带一路"战略性人才培养体系,不断培养适应"一带一路"建设要求的专业人才队伍。

三、减少民族矛盾,加强宗教交流

随着"一带一路"建议的全面展开,新兴开发性金融机构在支持项目开展的过程中也应逐渐把与之相关的宗教关系对策提到决策日程。"一带一路"沿线地区是世界上典型的多民族和多宗教聚集区域,佛教、伊斯兰教、犹太教、基督教等各大宗教也发源于此并传播到世界各个角落。"一带一路"建设必将促使各民族和各宗教文化相互碰撞与融合,因此将宗教和宗教文化纳入"一带一路"建设的重点内容同样是战略构想的题中之义,新兴开发性金融机构在建设"一带一路"的过程中千万不可忽略宗教和宗教文化的意义和作用。"一带一路"涉及的国家几乎都是有强烈宗教色彩的国家,新兴开发性金融机构在这些国家开展项目融资支持时不可避免地面临如何处理当地的宗教关系等问题。在此背景下,可供新兴开发性金融机构选择的宗教战略是以多元包容的传统中华优秀文化为核心,将"一带一路"沿线所有宗教纳入一个宽泛的"一带一路"宗教文化整体框架,提取出共同认可的优秀成分,整合提炼成具有人类普世精神信仰和价值伦理的文化体系。

第六章　新兴开发性金融机构支持
"一带一路"建设效益

　　基础设施建设不足是"一带一路"沿线发展中国家经济发展的短板和互联互通的阻碍。亚洲基础设施投资银行等新兴开发性金融机构聚焦于此,以自身资源为杠杆,调动亚洲乃至全世界的金融力量支持沿线基础设施建设,用开发性金融的模式为发展中国家解决公共品供给短缺的难题,降低域内国家的生产成本和交易成本,令其互通有无,最终实现区域经济一体化和沿线国家共享发展成果的局面。分析支持"一带一路"建设的效益,不应局限于单个新兴开发性金融机构所支持的项目收益,而应该用系统性思维通盘考察。新兴开发性金融机构支持"一带一路"建设的效益应首先显现在基础设施建设领域,基础条件的完善令经济潜力具备开发的可能;其次通过设施联通促进贸易畅通,表现在投资贸易便利化程度提高;最终凭借贸易额增加和基础设施完善引致的生产效率提升,实现沿线国家经济的超边际增长。

第一节　效益创造分析:设施联通促进贸易畅通

　　"一带一路"倡议促进区域互联互通的基本思路是在通路通航的基础上通商(陈虹和杨成玉,2015),以设施联通促进贸易畅通,在互通有无的基础上实现经济效益的提升。新兴开发性金融机构致力于此,为基础设施建设项目的巨额融资需求提供金融支持。张鹏飞(2018)认为基础设施建设影响国际贸易的渠道有二:其一是基础设施建设直接削减了往来商贾的贸易成本,减少运输时间,因此提高了交易效率,进而强化规模效应和国际分工,增加贸易总量;其二是交通、能源和通信等设施的通达扩大可贸易品和参加贸易国家的范围,令之前因为基础设施落后而无法参与全球贸易的产品可贸易。因此,新兴开发性金融机构支持基础设施建设所创造的效益一是提升投资贸易便利化程度,降低贸易成本;二是优化空间距离,提高偏远地区可达性。

一、贸易成本降低

尽管研究基础设施贸易效应的文献越来越多,但如何准确评估这一效应仍是个难题。首先,出口和进口两个角度受益于基础设施完善的程度是不对称的(Martinez-Zarzoso 和 Nowak-Lehmann,2003;Grigoriou,2007);其次,对于经济特征存在差异的贸易伙伴,基础设施的影响亦不尽相同(Longo 和 Sekkat,2004;Njinkeu 等,2008;Gil-Pareja 等,2015);再次,不同类型基础设施的交互作用及其函数形式缺乏先验的理论基础(Bouet 等,2008);最后,其他可能影响贸易绩效的变量还需要得到控制以减轻其对基础设施贸易效应准确度量的干扰(胡再勇等,2019)。

解释国际贸易发展较常用的模型是 Tinbergen(1962)提出的贸易引力方程,经过 Anderson 和 Wincoop(2003)的完善后具备了坚实的理论支撑。国内学者大量使用经典引力模型研究基础设施贸易效应,比如张鹏飞(2018)借此发现一国交通基础设施发展到一定水平后,通信基础设施的作用越加显著;胡再勇等(2019)进一步研究发现"一带一路"沿线国家能源和交通基础设施的进口效应、出口效应、双边贸易效应都为正,但不同类型基础设施的交互作用及其对国际贸易的影响方向是不确定的。杜军和鄢波(2016)以中国和东盟贸易的水产品为例分析港口基础设施对贸易的促进机理,发现港口基础设施建设对贸易影响的路径来自贸易创造而非贸易转移,加强基础设施联通建设很有必要。引力模型的基本形式为:

$$E_{ij} = (GDP_i GDP_j / GDP_w)(P_i P_j / T_{ij})^{\varphi-1} \qquad (6-1)$$

其中,E_{ij} 表示国家 i 对国家 j 的出口,GDP_i、GDP_j 和 GDP_w 分别表示国家 i、国家 j 和世界的 GDP,φ 表示差异化商品间不变的替代弹性,是大于 0 小于 1 的不变参数,T_{ij} 表示国家 i 和国家 j 间的运输成本,P_i 和 P_j 分别表示国家 i 和国家 j 的综合物价指数。因为 $0 < \varphi < 1$,所以其他因素保持不变,T_{ij} 越大,则会导致 E_{ij} 越小。国家间的运输成本由国家间空间距离、国家地理特征和基础设施条件决定。空间距离和地理特征是先天决定的,难以更改,但基础设施的完善却可以降低运输成本,从而增加国家间的双边贸易额。

国家 i 的消费者是否进口国家 j 的商品,取决于国家 j 商品能够带来的效用。我们假设所有商品都在不同国家生产,每个国家只生产一种商品且其供给固定,而消费者具有同位偏好和不变弹性效用方程,那么用 C_{ij} 表示国家 i 消费者进口国家 j 的商品,那么国家 i 消费者的效用应是:

$$U = \max \Big[\sum_{j=1}^{r} \beta_j^{(1-\varphi)/\varphi} c_{ij}^{(\varphi-1)/\varphi} \Big]^{\varphi/(\varphi-1)} \qquad (6-2)$$

此时的预算约束是:

$$y_i = \sum_{j=1}^{r} p_{ij} c_{ij} \qquad (6-3)$$

式中,β_j 是分配因子,y_i 是国家 i 名义的国民收入,p_{ij} 是国家 i 消费者进口国家 j 的商品价格,$p_{ij} = p_j T_{ij}$,p_j 是 j 国商品的出厂价格,故国家 i 消费者进口国家 j 的商品名义值 $x_{ij} = p_{ij} c_{ij}$,j 国的总收入是 $p_j c_{ij}$。

在预算约束条件下最大化国家 i 消费者的效用,由拉格朗日函数求得其一阶条件:

$$x_{ij} = \Big(\frac{\beta_j p_j T_{ij}}{p_i} \Big)^{(1-\varphi)} y_i \qquad (6-4)$$

同时得到国家 i 和国家 j 收入的表达式:

$$y_i = \sum_j x_{ij} = \sum_j \Big(\frac{\beta_i p_i T_{ij}}{p_j} \Big)^{(1-\varphi)} \qquad (6-5)$$

$$y_j = (\beta_i p_i)^{1-\varphi} \sum_j \Big(\frac{T_{ij}}{p_j} \Big)^{1-\varphi} \qquad (6-6)$$

再假设世界所有国家的名义收入是 y_w,国家 i 收入份额 $\theta_i = y_i / y_w$,由此得到引力模型:

$$x_{ij} = \frac{y_i y_j}{y_w} \Big(\frac{p_i p_j}{T_{ij}} \Big)^{\varphi-1} \qquad (6-7)$$

这和胡再勇等(2019)的推导得出相似的结论,即贸易成本和国际贸易流量呈负相关关系。基础设施条件的改善能够降低贸易成本,便捷的公路和铁路能够缩短贸易的运输时间,同时降低运输路途不可控因素导致的贸易损失概率。基础设施质量提升促进贸易互通在长期还有利于区域经济一体化发展,从而形成生产规模效应,进一步降低贸易成本,并促进对更高质量、更高数量以及更多形式基础设施的需求,形成设施联通促进贸易互通的良性循环。新兴开发性金融机构从这种循环的起点基础设施建设入手,除了推动成员内部基础设施建设水平的提升,更重要的是发挥自身作为国际金融机构多边性平台的作用,积极推动成员间互联互通基础设施的建设,为构建共享发展的命运共同体打下物质基础。

二、空间距离优化

亚欧大陆广袤无垠,复杂的地势和曲折的山川河流阻隔了国与国之间的贸易往来,国际间的交通旅程因之被大大延长了。新兴开发性金融机构支持基础设施建设可以在一定程度上降低客观地理环境造成的交通不便,并优化出发地和目的地之间空间距离,增强交通、能源、通信以及供水设施在偏远地区的可达性。在"一带一路"沿线最为经典的案例就是巴基斯坦瓜达尔港建设、泰国克拉运河的规划和中缅铁路项目的推进。

1. 瓜达尔港建设

瓜达尔港位于巴基斯坦西南部俾路支省印度洋沿岸,临近霍尔木兹海峡,是中巴经济走廊的终点,因其天然的深水港条件而闻名于世。中巴经济走廊北起新疆喀什,南至瓜达尔港。"一带一路"倡议提出后,中巴经济走廊成为"一带一路"建设的重点建设区域,中巴两国计划在走廊沿线建设铁路、公路、光缆和油气通道。瓜达尔港投入使用后,中国石油运输路程将缩短85%。

早在2013年5月和7月中巴高层互访期间,两国政府就初步制订了修建新疆喀什市到巴方西南港口瓜达尔港的公路、铁路、油气管道及光缆覆盖"四位一体"通道的远景规划。一旦中巴经济走廊沿线交通基础设施贯通完善,并和瓜达尔港衔接起来,便能够为我国深居内陆的西部诸省提供一个印度洋出海口,极大便利西部省份的对外贸易,与我国西部大开发战略遥相呼应,促进西部地区的经济发展,消除恐怖主义和分裂主义滋生的土壤。

"中巴经济走廊成功与否,取决于瓜达尔港的发展"[①],贾玛尔迪尼认为瓜达尔港所在的俾路支省是巴基斯坦经济最落后和人口最少的省份,但却有非常丰富的自然资源,而且战略地位重要,可以突破马六甲海峡和霍尔木兹海峡的封锁,通过瓜达尔港走公路或铁路到达中国新疆也比较经济。就巴基斯坦而言,瓜达尔港远离印度,相对安全,一旦卡拉奇被袭击,巴基斯坦还有瓜达尔港可用来支持经济,因此港口建设对巴中两国是双赢的。然而,瓜达尔港本身没有本地区工业支撑,缺少经济腹地,因此中方在

---

① 赵忆宁2015年3月12日于卡拉奇专访巴基斯坦瓜达尔港口管理局主席贾玛尔迪尼(Dostain Khan Jamaldini)。

承包瓜达尔港建设的同时还要附带完成瓜达尔港自贸区建设,完善周围的基础设施,特别是和其他地区连接的路网,以发挥瓜达尔深水港的作用。

瓜达尔港建设同样伴随着相当大的风险。因缺少经济腹地支撑和周边配套的基础设施服务,多年来在新加坡国际港务公司的承包下瓜达尔港业务萧条,完全没有发挥带动附近地区经济发展的作用。而且,瓜达尔港所在的俾路支省分离主义倾向较为严重,临近局势动乱的阿富汗,多有恐怖组织渗透。中国投资建设瓜达尔港一旦功成,可能冲击印度洋区域现有利益格局,马六甲海峡的部分航运生意将分流出去,美国扼守马六甲海峡的效果也将受到削弱。中巴经济走廊建设所产生的经济效益也可能令邻国印度眼红,因为强大的巴基斯坦和中国都不是印度所愿意看到的。因此,瓜达尔港建设的背后可能还会存在国际大国势力的干涉阻碍,这些不利因素均很可能令中国的前期投资付诸东流。新兴开发性金融机构若能介入支持瓜达尔港建设,建立多边合作的支持机制,可以降低国际势力的阻碍,并吸引机构众多成员企业入驻瓜达尔港自由贸易区,推动中巴经济走廊繁荣。纵观全球基础设施建设状况,安全稳定的欧美市场已经基本被西方公司所垄断,缺少基础设施的大部分是发展中国家[①]。畏惧风险就将永远走不出去,且万事万物没有绝对的安全,中国企业只有在抵御风险、抗击风险的过程中才能提高国际竞争力,并推动"一带一路"倡议的落实。

2. 克拉运河开掘

规划中的克拉运河位于泰国春蓬府和拉廊府境内一段狭长地带,是马来半岛北部最狭处,宽仅 56 公里,北连中南半岛,南接马来群岛。拟建中的"克拉运河"全长 102 公里,双向航道,宽 400 米,水深达 25 米,横贯泰国南部的克拉地峡。克拉运河建成后,远洋船只从印度洋进入太平洋不必穿过马六甲海峡,绕道马来西亚和新加坡,可直接从印度洋的安达曼海进入克拉运河,缩短至少约 1 200 公里航程,可省 2 至 5 天航运时间,以 10 万吨油轮来算,单次能省下 35 万美元运费,对于现代物流和市场具有重要意义。

另外,马六甲海峡的地理条件限制了船舶的运载量,马六甲海峡主航道最窄处宽不及 2 海里,海底水流平缓多浅滩暗礁,船舶容易搁浅,据刘会远等(2016)调查发现,马六甲海峡事故率分别是苏伊士运河和巴拿马运河的 3 倍与 5 倍,拥挤的海峡交通直接影响航运安全(王斌传,2016),因此仅

---

① 赵忆宁 2015 年 3 月 9 日于伊斯兰堡专访中国路桥巴基斯坦办事处总经理叶成银。

可通行 20 万吨级油轮,超大油轮只能绕更远的龙目海峡或少装油通行。中国有八成进口的原油经过马六甲或更远的龙目海峡,仅仅本国节省的运费就相当可观了,还不算其他驶向东亚的轮船在经过运河时带来的收益。

除了经济效益外,开掘克拉运河还有重要的地缘政治效益,杨丽娟(2018)从空间上划分了克拉运河辐射范围的三个圈层:泰国及周边国家、中日韩等东亚国家和欧美国家,其认为第一圈层国家因运河开凿给自身带来的利益不同而存在不同意见,第二圈层国家将因航道畅通和繁荣贸易而积极推动,第三圈层国家将持续关注,并希望能借此协调国际关系,扩大自身利益。因此,推动克拉运河开凿的国际力量可能更多来自经济较为发达的东亚国家,因为运河开通有助于东亚国家破解马六甲困局。马六甲海峡是欧亚海上运输要冲,中日韩等东亚国家与欧洲和非洲的能源、原料及贸易往来都必须通过此地,但新加坡有美国在东南亚最大的海空军基地,牢牢控制着马六甲海峡,因此克拉运河的开通不但可以缓解美国封锁马六甲海峡对中国的威胁,也可以为周边国家带来巨大商业利益。

然而,开挖克拉运河的动议可追溯至泰国国王拉玛五世时期(公元1853 年至 1910 年),至今一百多年过去了仍未开掘,其原因有三:一是泰国政府财政无法承担开凿运河的支出,开凿运河预计需要超过 250 亿美元的费用,但泰国 2018 年全年财政收入不足 700 亿美元;二是泰国国内存在阻碍运河开凿的民族和宗教问题,克拉地峡以南是泰国穆斯林集聚的惹拉府、北大年府和陶公府,开凿克拉运河可能会在佛教徒聚居区和穆斯林聚居区间人为制造地理屏障,激化泰国南部的分裂倾向;三是对自然环境的破坏和对当地居民生活的干扰,开凿克拉运河必然会破坏当地的山体结构等自然环境,同时也会涉及复杂的居民动迁问题,项目的环境评估和居民利益的保障均需要设计精巧的开凿方案解决。

由此可见,克拉运河项目启动并非单一国家所能推进的,需要多边性组织参与发挥协调作用。新兴开发性金融机构可为运河开凿提供融资支持,并撮合东亚国家与泰国协商,制定运河建设投入计划以及建成后合理的所有权与收益权分配方案。同时,新加坡、马来西亚和印度尼西亚等东南亚国家也是亚投行的重要成员,鼓励东盟国家参与建设,共享项目收益有利于分担项目风险,减轻项目建设的地缘政治阻力。在建设乃至运营过程中新兴开发性金融机构也要维持泰国政府的主体地位,支持其对运河所有权的控制,维护其主权完整。在运河建设的过程中需调动泰国国内大量的人力物力,间接地有助于泰国国内加强融合,建成后运河南北区域共享交通枢纽带来的经济红利,均能减缓泰国境内的分离主义倾向。

3. 中缅皎漂-昆明铁路项目

规划中的中缅铁路基本上和已建成的中缅天然气管道平行。自昆明起,由瑞丽出中国国境,经腊戌、曼德勒等缅甸内陆重要城市,最终抵达孟加拉湾沿岸的皎漂,全长超过 1 000 公里。根据规划,缅甸方面将在沿途修建一系列货场,中国企业将负责开发皎漂深水港和经济特区。项目建成后,中国可以获得一条全新的出海大通道,不仅能促进西南诸省与世界各国的经济往来,大大缩短到中东、西欧和非洲的运输距离,而且也能减轻中国对马六甲海峡的依赖,更好地保障海上贸易航路的畅通,具有重要的战略意义。同时,对缅甸而言,这条连接沿海和内陆地区的铁路将给当地经济发展带来显著推动作用。项目完工后缅甸第二大城市曼德勒将依托铁路和港口迎来新的发展机遇,当地制造业和物流业将得到极大发展,皎漂也需要这条铁路拓展辐射范围获得更大市场空间,真正发挥其深水良港的优势。

然而,互惠互利的中缅铁路项目的推进极为曲折,最大的问题即是前期民心相通的工作没做到位,遭到了民众反对和外国势力干预。除了曼德勒和皎漂两座直接受益于中缅铁路的城市外,铁路建设会导致沿线大量人口失去土地和生计,若缺少相应的补偿机制,利益受损的民众便掀起抗议浪潮。另外,铁路建设缺乏环保方面的评估,可能会对沿途众多文物古迹和宗教设施造成影响,这是缅甸作为一个注重环保的佛教国家所不能接受的。最后,中缅铁路还会经过一些和中央政府不睦的少数民族地区,发动抗议以捞取政治筹码是当地领导人的惯用手法,这都不利于项目的推进。

幸而随着孟中印缅经济走廊建设不断深入,共建"一带一路"逐步成为中缅两国人民共识,令中缅铁路项目出现转机。2018 年 10 月,木姐至曼德勒铁路正式签署项目可行性研究备忘录,曼德勒至皎漂铁路项目也已进入协商规划中。项目建成后,该铁路通过北端的木姐和中国瑞丽连接,同中国铁路网实现互联互通,并极大便利缅北人民出行,木姐至曼德勒的乘车时间将由目前的 12 小时缩短至 3 到 4 小时。新兴开发性金融机构若能参与项目建设,一方面将直接带来资金支持,另一方面新兴开发性金融机构在基础设施项目建设方面的经验有助于争取当地民众支持,并在环境和古迹保护上有所作为。未来中缅铁路通过南端曼德勒后可分为两条线,一条向南经首都内比都至仰光,带动仰光新城和仰光港发展;另一条至缅甸皎漂经济特区,为经济特区建设提供保障。铁路建设完成后,预计年货运量将达到 3 000 万吨,出口货物的运输时间比公路运输时间大为缩短。第二届"一带一路"国际合作高峰论坛上中缅双方围绕缅甸曼德勒市政交通基础设施提升改造等一系列项目达成共识,并列入成果清单,为中缅经济合作进一步发展注入积极活力。

第二节　自由贸易区建设及其国际经济效益

资金融通支持下完成的设施联通事业促进了贸易相通,这一过程必然是在多方国家高层政策充分沟通的背景下展开的,并潜移默化地增进了民心相通。互联互通建设的推进将导致区域一体化进程的加速,直观表现有二:一是多方合作在区域内的关键节点建设自由贸易区,以点带面逐渐消除贸易壁垒;二是区域内各个经济体之间的协同性增强,构建起泛区域的命运共同体。新兴开发性金融机构支持的设施联通建设将缓解沿线发展中国家公共品供给短缺难题,令沿线各国共建自由贸易区,逐渐消除投资与贸易壁垒,提升投资贸易便利化水平成为可能。基础设施完善可以推进国际贸易繁荣,但更关键的是贸易壁垒的移除,这需要沿线国家在逆全球化压力下充分沟通,拒绝贸易保护主义,基于自身的比较优势参与国际分工。本节参照陈虹和杨成玉(2013)的思路,分析新兴开发性金融机构支持下设置自贸区对"一带一路"沿线六大经济走廊的国际经济效益。

一、国际经济效益的分析框架

在新兴开发性金融机构的支持下,港口和道路网络以及供水供电设施的齐全令发展中国家建设自由贸易区成为可能,经贸交流频率的提高是区域一体化雏形出现的前提。区域经济一体化[①]是指地理位置相邻的国家群体按照自然地域经济内在联系、社会发展需要、商品流向以及民族文化传统而形成的区域经济联合体(陈剩勇和马斌,2004)。国内外大量文献证实了区域经济一体化通过投资和贸易引致的生产要素流动与扩散促进区域内成员经济增长的效益。譬如,Grossman 和 Helpman(2002)研究发现资本聚集效应、竞争效应、规模经济效应以及资源配置效应是经济一体化带动成员经济增长的途径。

可计算的一般均衡(CGE)模型是一个基于新古典微观理论的宏观经

---

① 陈剩勇和马斌(2004)还认为,区域经济一体化是建立在区域分工与协作基础上,通过生产要素的区域流动,推动区域经济整体协调发展的过程。

济模型[1]，目前已广泛应用于政府机构的政策分析中，运用领域集中在国际贸易、发展政策、环境和公共财政等方面。比如，Gallaway 等(1999)以及更早的 Devault(1996)使用 CGE 模型研究反倾销措施的福利效应、Whalley(1984)在推动 CGE 模型政策方面应用的基础上探讨了不同的多边贸易协定的效果、Barfield(2011)运用 CGE 模型分析 TPP 成员可能受到的影响，以及陈虹等(2013)结合 CGE 模型预测了 TTIP 对中国经济的影响，等等。

"一带一路"倡议提出的宗旨在于推动泛亚欧大陆区域经济要素有序自由流动、市场深度融合和资源高效配置，在"一带一路"和新兴开发性金融机构建设框架下加强高层政策沟通和沿线各国经济政策协调。自由贸易区建设是促进各国市场融合，消除贸易阻碍因素的重要举措，因此我们选择 CGE 模型分析不同程度投资贸易便利化情景下"一带一路"沿线国家经济发展与居民福利变动情况。基于国内生产总值和投资总额的宏观数据估计资本存量，资本存量根据如下公式换算：

$$K_t(r) = K_{t-1}(r) \times [1 - DEPR(r)] + GDI_t(r) \tag{6-8}$$

其中，$K_t(r)$ 和 $K_{t-1}(r)$ 分别是 r 国第 t 和 $t-1$ 期的资本存量，$DEPR(r)$ 是资本折旧率，$GDI_t(r)$ 是 r 国第 t 期的国内投资总额，取 $DEPR(r) = 4\%$。"一带一路"六大经济走廊是当前阶段"一带一路"合作的重点区域，因此我们选取六大经济走廊的沿线国家作为样本国家[2]，数据来源于 GTAP8 数据库，基期是 2007 年。

二、政策模拟情形方案

GTAP8 数据库中共包含 57 个部门，我们将其划分为 12 个行业组，参考王思璇(2009)以及陈虹和杨成玉(2015)的做法，在"一带一路"沿线国家贸易结构和贸易倾向现状的基础上将这 12 个行业组进一步分为非贸易倾向行业(组类一)和贸易倾向行业(组类二)。其中，非贸易倾向行业包括化学制品业、纺织业、造纸业、金属制品业和其他行业，贸易倾向行业分为电子设备、食品加工业、汽车及运输设备、采矿业、农林牧渔业和其他机械与设备行业。我们具体的模拟方案是：对于非贸易倾向行业，假设"一带一路"沿线国家将其进口关税分别下降 30%、60% 和 100% 三种情境；对于贸

---

① CGE 模型可用来全面评估政策的实施效果，不仅可以全面分析成员国各方面的经济效应，而且可以深入中观行业层面模拟分析各项政策变化对不同国家的经济影响。

② 具体国家名单见表"一带一路"六大经济走廊及其沿线国家。

易倾向行业,则假设进口关税分别下降 50% 和 100% 两种情境,且贸易倾向行业的关税下调幅度不低于非贸易倾向行业,由此具体的模拟方案组合见表 6-1,我们在此基础上对比研究不同假设情境下自贸区建设促进"一带一路"沿线国家经济建设的效果。

表 6-1 模拟方案①

	情境一	情境二	情境三	情境四
组类一	−30%	−30%	−60%	−100%
组类二	−50%	−100%	−100%	−100%

根据表 6-1 的 4 套政策模拟方案,贸易壁垒移除的幅度不同。我们假设自由贸易区建成后可能分别出现情境一至情境四这几种不同的情境。在不同情境下,自由贸易区对不同经济走廊的影响可能存在差异,我们分别从对贸易平衡、进出口、GDP 总体和福利变化四个角度的影响加以探讨。

1. 影响贸易平衡的程度

贸易平衡是对一国贸易顺差或逆差的一种测度。表 6-2 展示了"一带一路"沿线国家设置自贸区后对各自贸易平衡的影响。

表 6-2 贸易平衡的变动   (单位:百万美元)

经济走廊	情境一	情境二	情境三	情境四
新亚欧大陆桥经济走廊	66.55	−84.53	−62.31	157.50
中蒙俄经济走廊	−350.69	−375.50	−195.43	−475.38
中国-中亚-西亚经济走廊	−251.81	−369.22	−385.48	−400.72
中南半岛经济走廊	−880.15	−787.32	−264.48	−380.02
孟中印缅经济走廊	1 222.67	708.10	776.31	833.05
中巴经济走廊	−195.68	−864.86	−855.04	−800.29

---

① 负值表示该行业进口关税降低的幅度。区别对待"一带一路"沿线国家贸易倾向不同的行业一方面比较符合现实情况,另一方面也能保证模拟方案的完整性。相对而言,情形 1 是最保守的情形,情形 4 是理想的贸易自由化情形,情形 2 和 3 是二者之间的一个补充。在更新基期数据的基础上,选择中国和"一带一路"沿线辐射国家各行业进口关税作为冲击变量,定量研究"一带一路"战略带来的潜在影响。

通过解读表6-2我们发现,设置自贸区对孟中印缅经济走廊的贸易平衡影响最大,其次是中南半岛经济走廊和中巴经济走廊。其中,自贸区会进一步扩大孟中印缅经济走廊的贸易顺差规模,理想情况下达到833.05亿美元。尽管自贸区可以推动"一带一路"沿线国家的出口和进口贸易,但出口和进口的促进作用是不对称的,从而降低了二者间的差额。

2. 影响进出口贸易额的程度

"一带一路"沿线国家在新兴开发性金融机构的支持下设置自贸区的根本目的在于推动成员间相互贸易的发展,这种推动作用最直接表现在影响沿线国家进口和出口贸易总额上,表6-3即展示了这种影响的模拟结果。

表6-3 进出口的变动 　　　　　　　（单位：%）

经济走廊	情境一		情境二		情境三		情境四	
	出口	进口	出口	进口	出口	进口	出口	进口
新亚欧大陆桥经济走廊	0.03	−0.02	0.16	0.10	0.20	0.08	0.25	0.04
中蒙俄经济走廊	0.21	0.13	0.41	0.37	0.57	0.63	0.85	0.77
中国-中亚-西亚经济走廊	0.17	0.34	0.27	0.42	0.36	0.48	0.52	0.55
中南半岛经济走廊	0.32	0.45	0.35	0.74	0.53	0.93	1.72	0.97
孟中印缅经济走廊	1.07	0.52	1.23	0.87	1.75	0.65	2.49	1.02
中巴经济走廊	0.35	0.83	0.82	1.61	0.72	1.88	1.03	2.14

模拟结果显示,"一带一路"沿线自贸区建成以后,出口变动最大的是孟中印缅经济走廊,相对基准情形的变动范围是1.07%—2.49%;其次是中巴经济走廊和中南半岛经济走廊,变动幅度最小的是新亚欧大陆桥经济走廊。就总体效益而言,设置自贸区将促进"一带一路"国家和中国双边贸易的发展,表现出明显的"贸易创造"效应。

至于进口方面,变动最大的是中巴经济走廊,理想情况下推动进口贸易达2.14%,这可能是由于中巴经济走廊作为"一带一路"建设的旗舰项目,在新兴开发性金融机构的支持下将进口大量的物资,特别是瓜达尔深水港及其附属自贸区建成后必将吸引大量的外资入驻;其次是孟中印缅经济走廊和中南半岛经济走廊,设置自贸区均会不同程度地促进"一带一路"沿线国家进口贸易。

3. 影响沿线国家国内生产总值的程度

在分析自贸区设置对贸易平衡及进出口的影响后,我们开始评估其对国内生产总值的影响。表 6-4 显示了"一带一路"沿线自贸区建成后,由于不同行业组关税下调对六大经济走廊 GDP 相对于基准情境变动差异的模拟结果。

表 6-4　GDP 的变动　　　　　　　　　　　　（单位：%）

经济走廊	情境一	情境二	情境三	情境四
新亚欧大陆桥经济走廊	0.41	0.62	1.03	1.33
中蒙俄经济走廊	0.61	0.91	1.32	2.02
中国-中亚-西亚经济走廊	0.82	1.02	1.52	3.01
中南半岛经济走廊	1.04	1.35	1.84	2.03
孟中印缅经济走廊	0.94	1.05	1.34	2.02
中巴经济走廊	1.06	1.75	2.16	3.18

解读表 6-4 的结果后,我们认为"一带一路"沿线设置自贸区从整体上将积极影响沿线国家宏观经济。即使在最保守的情况下(情境一),将分别振兴新亚欧大陆桥经济走廊、中蒙俄经济走廊、中国-中亚-西亚经济走廊、中南半岛经济走廊、孟中印缅经济走廊和中巴经济走廊经济达 0.41、0.61、0.82、1.04、0.94 和 1.06 个百分点;而在最理想的情况下(情境四),这种促进作用将上升至 1.33、2.02、3.01、2.03、2.02 和 3.18 个百分点,这直接提供了有力证据支持"一带一路"沿线设置自贸区。

4. 福利变化

一国福利水平可以用居民收入的绝对值和希克斯等价变差来表示,其中希克斯等价变差考虑了该走廊地区总收入和当地人均总效用的综合影响,模拟结果见表 6-5。

表 6-5　福利变动　　　　　　　　　　　　（单位：%）

经济走廊	情境一		情境二		情境三		情境四	
	居民收入	EV	居民收入	EV	居民收入	EV	居民收入	EV
新亚欧大陆桥经济走廊	0.27	0.14	0.34	0.16	0.51	0.27	0.56	0.34
中蒙俄经济走廊	0.34	0.43	0.53	0.57	0.71	0.77	0.93	0.99

（续表）

经济走廊	情境一		情境二		情境三		情境四	
	居民收入	EV	居民收入	EV	居民收入	EV	居民收入	EV
中国-中亚-西亚经济走廊	0.24	0.44	0.52	0.69	0.60	0.71	0.83	0.86
中南半岛经济走廊	0.27	0.37	0.45	0.59	0.66	0.76	0.80	0.90
孟中印缅经济走廊	0.33	0.35	0.46	0.56	0.77	0.73	0.71	0.85
中巴经济走廊	0.52	0.58	0.65	0.74	0.84	0.87	0.82	0.91

　　表 6-5 显示，用居民收入绝对值和希克斯等价变差两种福利测度方法的模拟结果存在一定的差异性，但总体而言自贸区的设置均能促进沿线国家人民福祉的增加。另外，用居民收入衡量福利水平的变动数值一般大于希克斯等价变差。解读这一现象我们认为"一带一路"沿线设置自贸区对贸易双方国内的福利水平影响尚不能盲目乐观。因为一方面自贸区的设置提高了居民收入的绝对值；但另一方面又有可能降低囊括生产者剩余以及消费者剩余的福利水平。在短期内迅速设置自由贸易区，可能存在不少需要根据双边贸易发展的具体情况而不断修正的不利因素。

　　解读以上实证结果后我们认为，在新兴开发性金融机构支持下，"一带一路"沿线国家改善了基础设施条件并设置自由贸易区后，参与国家的贸易将趋于平衡而进出口贸易总额处于增长趋势的概率较大，而国内生产总值增长率也将得到提高，福利条件得到明显改善。综上所述，我们认为"一带一路"沿线国家因资本稀缺程度较高而可能产生对外资的过度依赖，因此可以充分地发挥新兴开发性金融机构对"一带一路"建设的资金支持的作用。新兴开发性金融机构致力于促进"一带一路"沿线基础设施互联互通的完善，海陆空全方位基础设施网络的齐全有助于沿线国家建成高质量的自贸区系统，进一步提高贸易投资便利化水平。

第三节　案例研究：巴基斯坦"卡洛特水电站"BOT 项目

　　卡洛特（Karot）水电站位于巴基斯坦北部，修建在旁遮普省和自由克什米尔地区（AJ&K）的界河吉拉姆河上，距离巴基斯坦首都伊斯兰堡约 55 公里，交通相对发达。卡洛特水电站是吉拉姆流域梯级（共 5 级）水电站开发方案中的第 4 级（见图 6-1），规划装机容量为 720 MW，由 4个 180 MW 的混流式水轮机机组构成，年均发电量 32.13 亿度，预计每年将为巴基斯坦带来 31.74 亿千瓦时的清洁能源。除主要用于发电外，该水电站项目还兼具改善下游航运条件、防洪、拦沙和发展库区通航等综合效益。

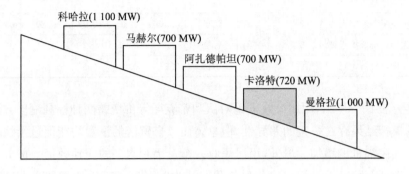

图 6-1　吉拉姆河水电站规划

2015 年 4 月 20 日，中国国家主席习近平在访问巴基斯坦期间，丝路基金、三峡集团与巴基斯坦私营电力和基础设施委员会在伊斯兰堡共同签署《关于联合开发巴基斯坦水电项目的谅解合作备忘录》。卡洛特水电站是首个被载入中国和巴基斯坦联合声明的水电投资项目，是中国对外投资在建的最大水电项目，也是丝路基金自 2014 年底注册成立以来的首个对外投资项目，其意义非凡。该项目被列为中巴经济走廊优先实施能源合作项目和"一带一路"重点项目。

一、卡洛特水电站的建设意义

1. 弥补巴基斯坦电力缺口

巴基斯坦是非常缺电的国家，中巴经济走廊的建设要有稳定的电力保障，必须配套开展能源项目建设。由于政府缺乏整体能源规划以及电力结构不合理等原因，本土水利等资源未得到充分利用，巴基斯坦面临持续的能源危机。巴基斯坦国内水资源丰富，但除 20 世纪六七十年代建设了几个大型水电站外，之后由于资金、技术等问题很长时间都未再建大型水电项目，加上巴基斯坦水电发展署（WAPDA）曾限制水电站装机容量须小于 50 MW，阻碍了水电的发展，直到 2013 年才重新开始鼓励水电项目建设。然而巴基斯坦新建项目多以火电项目为主，巴基斯坦电力来源严重依赖于火电，发电能源结构如图 6-2 所示。而巴基斯坦石油天然气储量有限，随着油气价格不断上升，使得发电成本增加。

虽然随着政府对电力建设的重
视加大,采取大力修建发电站等举
措,近几年巴基斯坦国内的电力缺乏
状况有所缓解,但电力供给不足的情
况仍非常严峻。伊斯兰堡和卡拉奇
等城市经常发生断电现象,各地区还
需要轮流停电,严重影响居民的生
产、生活。据统计,2017 年巴基斯坦
全国最大电力缺口达到了 5 000 兆

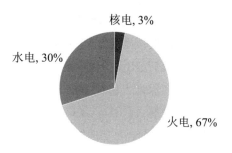

图 6-2　巴基斯坦电力能源结构

数据来源:巴基斯坦油气开发所

瓦左右,往年电力缺口也是居高不下,停电现象非常严重。近几年巴基斯
坦电力状况如图 6-3 所示。

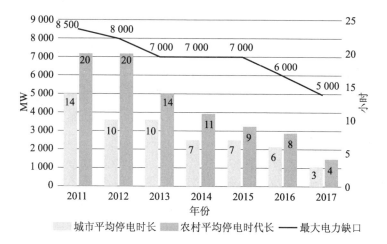

图 6-3　巴基斯坦电力缺口状况

数据来源:中华人民共和国驻巴基斯坦伊斯兰共和国大使馆经济商务参赞处

如按中等发展水平预测①,2020 年巴基斯坦全国最大用电负荷 4 539
万千瓦,全社会需电量达到 2 796.53 亿千瓦时;2025 年巴基斯坦全国最大
用电负荷 6 873 万千瓦,全社会需电量达到 4 181.94 亿千瓦时。即使对现
有的老电厂进行改造,也不能满足当前日益增长的电力需求。采用合资方
式建成的水电站所产生的电力,主要提供给巴基斯坦北方地区,如有多余
的电力还可向其他地区供电。巴基斯坦能源部承诺,该水电站发出的电量
将全部被收购,水电站建成后电力的销售有可靠的保证。

———————

① 数据来源:《巴基斯坦电力需求预测 2011—2035》。

2. 促进双边经济发展

中巴两国关系早已超越普通的友好邻国概念,无论国际风云如何变化,两国都互相支持配合。大规模且高质量地投资基础设施建设是两国经济发展和保证人民社会福利的必要选择。按照我国"一带一路"中巴经济走廊的构想,以 BOT 方式建设和管理水电站,将带动我国大型成套设备出口,促进我国电力企业"走出去",积极参加国际竞争,开拓、扩张我国机电产品的海外市场,带动相关产业的发展,也有助于吸收国外先进的技术及管理经验,在国际上树立中国电力企业的形象。

二、项目融资模式

卡洛特水电站采用 BOT 模式运作,特许期为 35 年,包括 5 年(60 个月)的建设工期和 30 年的运营期。2015 年 12 月,该项目主体工程全面开工建设,预计 2020 年开始投入运营。项目所有权必须在运营 30 年后无偿移交给巴基斯坦政府。项目建设期间,可以给当地带来 2 000 多个直接就业岗位,同时还将带动当地电力配套行业的发展,促进产业升级。

卡洛特水电站由三峡集团投资,长江委设计院设计,中国电建水电七局承建,将开发为具有混合重力坝的河流水电站。总投资 16.98 亿美元,项目股本金占总投资额的 20%,其余 80% 为银行贷款。卡洛特水电站项目贷款银团由丝路基金有限责任公司(以下简称"丝路基金")、中国进出口银行、国家开发银行和世界银行旗下的国际金融公司(IFC)组成,一起向负责项目建设的卡洛特电力有限责任公司提供贷款,属于典型的国际项目融资。卡洛特电力有限责任公司是中国三峡南亚投资有限公司的子公司,这是三峡集团在南亚地区设立的投资机构。项目融资结构如图 6-4 所示。

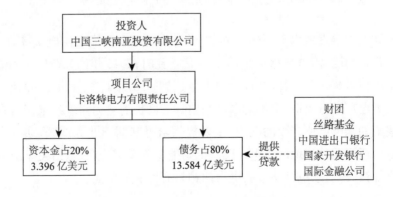

图 6-4　卡洛特项目融资结构

项目团队于 2013 年开始与多家银行进行接触、沟通,反复研究并确定融资结构。2013 年 8 月,卡洛特项目公司获得巴基斯坦私营电力与基础设施委员会(PPIB)颁发的项目支持函(LOS),并在 2015 年顺利完成了 EPC 合同招标、EPC 电价申请等重要工作。此后,分别与 PPIB、旁遮普省政府、巴控克什米尔地区(AJK)政府、中央电力采购公司(CPPA),就联邦政府执行协议、AJK 政府执行协议、AJK 用水协议、旁遮普用水协议、购电协议展开谈判。在历时三年半并最终签署近三十项相关文件之后,2017 年 2 月 22 日,PPIB 代表巴基斯坦政府向卡洛特电力有限责任公司颁发融资关闭确认函,标志着卡洛特项目成功实现融资关闭。因卡洛特水电站项目所处吉拉姆河为旁遮普省和 AJK 界河,两地诉求不一,移民征地问题复杂繁琐,项目公司在将近四年的时间里,克服了跨境、时差、语言等重重障碍,如期按要求完成了所需项目征地。项目推进时间轴如图 6-5 所示。

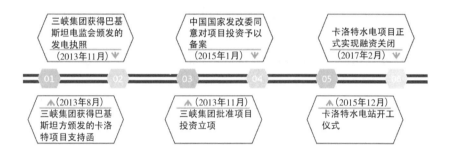

图 6-5　卡洛特水电项目推进时间轴

三、投资风险评价模型构建

由于卡洛特水电站目前尚未正式投入运行,缺乏构建投资风险评价模型的数据,故使用蒙特卡罗仿真模拟法建立对其的投资风险评价模型。蒙特卡罗仿真是随机模拟的一种计算方法,与一般的数值方法有着本质的区别,它利用随机数进行统计试验,以求得到问题解的统计特征,其本质是从概率分布中重复抽样以建立输出变量的分布。本节将结合水电站项目,以分析项目净现值评价指标,研究利用蒙特卡罗仿真在水电项目风险的应用。

1. 投资风险评价指标选取

对 BOT 水电站融资项目,投资方要根据一套可行性方案去判断各种风险对项目带来的影响程度,并对项目的风险定量评价。利用系统分析法,对项目进行净现金流量作为项目的风险定量分析标准,建立现金流量模型,可充分得出项目收益率和净现值,对任何影响项目分析因素作出敏感分析,并最终确定风险评价等级,衡量得出项目的盈利能力。在风险评价过程中,应以评价指标的选择作为核心部分,通过该评价指标来建立模型,再根据该模拟模型计算项目所面临的风险大小程度及风险因素对整个项目的影响力。现金流折现评价指标是以蒙特卡罗模型为基本前提的,其关键动态评价指标是净现值。

2. 基于蒙特卡罗法的 NPV 仿真模型

通过实例调查,分析水电 BOT 项目相关文献,基于净现值法构建水电BOT 项目的风险评估模型。BOT 水电站项目的现金流量模型准确地反映系统输出值和所有相关变量,这些变量的相应变化之间的关系影响到项目净现金流量。这些变量包含项目的投资成本、项目的建设进度、项目运营收入及其他市场因素、直接生产经营项目的费用、项目的非现金费用、包含摊销、折旧和其他费用,如企业税收、管理费、汇率、通货膨胀因素、融资成本、利率等以及一些无法预料的因素和成本。

项目的现金流模型必须遵循合理、保守、现实等原则,所有项目必须考虑风险因素对现金流的影响。项目投资决策方法众多,其中得到普遍应用的是净现值法(NPV)。其基本原理是将项目计算期内每期净现金流量按照某一给定的折现率折现到建设期初的现值,并以加总得到的项目现值之和作为判断项目的盈利能力。现金流模型确定后,首先是分析项目的净现值,假如 NPV 是负值,表明投资项目不能达到最低风险收益的要求,则项目不需要开展。假设 NPV 必须满足风险收益投资者的最低要求才能进行融资。可确定 NPV 的函数关系,确定影响因素的概率分布(正态分布或三角分布等),对各要素进行随机抽样确定因素的值,根据抽样结果将 NPV作为指标,建立风险决策模型,其流程图如图 6-6 所示。

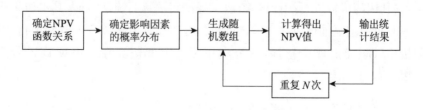

图 6-6　蒙特卡罗估算 NPV 流程图

具体步骤为:

1) 确定 NPV 的函数关系。净现值是投资所产生的未来现金流的折现值减去项目投资成本后所得的差值。通常来讲,净现值越大越好,净现值为正,则投资方案可接受;净现值为负,则投资方案不可接受。蒙特卡罗模拟最常见的变为模拟计算其净现值来确定项目的投资风险。净现值的表达式为:

$$NPV = \sum_{t=1}^{n} (CI - CO)_t (1+i)^{-t} \qquad (6-9)$$

其中:CI 为现金流入量;CO 为现金流出量;$(CI - CO)_t$ 为第 t 年的净现金流量;n 为计算期;

2) 对水电项目的影响因素进行分析,并选取主要影响因素,包括项目建设期投资、总成本费用、产品销售收入和利率等。而将非主要影响因素视为不变因素。考察并分析各主要因素的分布函数(如正态分布、三角分布、均匀分布等);

3) 对各要素进行随机抽样,确定因素的值;

4) 用一组随机参数组合代入计算公式,求出一个目标函数值。这样反复计算 N(一般 1 000—10 000)次;

5) 求出目标值的概率分布、期望值、方差等;

6) 计算与分析,经济风险波动率用如下公式所示:

$$E_r = \frac{\sigma_n}{E_{NPV}} \qquad (6-10)$$

式中,E_r 为经济风险;σ_n 为均方差;E_{NPV} 为 NPV 的期望值。根据经验判断,一般项目的波动率在 20%—40% 之间。如果 $E_r < 0.5$,为低风险;E_r 介于 0.5—0.8 为中风险;$E_r > 0.8$ 为高风险。

3. 卡洛特水电站项目基本数据

卡洛特水电站基本数据总结如表 6-6 所示。我们将在卡洛特水电站基本数据的基础上进行现金流量分析。由于卡洛特水电站目前已实现融资关闭,故仅进行融资后的动态投资分析,从项目权益投资者的整体角度,考察项目给投资者带来的收益水平,在拟定的融资方案的基础上进行现金流分析。

表 6-6　卡洛特水电站基本数据一览表

项目要素	具体信息
运营方式	BOT
项目公司	卡洛特电力有限责任公司

(续表)

项目要素	具体信息
装机容量	720 MW（4×180 MW）
净发电能力	712.8 MW
地理位置	巴基斯坦旁遮普省拉瓦尔品第市卡洛特区
特许期	35年（5年建设期＋30年运营期）
年均净发电量	3 174 GWh（＝31.74亿度）
项目总投资	1 698.26百万美元
资本结构	债务：资本金＝80%：20%
资本金	339.65百万美元
长期借款	1 358.61百万美元
贷款方	丝路基金、中国进出口银行、国家开发银行、世界银行旗下 IFC

数据来源：http://www.nepra.org.pk/

四、卡洛特水电站净现金流量分析

对卡洛特水电站的净现金流量分析包括现金流出分析和现金流入分析。卡洛特水电站项目的现金流出包括项目资本金投资、水电站运营费用、贷款本金及利息偿还，项目运营期间的现金流入指发电销售收入，以下逐一分析。

1. 项目资本金投资

卡洛特水电站项目总成本约为17亿美元，具体明细如表6-7所示。

表6-7　卡洛特水电站项目总投资一览　　（单位：百万美元）

成本组成	投入资金
总承包成本（EPC）	1 277.780
征地和移民安置费用	12.500
建设期保险费	31.944
工程监理费	38.393
项目开发成本	44.736
法律费用和手续费	7.500
运营搭建费用	3.000

（续表）

成本组成	投入资金
关税及其他税金	23.600
财务费用	34.547
建设期出口信用保险费	27.995
建设期利息费用（IDC）	196.266
项目总成本	1 698.260

数据来源：http://www.nepra.org.pk/

由于总投资资金的 80% 为银行贷款，从项目投资者的角度看，投资借款是现金流入，但同时借款用于项目投资又作为现金流出，两者相抵，不在现金流入和现金流出中出现，故现金流出项的投资额只表现为项目资本金，即 339.6 百万美元，于建设期 5 年内投入，投入计划如表 6-8 所示。

表 6-8 建设期项目资本金投入计划 （单位：百万美元）

第 n 年	1	2	3	4	5	建设期 5 年总投入
投入额	83.8	66.3	76.6	70.5	42.5	339.6

数据来源：http://www.nepra.org.pk/

2. 水电站运营费用

5 年建设期结束后，卡洛特水电站开始投入运营，每年需要一定的运营维护费用以支持水电站的正常运作。运营期 30 年内每年的运营费用如表 6-9 所示。

表 6-9 卡洛特水电站年运营费用

运营费用明细		年均费用
可变支出（单位：卢比/kWh）	可变运营维护成本	0.165 8
	用水费	0.150 0
	总和	0.315 8
固定支出（单位：百万卢比）	固定运营维护成本	2 105.15
	保险	973.67
	总和	3 078.82

数据来源：http://www.nepra.org.pk/

　　其中运营费用的固定支出与水电站的装机容量有关,基于卡洛特水电站 712.8 MW 的净发电能力,在这个装机容量下每年运营维护水电站的固定支出为 3 078.82 百万卢比,而运营费用的可变支出与水电站的发电量有关,每发一度电需要支出 0.315 8 卢比,故可变支出可以根据当年的发电量 Q_t 乘以系数 0.315 8 得出。

　　由于巴基斯坦当地使用卢布兑付水电站运营期间的费用,而项目公司采用美元结算,故还需要考虑到美元兑卢比的汇率 e 的影响。运营期 30 年内每年运营费用公式为:

$$C_1 = \frac{3\ 078.82 + 0.315\ 8 \times 10^{-6} \times Q_t}{e} \qquad (6-11)$$

3. 贷款本金及利息偿还

　　项目贷款于建设初期一次性借入,贷款年限 17 年,宽限期 5 年。卡洛特水电站自商业运营日起的前 12 年需要偿还银行贷款的本金及利息,据贷款协议规定,贷款利率固定,采取等额本息方式偿还,贷款偿还计划如表 6-10 所示。运营期 1—12 年每年需要偿还贷款本息为 155.304 2 百万美元。

表 6-10　卡洛特水电站项目还贷时间表　　（单位:百万美元）

时期	年本金	年利息	偿还贷款本息
1	83.045 5	72.258 7	155.304 2
2	87.590 5	67.713 7	155.304 2
3	92.384 3	62.919 9	155.304 2
4	97.440 4	57.863 8	155.304 2
5	102.773 2	52.531	155.304 2
6	108.397 9	46.906 3	155.304 2
7	114.330 4	40.973 8	155.304 2
8	120.587 6	34.716 6	155.304 2
9	127.187 2	28.117	155.304 2
10	134.148	21.156 2	155.304 2
11	141.489 8	13.814 4	155.304 2
12	149.233 4	6.070 8	155.304 2
总共	1 358.608 2	505.042 2	1 863.650 4

数据来源:http://www.nepra.org.pk/

4. 发电销售收入

卡洛特水电站的现金流入 CI 即为项目运营收入,主要是发电销售收入,发电销售收入等于年发电量乘以电价。受年发电量变动的影响,年运营收入将会发生变动。根据第 t 年的年发电量 Q_t 和电价 P,可得出运营期 30 年内第 t 年的现金流入 CI_t:

$$CI_t = P \times Q_t \tag{6-12}$$

五、投资风险影响因素分析

参考项目相关报告中的数据[①],针对净现金流量模型以及其中的变量,可以整理为确定性因素和不确定性因素两类。

1. 确定性因素及其数据值

首先是折现率 i。折现率是指将未来有限期预期收益折算成现值的比率。在投资现金流量模型中可以将折现率视为投资者投资该项目的收益率。卡洛特水电站具有一定的公益性,满足巴基斯坦当地的电力需求,政府会根据当地经济情况与投资者磋商谈判达成合理的期望收益率。综合考虑各种因素,根据项目各方多次协商,巴基斯坦国家电力能源管理局(NEPRA)最后批复的卡洛特水电项目的资本金投资基准收益率定为 17%,即 $i = 17\%$。

其次是特许期 n。BOT 水电站的特许期由建设期和运营期构成。特许经营期是影响项目融资能力的另一重要因素。特许经营期一般由项目的经济寿命期决定,另外也受项目所在地相关法律政策的限定。由于特许经营期一般由项目发起人提前在招标文件中确立,通过查阅分析我国电力企业在东南亚国家实施的多个水电 BOT 项目可知,这些项目基本能做到按预期的建设时间完工,同时建设投资额不超预期。东南亚水电 BOT 项目肩负着我国水电建设企业"走出去"的重任,再加上我国水电建设企业在施工技术、组织管理等方面经验丰富,因此在确立融资结构时,可将其作为确定性因素考虑。卡洛特水电站特许期为 35 年,其中建设 5 年,运营期 30 年。即 $n = 35$。

再次是项目总成本 C。由于项目发起人在选择合作伙伴时,一般项目投资规模已经确定,因此可将其看成是确定性因素。卡洛特水电站项目总成本为 16.98 亿美元,在建设期分 5 年投入。

---

① 资料来源:巴基斯坦国家电力能源管理局(http://www.nepra.org.pk/)。

　　最后是电价 P。根据 NEPRA 于 2000 年颁布的许可条例六第 31(4)
条规定,卡洛特电力有限责任公司(KPCL)与巴基斯坦中央电力采购(担
保)有限公司(CPPA－G)于 2016 年 8 月在伊斯兰堡就卡洛特水电站项目
签署了购电协议(PPA),电费以美元计价,批复的电价为 7.615 2 cent/
kWh,即一度电的电费为 7.615 2 美分。

　　2. 不确定性因素及其分布假设

　　首先是年发电量 Q_t。年发电量是决定运营收入的关键性因素。水电
站的年发电量受多种因素的影响,主要包括年来水量的大小、年来水量的
时空分布特征、水电站的负荷率水平、设备的完好状态、运行管理人员的能
力和素质、企业的经营管理水平等。发电的可用性受季节变化的影响,依
赖于水库水位、水的流入和水的排放。这些因素的变化将导致年发电量的
改变,因此年发电量是不确定性因素。由于卡洛特水电站还在建设阶段,
并没有发电量的历史数据,仅知道年均发电量为 3 174 GWh,且由于巴基
斯坦各水电站的历年水文数据获取困难,故在此仅参考巴基斯坦的另一座
水电站——塔贝拉水电站的近几年历史数据,以推测卡洛特水电站年发电
量的概率分布。

　　塔贝拉坝位于印度河干流上,在拉瓦尔品第市西北方约 64 km,距伊
斯兰堡约 70 km,地理位置与卡洛特水电站较为接近,该工程具有发电、防
洪、灌溉等效益,其 2012 年至 2015 年发电量的月变化情况如表 6-11
所示。

表 6-11　巴基斯坦塔贝拉水电站 2012 年至 2015 年发电量月变化

(单位:10^2 MWh)

月份＼年份	2012	2013	2014	2015
1	2 139	1 661	1 204	1 100
2	2 384	2 147	2 000	2 049
3	1 740	1 478	1 379	1 355
4	1 148	1 605	1 498	1 395
5	1 882	2 197	2 200	3 290
6	2 182	2 364	3 270	3 152

(续表)

年份 月份	2012	2013	2014	2015
7	2 923	2 605	3 522	3 624
8	3 603	3 578	3 654	3 606
9	3 674	3 613	3 725	3 696
10	3 587	3 397	2 808	2 930
11	2 980	2 654	2 595	2 258
12	2 853	2 584	2 268	1 929

数据来源：National Power Control Centre，Islamabad

　　通过考察巴基斯坦塔贝拉水电站 4 年的年发电量历史数据以推测出水电站年发电量可能服从的概率分布，运用 MATLAB 软件对这 4 年的发电量分别做正态分布拟合。我们用 normplot 函数简单拟合塔贝拉水电站 2012 年的年发电量数据，得到散点图如图 6-7(1)所示。正态分布的分布函数图像是一条 S 形曲线，将纵坐标做拉伸，可将其变为一条直线，用此直线作为参考线就可以检验数据是否服从正态分布。对于正态分布，用 normplot 画出来会是一条近似直线，对于非正态分布，则会明显弯曲。

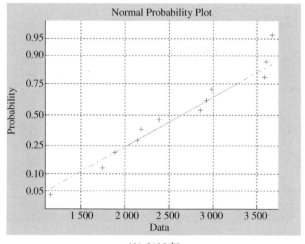

(1) 2012 年

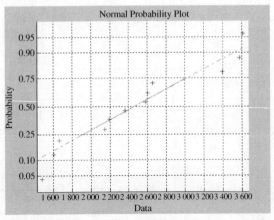

（2）2013 年

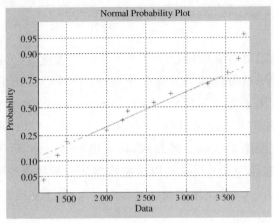

（3）2014 年

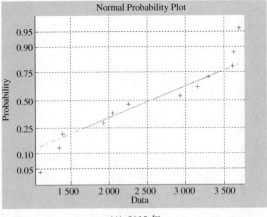

（4）2015 年

图 6-7 塔贝拉水电站发电量正态分布拟合散点图

以图 6-7(1)举例,当横坐标为 10 695 时(该组已知数据中的任意值),其在线条上对应的点,就恰好为标准正态分布相对应的纵坐标。因此,当实际散点与线条距离越近,这组数据就越接近于标准正态分布。如果已知数据符合正态分布规律,散点就会在直线附近呈线性分布。我们可以观察到该水电站 2012 年发电量数据组的散点基本都落在直线的附近,说明从直观上该组数据有很大的可能符合正态分布。同理,分别对塔贝拉水电站 2013 年、2014 年、2015 年的年发电量数据组利用 normplot 函数拟合,得到的结果分别如图 6-7(2)、(3)、(4)所示。由此可以初步猜测该水电站的年发电量服从正态分布。

初步判断各年发电量样本数据服从正态分布后,需进一步进行正态分布假设性检验,可以使用 lillietest 函数分别对 2012 年至 2015 年发电量的数据组进行正态分布的拟合优度测试,语句为 $[H, P, ISTAT, CV] =$ lillietest$(X, alpha)$。lillietest 检验目标是具有与样本相同均值和方差的正态分布,适用于小样本数据。检验结果如表 6-12 所示。

表 6-12　塔贝拉水电站 2012 年至 2015 年发电量 lillietest 检验结果

数据组名称	H	P	ISTAT	CV
2012 年发电量	0	>0.5	0.140 1	0.241 8
2013 年发电量	0	>0.5	0.162 5	0.241 8
2014 年发电量	0	>0.5	0.134 1	0.241 8
2015 年发电量	0	>0.5	0.160 2	0.241 8

在显著性水平 0.05 下,测试结果为 H=0 说明接受原假设,该组数据符合正态分布;P 值大于 0.05 即可接受原假设,而测试结果 P 值大于 0.5,说明符合正态分布的概率很大;ISTAT 为统计量的值,CV 为是否拒绝原假设的临界值,ISTAT 小于 CV 说明接受原假设,数据符合正态分布。

结果显示这 4 年的水电站年发电量数据的 P 值均大于 0.05,表明在显著性水平 0.05 下接受原假设,均通过了假设性检验,服从正态分布,且概率较大。由于 lillietest 函数仅给出 P 值大于 0.5,若想计算出确切的 P 值,可以设置 metol 参数进行计算,语句为 $[H, P, ISTAT, CV] =$ lillietest$(X, 0.05, 'norm', 1)$。分别对塔贝拉水电站 2012 年、2013 年、2014 年、2015 年的年发电量数据再次检验,检验结果如表 6-13 所示。

表6-13　塔贝拉水电站2012年至2015年发电量metol参数的lillietest检验结果

数据组名称	H	P	ISTAT	CV
2012年发电量	0	0.742 0	0.140 1	0.241 0
2013年发电量	0	0.512 0	0.162 5	0.248 8
2014年发电量	0	0.801 0	0.134 1	0.243 1
2015年发电量	0	0.551 0	0.160 2	0.241 2

　　结果表明塔贝拉水电站2012年至2015年的年发电量数据组均服从正态分布,且概率均很大。由此可以假设卡洛特水电站的年发电量服从正态分布,由于其年均净发电量为31.74亿度,可以假设其年发电量服从均值为3174000000的正态分布,由于卡洛特水电站现未建成,基于预测的目的,可设定其方差为1,待卡洛特水电站建好运行一年后,再根据当年的发电量数据拟定具体方差。

　　另一个大不确定的因素是美元兑卢比汇率e。汇率根据国内国际形势不同而浮动,2000—2016年巴基斯坦官方汇率数据如图6-8所示,官方汇率指的是由国家当局确定的汇率或由合法的外汇市场确定的汇率,它是根据月平均值计算的年平均值。从巴基斯坦近17年官方汇率数据可见,2013年以前巴基斯坦卢比的汇率一直在不断贬值,2013年需要101.6卢比才能换1美元,此后汇率基本保持稳定,2016年巴基斯坦官方汇率为104.769 117。

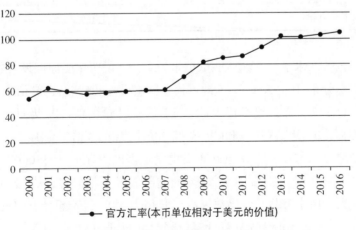

图6-8　2000—2016年巴基斯坦官方汇率趋势

数据来源:世界银行数据库,https://data.worldbank.org.cn/

根据卡洛特水电站项目的特许合同规定,参考汇率为 1 美元＝101.60 卢比,且汇率调整幅度不得超过 0.6％,由于未来几十年的美元兑卢比汇率走势预估非常困难,可认为汇率在给定范围内的概率是相等的,故假设汇率 e 服从区间(100.99,102.21)的均匀分布,均值为 101.60。

六、案例数据总结

根据前面的分析,将卡洛特水电项目的 NPV 计算数据以及各风险因素的概率分布总结如表 6-14 和表 6-15 所示。

表 6-14 卡洛特水电站项目现金流量表 （单位：百万美元）

特许期第 t 年	现金流出 CO_t	现金流入 CI_t
1	$CO_1 = 83.8$	前 5 年为建设期,无现金流入： $CI_t = 0$, $t = 1, 2, 3, 4, 5$
2	$CO_2 = 66.3$	
3	$CO_3 = 76.6$	
4	$CO_4 = 70.5$	
5	$CO_5 = 42.5$	
第 6—17 年 （共 12 年）	$CO_t = \dfrac{3\,078.82 + 0.315\,8 \times 10^{-6} \times Q_t}{e} + 155.3,$ $t = 6, 7, \cdots, 17$	建好后,30 年运营期内现金流入为发电收入： $CI_t = P \times Q_t$, $t = 6, 7, \cdots, 35$
第 18—35 年 （共 18 年）	$CO_t = \dfrac{3\,078.82 + 0.315\,8 \times 10^{-6} \times Q_t}{e},$ $t = 18, 19, \cdots, 35$	

卡洛特水电站项目经营变量概率分布如表 6-15 所示。

表 6-15 卡洛特水电站项目经营变量概率分布表

变量	分布类型	均值	最大值	最小值
年发电量 Q_t	正态分布	3 174 000	/	
汇率 P_t	均匀分布	101.60	102.21	100.99

根据上述的分析,在完成各变量的概率分布后,本研究就有了进行蒙特卡罗仿真的基础数据,就可以按照前面所论述的系统仿真的步骤和方法对项目的评价指标进行仿真分析,本研究采用 MATLAB 软件来进行模拟分析,模拟次数为 5 000 次。

NPV 期望值 $E_{NPV} = 1.186\ 3$ 亿美元

NPV 标准差 $\sigma_n = 0.454\ 7$

经济风险 $E_r = \sigma_n / E_{NPV} = 0.383\ 3$

以上数据说明投资该项目可行且投资风险不大,投资收益有保障。

第七章　新兴开发性金融机构支持
"一带一路"建设风险

在"一带一路"建设的实践中不可避免将遭遇诸多类型风险,新兴开发性金融机构有必要长期对亚洲国家内部政治、宗教、社会等国情进行跟踪调查研究,结合发展中国家国情,制定针对不同类型经济体的投资安全指数,在投资安全性和开发援助功能之间取得平衡。追求规范、透明、高效的运营和治理模式理应成为新兴开发性金融机构的使命和责任。另外,"一带一路"沿线需要多边开发性金融机构支持建设的多是发展中国家,这些国家政治动荡是普遍存在的问题。基础设施投资项目往往投入比较巨大,周期较长,因此项目失败的成本也较大,需要新兴开发性金融机构充分考虑和预见政治与安全等因素引发的风险。

第一节　"一带一路"建设融资运营风险

基础设施项目投入资金巨大,建设周期较长,新兴开发性金融机构面临融资运营风险。新兴开发性金融机构需要以自身资源为杠杆,撬动国际市场不同主体的资金参与"一带一路"建设,资金来源差异必将带来异质性的收益诉求。同时,"一带一路"沿线国家和地区普遍存在基础设施建设融资需求,在有限的资金供给下如何平衡各方的项目融资申请,这就产生了融资供需异质的难题。另外,随着"一带一路"倡议的逐步落实,基础设施公共品特别是全方位设施网络的维护管理亦给新兴开发性金融机构运营带来挑战。同样,"一带一路"建设成果是否能够及时共享,还有待进一步确定。

一、融资供需异质

建设资金供给问题也就是资金来源问题,是"一带一路"沿线基础设施建设规模的决定因素。各类型项目建设的资金来源可以是公共部门如政府及诸类型基金,也可以是私营主体如保险公司、大公司、富裕家庭和个人等等。新兴开发性金融机构在"一带一路"沿线地区为基础设施建设提供融资支持,必须和东道国当地的资金主体合作。然而,由于各国经济发展模式、政府监管机制以及风险投资发展阶段的异质性,不同类型国家资金供给之主体结构亦有不同,政府资金在所有来源中所占比例的差异是其中最重要的不同。

亚洲基础设施投资银行补充现有多边开发性金融体系的不足,吸引了英国、法国、德国等西方发达国家加入,壮大了支持"一带一路"建设的金融力量。2008 年次贷危机后,全球经济进入"新常态",国际市场正面临着总需求不足的问题,但"一带一路"沿线旺盛的基础设施需求却无法得到很好的满足,症结在于供需资金性质和风险承受能力差异令富余资金无法顺利地流通至投资需求区,金融体系不能很好地调节储蓄和投资的关系。

"一带一路"倡议提出后,能否充分调动沿线建设的投资热情取决于新兴开发性金融机构是否有能力有效吸纳社会资本参与,扩充基础设施投资的"钱袋子",调动私人主体和全球其他资金富余国家的参与热情是扩展资金来源的关键。一方面,私人主体的决策依据在于收益和成本的匹配,是非常市场化的行为。开发性金融在引导私人主体投资方面将发挥重要角色,政府入口、开发性金融建设,市场出口的运营模式有助于吸引商业性资金在追求收益的前提下参与推进"一带一路"建设的重任。基础设施项目运营的中前期可能面临一些东道国局势动荡,营商环境较差等私人主体无法承担的风险,新兴开发性金融机构可以利用自身的信用评级和运营经验推动项目运营走向常态化,使得项目具有较好的盈利前景,从而提高私人主体的参与意愿,实现市场出口。单一化的资金来源将令项目缺少足够的风险分担机制,不利于项目成功运营。

另一方面,在巨大的基础设施融资缺口和投资资金有限的矛盾下,项目融资的顺序应如何安排又将涉及成员内部的博弈。就中国而言,最希望得到优先满足的是符合我国对外发展战略的项目,如中巴经济走廊的贯通、中缅铁路的修建等,但这不可能完全符合所有成员的共同利益,葛伟等(2018)已预见到邻国经济影响力对公共物品供给效率的负面影响。譬如,中国在亚投行中支持中巴经济走廊的基础设施项目融资申请就可能受到印度的阻挠,项目申请的反复博弈必然降低新兴开发性金融机构的运行效率(刘刚等,2017),也不利于维护机构和其他出资国的利益,特别是域外成员的利益,长此以往必将造成新兴开发性金融机构的解体。幸而亚投行等新兴开发性金融机构成立伊始便建立了稳定高效的运营机制,但融资供需异质问题造成反复博弈形成运营的风险仍是需要警惕的。

二、维护管理困难

"一带一路"建设的过程中,诸类型基础设施逐渐交付使用建成后,全方位的设施网络将为沿线投资、贸易和人民生活带来极大便利,但固定设施的维护管理却也是一个考验新兴开发性金融机构管理能力的问题。比如,海上丝绸之路主航道沿线亚丁湾、马六甲等处常年海盗活动猖獗,威胁了国际商贸船舶的安全,新兴开发性金融机构要考虑如何协调各国打击海盗以维护港口码头安全及运营顺利开展。再如,丝绸之路经济带沿线发展中国家局势动乱,特别是中亚、西亚和南亚等地区建成的基础设施很容易成为恐怖分子和分裂武装攻击的目标,袭击一旦发生,无论成败均将损害设备的正常使用,造成固定资产的非正常减值,新兴开发性金融机构需要处理国情异质性导致的基础设施维护困难,这也需要成员加强沟通协调,合力应对挑战。

除了维护建成的基础设施固定资产,并延缓其折旧速度外,基础设施建设合同、建设公司以及新兴开发性金融机构等软性的合法权益也需要维护。斯里兰卡"港口城"项目就是一个合法权益维护管理困难的实例①。新兴开发性金融机构吸纳了不少发达国家加入,可以借此雇佣西方专业的管理人才在该方面进行管理,并在日常相处中积累相关管理经验,实现某种程度上的技术溢出。"一带一路"建设遇到的人才短缺问题包含两个方面:一是外国经济主体和中国方面合作的外资方面;二是中国国内方面的问题。新兴开发性金融机构在"一带一路"建设中既需要高层次的管理人才,亦需要中低层次的工程师和技术骨干,以及解决语言沟通问题的翻译人才,这些人才的来源均是各成员地域内,而"一带一路"大规模的基础设施建设在历史上并无先例,建设初期难免会遭遇人才短缺问题,这既会造成建设困难,也会造成维护管理困难。

三、经营成果难均

"一带一路"沿线诸多国家中,表态支持"一带一路"倡议的国家有 50

---

① 斯里兰卡"港口城"项目是中国交通建设集团与斯里兰卡港务局合作开发的大型综合城市建设项目,中方投资 15 亿美元。2014 年 9 月,习近平主席在出访斯里兰卡时与该国领导人共同出席项目奠基仪式。2015 年 1 月,斯国总统大选换人,新政府随即提出暂时中止"港口城"项目的进行而接受评估,项目中止令中方施工单位遭受损失。

多个,但是无条件支持的并不多。多数国家指望中国提出的"一带一路"倡议可以给它们带来收益,但这些国家并未准备好投入,仅指望中国尽可能多的无偿援助。甚至还有一些国家干扰"一带一路"建设。基础设施投资的基本属性是战略性和长期性,倡议的顺利落实有赖于沿线国家全方位的合作,仅依靠发起国的单一投入不可能持续维持,收益共享和风险共担的运营模式不能仅停留在口号上,参与国仅分享收益而不承担风险无疑将削弱其他国家建设"一带一路"的积极性。

亚投行的投资方向决定了它所投资的收益较低,实现收益期间较为漫长,铁路、港口、公路等所有亚投行的投资方向无一不是需要长期巨额投资的项目,大多数的项目期限都要五年甚至十年以上。多边发展银行不仅必须盈利,留在账面上的资产和贷款之间的比例还要比商业银行高出一两倍,这样才能在国际市场融资。"通知即缴"只有在极端的政治需求下才能实现。其次,如果有必要保持较高资产和贷款比例,多边发展银行让成员多拿出点现金,少承诺点"通知即缴",这样就不用专注盈利,而是专注发展了。但是赚钱比让成员坐在一起进行复杂耗时的争吵要容易得多。非借款国强烈反对额度太高,借款国强烈反对额度太低。最后,多边发展银行赚钱这件事也可以理解成:从一个发展中国家身上赚钱,再投资给另一个发展中国家。因此,发展中国家几乎每年都在呼吁推动以世行为代表的多边发展银行把盈利转移到优惠贷款部门,去帮助发展中国家获得低息贷款或减免债务。

亚投行建立分红政策是没有任何意义的,因为这将使得亚投行在最初发展的几年内失去其本身特有的"金融动力"。所以至少在六到七年的时间里,对于亚投行的股东们来说,谈论分红并不是一项重要的事务。在开始想要分发利润之前,亚投行要做的应该是建立储备金。这将是亚投行发展的中期或更长期的目标。实现这一中长期目标将会需要三到五年时间。在盈利动机和分红政策的建设上,亚投行和其他有着类似目标或首要目标与亚投行相似的发展银行并没有本质上的区别,例如亚洲开发银行和欧洲复兴开发银行。

第二节 "一带一路"建设投资环境风险

从市场环境看,"一带一路"建设政治经济环境恶化可能会导致企业利润空间下降、竞争优势减弱以及国家政局态势改变带来的负面影响;从投资规范看,对外投资活动受到东道国法律条款的约束,政商关系及其他自然人的合法权益需要得到妥善的处理;从承诺兑现情况看,需关注国家、企业和个人层面的道德风险;最后"一带一路"覆盖地域广,面临着各类安全威胁,新兴开发性金融机构需要高度关注,未雨绸缪,为"一带一路"建设顺利开展保驾护航。

一、市场局势动荡

西方发达国家凭借先发优势早已占领了稳定而利润丰厚的国际市场,这部分市场的开拓也并不需要新兴开发性金融机构的参与。局势不稳定的"一带一路"沿线发展中国家市场由于风险较大令发达国家资本有所顾忌,因此一直处于不饱和状态,这也是新兴开发性金融机构以及许多"走出去"的中国企业所需要开拓的市场。但随着经济主体进入,特别是开发性金融在扫清建设障碍中所付出的努力,令国际市场竞争愈发激烈,越是低门槛行业,这种状况出现的可能性越大。胡志勇(2015)认为发展中国家市场局势动荡不仅可能干扰新兴开发性金融机构等经济主体项目正常运转,甚至还可能威胁这些机构或企业工作人员的人身安全。

"一带一路"倡议讲究的是合作共赢,若是大批建设项目均由新兴开发性金融机构主导甚至成为唯一的受益者,可能令这些投资项目运营效率低下,还可能使东道国政府把投资当作援助资金,甚至异化成滋生腐败的温床。"一带一路"沿线国家乃至新兴开发性金融机构关于支持"一带一路"建设的金融思路与企盼未必完全一样,有的东道国政府或把支持"一带一路"建设的资金当成不花代价就可以获得的"唐僧肉",或是夸大本国某些项目的经济政治重要性,扭曲新兴开发性金融机构的投资决策。一旦新兴开发性金融机构把真金白银投入风险过高且回报过低的项目,在管理不善的情况下可能会形成投资方与受援方里应外合的掏空行为,大大影响"一带一路"建设投资的效率。

"一带一路"倡议的落实还可能受沿线国家国内利益集团分歧和政局变化的影响,沿线国家政党轮换后常出现新上台政党推翻前任承诺的政治事件。比如,中交建的斯里兰卡"港口城"项目在亲华总统下台后遭到暂停,中泰"大米换高铁"项目在泰国前总理英拉任内夭折,亦给泰国造成较大损失,中国投资缅甸屡遭政党轮替挫折等等,都是新兴开发性金融机构需要吸取教训的先例。

二、国家道德失范

从国家层面看,"一带一路"倡议需要通过不同国家之间政府层面的合作协同推进,而沿线国家能否信守承诺,保持良好信誉,对"一带一路"建设至关重要。中亚诸国实行"平衡外交",力图在域外国家之间,通过和诸多国家之间讨价还价,实现自身利益最大化。中亚国家还面临着来自美日欧等国的战略诱惑,对"一带一路"建设极为不利。东南亚国家政治上依赖美国,经济上依靠中国,可能受到美国重返亚太的影响,而对"一带一路"建设施加压力,影响"一带一路"建设的进程。在非洲,由于其步入重要的战略机遇期,世界各主要国家都在增强与非洲国家的联络,虽然我国对非洲国家提供无息贷款,但是欧洲将其作为重要的战略腹地,使发展中的非洲国家容易受到西方价值观的影响,降低对"一带一路"的支持。这些国家道德失范风险都是新兴开发性金融机构需要关注的问题。

从企业层面看,"一带一路"建设初期的主要任务是基础设施建设,在这一重任下,企业也将面临诸多道德风险,具体包括市场性道德风险和社会性道德风险。王义桅和郑栋(2015)认为市场性道德风险有以下几个方面:第一,垄断和不正当竞争将扰乱所在国及周边地区市场,严重干扰经济规模较小国家的发展;第二,信用违约与合同欺诈将影响企业在海外的形象,难以担当国家战略实施的重任;第三,违规转嫁、逃避债务风险,海外经营往往需要进行融资,若是通过违规手段获取注资,却因破产而无法偿还债务,会对债权人造成重大损失;第四,贸易中的倾销与补贴容易遭受海外反倾销、反补贴调查,进而影响进出口贸易。

三、非传统安全威胁

所谓传统安全,主要是指军事、政治、外交等方面的安全,与国家间的军事冲突相联系。而在中国和平崛起的今天,绝不会贸然发动针对沿线国家的军事行动,但是中东地区内国家武装冲突所造成的威胁将使"一带一路"建设进程放缓。因此"一带一路"建设过程中所面临的更多是非传统安全的威胁,即战争之外的威胁,例如恐怖主义威胁、生态污染、信息安全、资源安全等。具体而言,"一带一路"面临的非传统安全包括自然气候风险、生态环境风险、极端势力威胁、非政府组织的威胁和海上安全风险,尤其需要注意的是,自然环境风险可能会导致地缘政治风险,不仅破坏环境,而且损害沿线国家内部的团结。极端势力的威胁体现在两个方面:其一是在意识形态上,"一带一路"同各极端势力相冲突;其二是极端组织内部成员复杂,部分狂热分子很可能擅自行动,也极容易发生内讧。

美国马里兰大学的 START 团队开发的全球恐怖主义数据库(Global Terrorism Database,GTD)记录了 1970 年以来全球所有国家发生的恐怖主义袭击事件。分类汇总原有恐怖袭击指标按年度和遭受袭击的国家,发现遭受恐怖袭击次数最多的前五大国家是伊拉克、巴基斯坦、印度、阿富汗和哥伦比亚。发生在"一带一路"沿线国家的恐怖袭击事件占事件总数的 62.76%,死伤占比是 69.94%,可见"一带一路"区域的非传统安全威胁非常严重(见表 7-1)[①]。

表 7-1　前五大遭受恐怖袭击国家名单

国家名称	袭击次数	次数占比	死亡人数	死亡占比	死伤人数	死伤占比
伊拉克	15 021	14.42%	49 579	18.37%	149 949	24.08%
巴基斯坦	10 306	9.89%	19 770	7.32%	55 467	8.91%
印度	7 958	7.64%	17 758	6.58%	44 127	7.09%
阿富汗	7 153	6.87%	20 530	7.61%	45 038	7.23%
哥伦比亚	6 104	5.86%	12 684	4.70%	22 054	3.54%
"一带一路"沿线国家	65 392	62.76%	163 754	60.67%	435 458	69.94%

资料来源:全球恐怖主义数据库,下同

2003 年美国发动的伊拉克战争是恐怖主义活动的转折点。通过对比伊拉克战争前后的恐怖主义活动频率和分布特征可以发现,伊拉克战争后"一带一路"沿线恐怖袭击次数从 16 709 次上升至 48 591 次,占比从 36.61% 上升至 83.54%,反恐形势变得极为严峻(见表 7-2、表 7-3)。

表 7-2　伊拉克战争之前的排名

国家名称	袭击次数	次数占比	死亡人数	死亡占比	死伤人数	死伤占比
哥伦比亚	5 161	11.17%	11 556	9.76%	18 475	7.74%
秘鲁	4 621	10.00%	10 466	8.84%	13 964	5.85%
印度	3 299	7.14%	11 069	9.34%	24 653	10.33%

---

① 全球恐怖主义数据库是马里兰大学 START 团队开发的一个开放性数据库,记录了 1970 年以来全球范围内发生的超过 11 万 3 000 次恐怖袭击事件,具体包含了每一次恐怖袭击事件的发生时间、地点、经纬度、袭击方式、袭击目标、死亡人数、受伤人数等详尽信息,是目前公开可以获得的最为全面细致的全球恐怖袭击数据,已被媒体、政府部门和研究机构广泛使用(数据库网址:https://www.start.umd.edu/data-tools/global-terrorism-database-gtd)。

（续表）

国家名称	袭击次数	次数占比	死亡人数	死亡占比	死伤人数	死伤占比
萨尔瓦多	2 550	5.52%	4 548	3.84%	8 189	3.43%
斯里兰卡	2 131	4.61%	13 342	11.26%	24 924	10.44%
"一带一路"沿线国家	16 709	36.61%	47 815	40.36%	114 972	48.17%

　　伊拉克战争发生后，全球恐怖袭击事件发生次数最多的五个国家全部转移到"一带一路"沿线。美国推翻萨达姆政权后，伊拉克战后重建工作成效较差，国民生活益发贫困，被强权政府长期压抑的民族矛盾和宗教矛盾激化后，该地区成为恐怖主义滋生的温床，进而蔓延至"一带一路"沿线，对沿线地区的安全局势造成极大困扰，也是威胁"一带一路"建设推进的阻碍。

表 7-3　伊拉克战争之后的排名

国家名称	袭击次数	次数占比	死亡人数	死亡占比	死伤人数	死伤占比
伊拉克	14 841	25.52%	48 726	32.36%	147 133	38.60%
巴基斯坦	8 499	14.61%	16 224	10.77%	44 537	11.69%
阿富汗	6 923	11.90%	19 930	13.24%	43 248	11.35%
印度	4 474	7.69%	6 217	4.13%	17 819	4.68%
泰国	2 675	4.60%	2 018	1.34%	7 800	2.05%
"一带一路"沿线国家	48 591	83.54%	114 828	76.26%	317 269	83.24%

　　李兵和颜晓晨（2018）认为，中国"和平共处、互不干涉内政"的外交政策使我国的海外活动受到恐怖主义侵害的概率相比于其他国家而言较小，特别是和美国、日本和德国这些传统贸易强国进行对比。同时，我国从事经贸实务人员不惧死伤、勇于开拓进取的企业家精神也是我国海外经贸活动受恐怖袭击负面影响较低的可能原因，这二者共同构成了我国与"一带一路"沿线国家双边贸易的新比较优势。中国在海外经济活动中对待恐怖主义袭击的特点是新兴开发性金融机构可以借鉴的。

　　从"一带一路"倡议的作用来看，一方面这一倡议使各国关系逐步完善，而减少可以被极端组织加以利用的各类矛盾；另一方面，随着"一带一路"建设带动人民经济生活水平提高，极端组织难以通过笼络手段俘获大批民众。"一带一路"建设中，还可能遇到以西方为主的非政府组织发动群众进行抗议的风险。一方面"一带一路"建设需要很多资源企业，另一方面要发展交通运输业和轻重工业，就很可能被指责为掠夺所在国资源，破坏生态环境,并以此为由发动群众进行抵制。在政治不稳定的国家,甚至会吸引各方势力参与,进一步演化为大规模动荡。在海上安全方面,主要是海盗威胁,应建立有效监管机制,解决船上安保人员配置,加强同地区国家的合作,共同应对海盗风险。

第三节　案例研究:印尼雅万高铁 PPP 项目

印尼雅万高铁规划由印尼雅加达至万隆,全长 142.3 公里。建设完成后,由于印尼雅万高铁全速可达每小时 300 公里,使得原来两到三小时的车程最终缩短到 40 分钟以内。该铁路预计设 8 个停靠站,单程票价仅需 14.68 美元左右。该项目启动后,预计将会为印尼当地带来 4 万个就业机会,惠及沿线居民超过 3 000 万人。同时,中方承诺将会协助印尼组建高铁建设、运营与管理的团队并实行技术转让。若该项目能顺利实施,中印尼合资公司将成为可靠的高速铁路运营商,雅加达到万隆铁路周边也将进行综合开发,建造 100 里的高铁经济带,促进印尼经济发展满足主要利益相关者的期望。印尼雅万高铁顺利通车后,印尼政府还将计划建造由万隆延伸至重要工业城市泗水的铁路工程,该铁路全长预计达到 570 公里,三城约 1 500 万人口日后出行将更加方便。印尼当地的高铁市场需求巨大,前景十分诱人。该项目由中国国家开发银行提供占总投资金额 75% 的融资资金,采用美元和人民币混合贷款的方式。

一、印尼雅万高铁 PPP 项目融资结构

从印尼雅万高铁项目资金结构图可以看出该项目在 PPP 融资模式下的资金流向情况(见图 7-1)。该项目由中国、印尼合资公司筹资 14.98 亿美元投资建设,该筹资金额由中国高铁总公司与印尼财团按比例出资,不足部分由该项目公司向中国国家开发银行申请融资 45 亿美元贷款用于项目前三年建设期内印尼雅万高铁项目建设费用。其中,该笔贷款中美元额度为 25.2 亿美元,利率为 2%;人民币额度为 107.52 亿元,利率为 3.46%,贷款期限为 40 年,宽限期为 10 年。

从 2019 年 5 月 31 日开始,合资公司将承担印尼雅万高铁运营期间内 50 年将发生的运营费用与维护费用,并通过期间获取的票务收入进行资本回收、还款与盈利。最后,在运营期结束后,合资公司再把高铁设施无偿移交给印尼政府。据印尼万隆理工学院预测,印尼雅万高铁 PPP 项目初

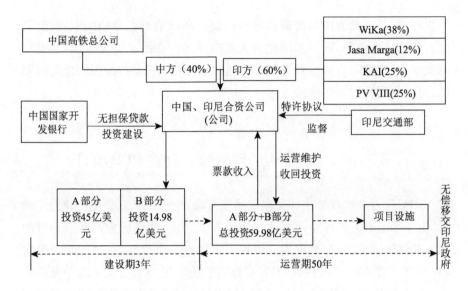

图 7-1　印尼雅万高铁 PPP 项目融资结构

期客流日均约 4.4 万人次,以平均票价 20 万印尼盾估算该项目全年车票收入可达 3.2 万亿印尼盾,收益十分可观。

二、印尼雅万高铁 PPP 项目融资风险识别

制定项目决策以应对某种已知的风险的过程称为风险管理,它是一个项目能否成功的关键。风险识别是风险管理的第一步,即通过确定并分类风险,并根据项目特征分析其风险的来源与含义。以下结合印尼雅万高铁案例的实际情况,将该 PPP 项目风险分为政治风险、经济风险、经营风险、管理风险和环境风险五大风险,并在此基础上进行风险因子细分(见图 7-2)。

王树文(2016)在研究基础设施建设的 PPP 融资模式项目流程后,认为公共部门通过招标形式选定私营资本企业,令其按合同协议比例出资进行建设和运营基础设施项目,能够以项目盈利为目的收回投资资本。在印尼雅万高铁项目中,PPP 融资项目是各国通过向印尼政府公共部门投递标书后,以中标形式确定合作单位并签订合作合同。其后,按照合同中协议的投资比例建立具有特殊目的的项目公司(Special Purpose Company,SPC),即该项目中的合资公司,并由该项目公司筹资和建设。项目建成后,在特许运营期内通过经营收回资金并按合同中的协议规定进行利润分配。最后,在特许运营期结束后把具有正常运营能力的高铁设施经营权和所有权转移给政府部门。

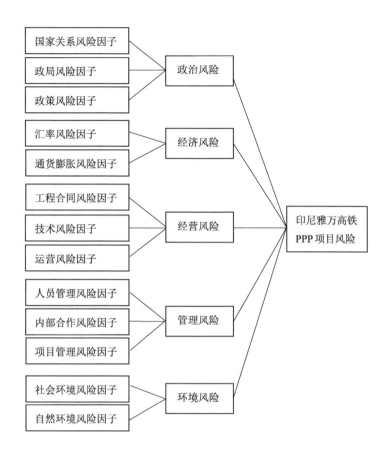

图 7-2 印尼雅万高铁 PPP 项目融资风险影响因子树

三、改进熵值法在印尼雅万高铁案例中的应用

如前所述,根据印尼雅万高铁 PPP 项目风险因子识别,可推测该 PPP 项目融资风险主要来源于政治风险、经济风险、经营风险、管理风险和环境风险。因此,针对该 PPP 项目融资风险的指标体系构建如下(见表 7-4)。

表 7-4 印尼雅万高铁 PPP 项目融资风险指标体系

一级指标	二级指标	三级指标
印尼雅万高铁 PPP 项目融资风险(R)	政治风险 R_1	国际关系风险因子 R_{11}
		政局风险因子 R_{12}
		政策风险因子 R_{13}

(续表)

一级指标	二级指标	三级指标
印尼雅万高铁 PPP 项目融资风险(R)	经济风险 R_2	通货膨胀风险因子 R_{21}
		汇率风险因子 R_{22}
	经营风险 R_3	工程合同风险因子 R_{31}
		技术风险因子 R_{32}
		运营风险因子 R_{33}
	管理风险 R_4	项目管理风险因子 R_{41}
		人员管理风险因子 R_{42}
		内部合作风险因子 R_{43}
	环境合作 R_5	自然环境风险因子 R_{51}
		社会环境风险因子 R_{52}

任玉华(2016)根据印尼雅万高铁 PPP 项目风险指标,分别从中国铁路国际有限公司、铁道第三勘察设计院集团有限公司、中国铁路通信信号集团公司选取一名海外工作经验丰富且具有高级专业职称的专家作为该海外高铁 PPP 项目组织方代表、该海外高铁 PPP 项目设计方代表、该海外高铁 PPP 项目施工方代表,对该 PPP 项目的各级风险指标评价值进行打分。其中,设定项目风险指标评价值计量标度表(表7-5),专家对于该项目风险指标评价值的打分结果分别如下(见表7-6)。

表7-5　PPP 项目风险指标评价值计量标度表

风险评级	打分	说明
较高	$(0.8, 1]$	该 PPP 项目极有可能出现问题,该指标风险程度较高
高	$(0.6, 0.8]$	该 PPP 项目很有可能出现问题,该指标风险程度高
中等	$(0.4, 0.6]$	该 PPP 项目有可能出现问题,该指标风险程度一般
低	$(0.2, 0.4]$	该 PPP 项目出现问题的可能性较低,该指标风险程度低
较低	$[0, 0.2]$	该 PPP 项目不太可能出现大问题,该指标风险程度极低

根据专家对于该项目风险指标评价值的打分结果,建立评价指标矩阵。指标的调查数据结果是建立在同一计量单位的基础上进行评分,因此

无须进行量纲处理。

$$X = \begin{bmatrix} 0.10 & 0.20 & 0.70 & 0.70 & 0.90 & 0.85 & 0.70 & 0.50 & 0.60 & 0.30 & 0.40 & 0.20 & 0.10 \\ 0.20 & 0.05 & 0.80 & 0.70 & 0.95 & 0.95 & 0.80 & 0.60 & 0.70 & 0.40 & 0.50 & 0.30 & 0.20 \\ 0.15 & 0.05 & 0.90 & 0.70 & 0.85 & 0.90 & 0.60 & 0.40 & 0.80 & 0.50 & 0.30 & 0.10 & 0.10 \end{bmatrix}$$

$$\text{(7-1)}$$

该项目风险指标层一共包含 13 个风险因子,以 x_1 为例,准则层政治风险 x_1 中就包含了 3 个风险因子,因此其指标向量可以表示为:

$$w_{x_1} = (w_{x_{11}}, w_{x_{12}}, w_{x_{13}}) \tag{7-2}$$

同理,另外四项准则层的指标向量表示如下:

$$w_{x_2} = (w_{x_{21}}, w_{x_{22}}) \tag{7-3}$$

$$w_{x_3} = (w_{x_{31}}, w_{x_{32}}, w_{x_{33}}) \tag{7-4}$$

$$w_{x_4} = (w_{x_{41}}, w_{x_{42}}, w_{x_{43}}) \tag{7-5}$$

$$w_{x_5} = (w_{x_{51}}, w_{x_{52}}) \tag{7-6}$$

第一步,根据上述改进熵值法原理的计算步骤,计算所得的 P_{ij} 结果如下(见表 7-6)。

表 7-6 P_{ij} 计算结果

R_{ij}	专家 1	专家 2	专家 3
国际关系风险因子 R_{11}	0.1	0.2	0.15
政局风险因子 R_{12}	0.2	0.05	0.05
政策风险因子 R_{13}	0.7	0.8	0.9
通货膨胀风险因子 R_{21}	0.7	0.7	0.7
汇率风险因子 R_{22}	0.9	0.95	0.85
工程合同风险因子 R_{31}	0.85	0.95	0.9
技术风险因子 R_{32}	0.7	0.8	0.6
运营风险因子 R_{33}	0.5	0.6	0.4
项目管理风险因子 R_{41}	0.6	0.7	0.8
人员管理风险因子 R_{42}	0.3	0.4	0.5
内部合作风险因子 R_{43}	0.4	0.5	0.3
自然环境风险因子 R_{51}	0.2	0.3	0.1
社会环境风险因子 R_{52}	0.1	0.2	0.1

第二步,计算出 e_i 和 K 值。其中,K 值为 0.910 24。随后,根据调整后的式子计算出具体风险因子的对应权重,结果如下(见表 7-7)。

表 7-7　风险因子计算结果

R_{ij}	e_i	w_i
国际关系风险因子 R_{11}	0.965 633 607	0.310 542 015
政局风险因子 R_{12}	0.789 690 082	0.391 536 960
政策风险因子 R_{13}	0.995 246 747	0.297 921 025
通货膨胀风险因子 R_{21}	1	0.499 493 125
汇率风险因子 R_{22}	0.999 063 058	0.500 506 875
工程合同风险因子 R_{31}	0.999 063 058	0.330 914 841
技术风险因子 R_{32}	0.993 786 661	0.333 223 254
运营风险因子 R_{33}	0.987 781 244	0.335 861 905
项目管理风险因子 R_{41}	0.993 786 661	0.329 544 568
人员管理风险因子 R_{42}	0.980 834 038	0.335 227 716
内部合作风险因子 R_{43}	0.980 834 038	0.335 227 716
自然环境风险因子 R_{51}	0.920 619 836	0.513 943 092
社会环境风险因子 R_{52}	0.946 394 63	0.486 056 908

第三步,计算准则层权重。由于熵值是具有可加性的,因此对于多层次指标体系,可根据低层次指标的熵值来确定高层次指标的熵值。通过指标层的熵值 e_i 确定准则层的熵值 E_{x_1}。因此,可得准则层的熵值为:

$$E_{x_1} = e_1 + e_2 + e_3 = 2.750\ 570\ 436$$
$$E_{x_2} = e_4 + e_5 = 1.999\ 063\ 058$$
$$E_{x_3} = e_6 + e_7 + e_8 = 2.980\ 630\ 962$$
$$E_{x_4} = e_9 + e_{10} + e_{11} = 2.955\ 454\ 737$$
$$E_{x_5} = e_{12} + e_{13} = 1.867\ 014\ 466$$

随后,得出其对应熵权值为:

$$w_{x_k} = \frac{1 - E_{x_k}}{n - \sum_{k=1}^{n} E_{x_k}}, \quad (k = 1, 2, \cdots, n) \tag{7-7}$$

因此,目标层的指标权重向量为:

$$w_x = \{w_{x_1}, w_{x_2}, w_{x_3}, w_{x_4}, w_{x_5}\}$$
$$= \{0.231\,779\,713, 0.132\,278\,338, 0.262\,240\,276, 0.258\,906\,884, 0.114\,794\,789\}$$
$$(7-8)$$

　　为了更好地理解印尼雅万高铁 PPP 项目风险因素的相对重要性程度,根据上述熵值的计算过程,可根据计算得出的指标相对权重值进行排序。从计算结果可以看出,准则层对应的 5 个一级指标经营风险、管理风险、政治风险、经济风险、环境风险的权重分别为 0.262 240 276、0.258 906 884、0.231 779 713、0.132 278 338 和 0.114 794 789。通过此结果可以说明印尼雅万高铁 PPP 项目在建设和运营的过程中遇到的所有风险中最关注的是经营风险、管理风险及政治风险,其次是经济风险和环境风险。根据指标体系中各指标因素的相对权重及其排序,在实际操作过程中有重点地控制风险因素,有效地对资源进行分配,尽可能规避或减轻风险带来的项目亏损情况。

　　根据上述分析结果,使用 VensinmPLE 软件,对建立的风险识别流进行模拟,把影响印尼雅万高铁 PPP 项目融资风险的全部风险因子选入,赋予相应权重,得到:印尼雅万高铁 PPP 项目风险＝0.231 779 713×政治风险 R_1＋0.132 278 338×经济风险 R_2＋0.262 240 276×经营风险 R_3＋0.258 906 884×管理风险 R_4＋0.114 794 789×环境合作 R_5。选择类型为辅助变量,使用相同的方法对其他风险因素进行计算,完成仿真方程的输入得到结果。印尼雅万高铁 PPP 项目总体风险水平(0.516 376)为中等的风险水平,具体如下(见图 7-3)。

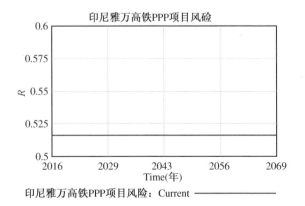

印尼雅万高铁PPP项目风险:Current ─────

图 7-3　模型模拟结果图

四、印尼雅万高铁 PPP 项目风险综合评价模型构建

基于海外高铁 PPP 项目风险生态位存在"态"与"势"两个方面的特征,其中"态"是指当前该项目的状况与项目参与方对该项目过去所决策的时间在当前时点对该项目的风险影响情况;"势"是指基于该项目未来运营或者建设的情况判断项目未来风险的趋势。为了能综合风险生态位的这两种属性,因此一般情况下会选取不同的数据类型或者不同的专家主观评价视角,针对 PPP 项目风险生态位的"态"和"势"的角度进行评价。但是实际评价过程中,评价时间不可能完全一致。从理论上来说,如果各个评价方法的评价时间间隔越短,风险评价结论的可信度也会越高,但评价成本也会相对应地增加。根据理论,近似连续时间的评价模型具有一般的规律性,因此对于连续时间的评价,其综合评价模型如下:

$$V = \frac{1}{L}\left[\int_0^L f(t)B(t)\mathrm{d}t + \int_0^L g(t)C(t)\mathrm{d}t\right] \tag{7-9}$$

其中,V 是 PPP 项目风险的综合评价值,$B(t)$、$C(t)$ 分别是对 PPP 项目风险的"态"评价结论和"势"评价结论,L 为评价时间段。$f(t)$、$g(t)$ 分别为"态"和"势"评价结果的权重函数,t 为评价的时间点。

根据 PPP 项目投资风险的特点,风险生态位的"态"评价权重函数 $f(t)$ 随着时间的增加具有由 $0\rightarrow1$ 的趋势,而"势"评价权重函数 $g(t)$ 随着时间的增加具有由 $1\rightarrow0$ 的趋势。权重函数 $f(t)$、$g(t)$ 要根据项目的实际情况和相关因素对风险的动态影响来确定。一般而言,权重函数 $f(t)$、$g(t)$ 的确定方法如下:

首先,对权重函数进行假设。假设整个高速铁路项目的生命周期为 $t \in [0, \max]$,其中 $t_{\max}$ 为 PPP 项目的最大生命值,一般而言,该值为项目的施工期与运营期之和。因此,得出权重函数 $f(t)$、$g(t)$:

$$f(t) = \frac{t}{t_{\max}} \tag{7-10}$$

$$g(t) = 1 - f(t) = \frac{t_{\max} - t}{t_{\max}} \tag{7-11}$$

其次,对使用不同方法得到的评价结论进行无量纲化处理。假设某种方法的风险"态"$b(t)$,在这种评价方法中可得到最大风险和最小风险分别为 $b_{\max}$ 和 $b_{\min}$,则无量纲化处理的公式为:

$$B(t) = \frac{b(t) - b_{\min}}{b_{\max} - b_{\min}} \tag{7-12}$$

同理,假设某种方法的风险"势"评价结果为 $c(t)$,而在这种评价方法中得到的最大风险和最小风险分别为 $c_{\max}$ 和 $c_{\min}$,可得风险"势"评价的无量纲化处理公式为:

$$C(t) = \frac{c(t) - c_{\min}}{c_{\max} - c_{\min}} \tag{7-13}$$

最后,根据上述数据求得 PPP 项目风险综合评价值。利用综合评价模型可得到指定 PPP 项目风险的评价结论。$V \in [0, 1]$,$V = 0$ 表示无风险,$V = 1$ 表示风险最大。在印尼雅万高铁 PPP 案例的实际运用中,在给定评价时间点的情况下,等价地表示成如下的形式:

$$V = \frac{1}{n} \sum_{i=1}^{n} f(t_i) B(t_i) + \frac{1}{m} \sum_{i=1}^{m} g(t_i) C(t_i) \tag{7-14}$$

五、综合评价模型应用

以印尼雅万高铁 PPP 项目为例,该项目的生命周期为 53 年,其中项目的建设期为 3 年,运营期为 50 年。在项目建设期期初(即项目第 1 年)对该项目进行风险综合评价,其中针对该项目"态"的角度,即项目当前风险状态,采用 IE 矩阵进行评价;针对该项目"势"的角度,即项目风险未来趋势,采用改进熵值模型进行评价。

IE 矩阵由内部风险要素评价矩阵和外部风险要素评价矩阵所得的加权值综合所得的结果。IFE 是通过分析企业关键内部风险因素综合得出的加权值。如果 IFE 加权值越高,即反映该企业的综合实力较强,它面对的内部风险较小;反之,即反映企业的综合实力较弱,它面对的内部风险较大。Febrianto Wibowo 等(2016)针对印尼雅万高铁 PPP 项目内部风险要素的评价结果如下(见表 7-8)。

表 7-8　内部风险要素评价矩阵结果

关键内部风险因素	权重	比率	分数
1. 企业协议优势	0.13	2	0.25
2. 合资公司模式优势	0.10	3	0.31
3. 有助于带动当地劳动力优势	0.15	4	0.61

（续表）

关键内部风险因素	权重	比率	分数
4. 项目利益相关者协助优势	0.10	2	0.21
内部环境优势合计			1.17
1. 项目可行性研究时间较短	0.08	1	0.08
2. 预期现金流可能低于项目成本	0.10	3	0.31
3. 项目当地土地冲突严重	0.16	4	0.64
4. 印尼方企业支持的承诺较少	0.08	2	0.17
5. 企业内部专业人员较少	0.09	2	0.18
内部环境弱势合计			1.38
合计			2.55

EFE 是对企业外部关键风险因素进行分析并得出加权值。如果通过计算得出的 EFE 加权值越高,即反映企业能有效地利用外部市场机会并且具有减少外部竞争带来的不良影响的能力,其面对的外部风险较小;反之,即说明其面对的外部风险较大。表 7-9 为 Febrianto Wibowo 等(2016)针对印尼雅万高铁 PPP 项目外部风险因素的评价结果。

表 7-9　外部风险要素评价矩阵结果

关键外部风险因素	权重	比率	分数
1. 有效降低印尼道路拥塞程度	0.08	2	0.17
2. 有利于先进高铁技术传播交流	0.13	4	0.53
3. 有利于经济战略发展	0.12	4	0.49
外部环境机会合计			1.17
1. 当地法规的随意变更风险	0.11	4	0.42
2. 国内外金融危机	0.07	1	0.07
3. 轨道技术风险	0.08	2	0.16
4. 同类型项目的竞争	0.08	3	0.23
5. 收入和需求预测与预期不符	0.12	4	0.49
6. 经营风险	0.13	4	0.51
7. 负面舆论影响	0.08	3	0.23
外部环境风险合计			2.11
合计			3.30

　　IE 矩阵是通过 IFE 矩阵和 EFE 矩阵的加权值匹配而成的,在 IE 矩
阵 x 轴上是 IFE 加权分数,其中:1.0—1.99 代表企业内部风险属于较低
水平,2.0—2.99 代表企业内部风险属于中等水平,3.0—4.0 代表企业内
部风险属于较高水平。IE 矩阵 y 轴上是 EFE 加权分数,其中:1.0—1.99
代表企业外部风险属于较高水平,2.0—2.99 代表企业外部风险属于中等
水平,3.0—4.0 代表企业外部风险属于较低水平。根据上述分析,印尼雅
万高铁 PPP 项目当前处于成长阶段,企业在外部竞争能力较高,外部风险
属较低水平;企业内部综合实力较强,内部风险属中等水平(见图 7-4)。

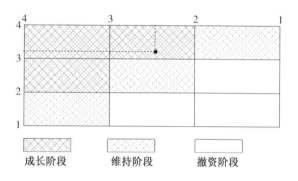

图 7-4　IE 矩阵图

　　图 7-4 中,横轴是 IFE 加权分数,纵轴是 EFE 加权分数。结合上述
IFE 矩阵与 EFE 矩阵评价结果,得出印尼雅万高铁 PPP 项目评价结果
$b_1 = 2.55$, $b_2 = 3.3$,其中,$b_{min} = 1$, $b_{max} = 4$,因此通过无量纲化处理后
得 $B_1 = 0.766\,667$, $B_2 = 0.516\,667$,根据评价时间可得:

$$f(t) = \frac{1}{53} = 0.018\,868 \tag{7-15}$$

　　结合上述改进熵值法评价结果,得出印尼雅万高铁 PPP 项目评价结
果 $c_1 = 0.516\,376$,其中,$c_{min} = 0$, $c_{max} = 1$,因此通过无量纲化处理后得
$C_1 = 0.516\,376$,根据评价时间可得:

$$g(t) = 1 - f(t) = \frac{52}{53} = 0.981\,132 \tag{7-16}$$

　　综合上述评价结论代入公式中,可得印尼雅万高铁 PPP 项目的综合
评价风险为:

$$V = \frac{1}{n} \sum_{i=1}^{n} f(t_i) B(t_i) + \frac{1}{m} \sum_{i=1}^{m} g(t_i) C(t_i) = 0.518\,74 \quad (7\text{-}17)$$

从上述结果可得出,该 PPP 项目的综合评价风险值属于[0.4,0.6),处于中等水平,实际运营过程中需要注意对各风险进行把控,保持风险稳定在可控制的范围内。

第八章　新兴开发性金融机构支持
"一带一路"建设对策

新兴开发性金融机构支持"一带一路"建设有助于泛亚欧大陆发展中国家应对世界"新常态",减缓发达国家量化宽松政策和需求萎缩的负面影响,深挖经济发展潜力,促进可持续发展。其基本路径是新兴开发性金融机构发挥开发性金融的培育作用,撬动国际金融市场不同资金供给方的资本,支持"一带一路"沿线庞大的基础设施建设需求,即以资金融通促进设施联通,并在互联互通的基础上通商,帮助发展中国家建立自由贸易区促进贸易畅通,最终不断提高区域经济一体化程度,构建命运共同体,促进沿线国家经济可持续发展。新兴开发性金融机构支持"一带一路"建设过程中将遭遇融资运营风险和投资环境风险,因此加强和东道国的政策沟通,增进当地民众的理解支持,建立合理的风险分担机制是"一带一路"建设持续推进的重要保障。

第一节　创新"一带一路"金融支持方式

新兴开发性金融机构支持"一带一路"建设的基本原则应是"规划先行、金融先导",以全局视角预先考虑各个项目之间的联系,令金融支持成为互联互通的引子,串联起所有项目。新兴开发性金融机构在初期应将互联互通建设的重点落在六大经济走廊上,在现有基础设施网络的基础上完善与扩建。由于基础设施建设金融支持的压力很大,新兴开发性金融机构应不断升级"一带一路"区域的金融支持系统,根据沿线国家经济建设和相关实体经济发展需要不断调整金融支持结构,创新危机处置和跨境风险防控的多边交流合作机制与制度安排,以增强金融供血"一带一路"建设的能力和稳定性。

一、金融机构支持总思路制定

新兴开发性金融机构的成员囊括了大多数"一带一路"沿线国家,因其多边性质令其具备成为发展中国家开展互联互通建设合作的平台,因此拓展"一带一路"沿线项目金融支持服务布局应发挥新兴开发性金融的先导作用。互联互通建设工程任务艰巨繁杂,金融支持"一带一路"建设的总思路制定应按照开发性金融理论分阶段进行,即"新兴开发性金融机构成员协商一致选择项目入口—新兴开发性金融机构孵化—项目成熟盈利预期稳定后以适当溢价转交商业性金融或东道国政府退出市场"。

在第一阶段,"一带一路"建设的重点是基础设施互联互通,为"一带一路"沿线的生产和贸易补齐基础条件。"一带一路"区域广阔,发展中国家众多,形成整体的基础设施互联互通网络需要长期耗费巨额资金,新兴开发性金融机构尽管得到了"一带一路"区域内外大量国家的支持,但相比需求而言,金融供给的力量依旧有限。解决这个问题的途径有二:一是依托"一带一路"六大经济走廊的现有基础,在新兴开发性金融机构内部按照议事流程让诸成员协商一致确定具体的项目支持计划,完善基础设施网络并在此基础上增建,因为在旧的框架上搭建要比另起炉灶划算;二是采用直接融资和间接融资相结合的方式,在现有多边开发性金融体系内不断吸引不同的资金供给者加入,以 PPP 等新的融资结构撬动全球资本市场资金,减轻投融资压力。

在第二阶段,基础设施互联互通网络建设略有小成之时,新兴开发性金融机构就应注意将支持重点转移至与贸易畅通联系密切的基础设施建设上来。沿海沿边自贸区建设是贸易畅通发展的重点,但由于历史原因,边境通常是发展中国家欠发达的地区,基础设施建设滞后制约了贸易畅通的发展。新兴开发性金融机构应秉承合作共赢的原则,引导成员在边境地区设置自由贸易区,并提供资金支持当地基础设施建设。由于贸易的盈利预期较为可观且对经济发展具有明显的促进作用,新兴开发性金融机构支持的投资贸易便利化项目同时获得各国政策性金融和商业性金融支持相对容易,因此和第一阶段相比,新兴开发性金融机构的资金压力将大为降低。此时新兴开发性金融机构应投入更多的资源加强建设技术和建设规划的智库支持,总结经营经验,支持沿线国家可再生能源、绿色建造、垃圾回收等环保技术的开发,令"一带一路"沿线国家充分发挥其后发优势。

至于第三阶段,新兴开发性金融机构应着重注意实现前期项目的市场出口,并将此后的发展重点集中于沿线国家经济的逆周期调节。在"一带一路"建设的后期,前期和中期建成的基础设施互联互通项目和自由贸易区均取得一定成效,盈利前景稳定,大量的商业性金融不断集聚进入,开发性金融即可逐步将开发育成的基础设施项目转交商业性金融,实现市场退出,回笼资金。在适当给成员分红后,新兴开发性金融机构应在"一带一路"区域内发挥金融稳定器的作用:在经济繁荣时期退出市场,减少项目融资支持,让利于民;在经济衰退时期进入市场,增加投资,提振经济总需求,延缓衰退刺激经济复兴。同时,新兴开发性金融机构还应继续发挥其全球环境治理和促进公正贸易秩序建立的国际性功能,推动全球经济可持续发展与繁荣共享。

二、跨境人民币业务政策创新

亚洲基础设施投资银行等新兴开发性金融机构支持基础设施项目融资的主要工作是调动沿线地区乃至全球市场的资本参与项目投资,其本质是一个将亚太地区新兴经济体高储蓄转变为高投资的平台。然而,"一带一路"沿线基础设施项目的跨境融资可能面临双重汇率风险(李建军和彭俞超,2019),即资金供求主体分属的两个不同国家之间货币无法自由兑换,需寻求通用国际货币作为第三方中介货币,这使得资金汇兑双方不但要承担两国货币汇率波动的风险,还要承担第三国货币汇率波动的风险,增加了交易成本。

新兴开发性金融机构致力于"一带一路"区域内的互联互通建设,可以预见随着互联互通程度的提高,区域内资金流将伴随着货物和人才流动大幅增加,在汇兑过程中剔除第三方中介货币所降低的交易成本将十分可观。特别是当基础设施建设的资金提供方和采购目的地均同属一国时,依旧保留第三国中介货币将显得十分多余。现实情况是中国居民在优良的中华文化熏陶下普遍具有储蓄的习惯,高储蓄率令中国市场存在大量富余的金融资源,在合理的收益共享与风险分担机制下,这部分资源是支持"一带一路"基础设施建设的重要力量。另外,中国在改革开放后极为重视基础设施建设,积累了大量国际领先的产能技术经验,在中国采购基础设施建设材料由于规模优势在价格和质量上都非常有竞争力。因此,在中国融资,在中国采购,直接使用人民币结算是新兴开发性金融机构和"一带一路"沿线东道国最实惠的选择。

新兴开发性金融机构和"一带一路"沿线国家使用人民币需求的提升也推动中国创新跨境人民币业务政策。提高人民币资本项目兑换的便捷程度是跨境人民币业务政策创新的主要方向,目的在于促进人民币离岸金融市场的发展并增强其融资能力。随着中国金融开放程度的提高,《外汇管理条例》的修订工作也应与时俱进,逐渐完善人民币跨境支付系统的运行,这有利于提升新兴开发性金融机构及基础设施跨境融资相关企业使用人民币的便利性,提高人民币在国际支付中的使用频率。新兴开发性金融机构可参考中国国家开发银行发行人民币债券的经验,根据使用需要和利息价格选择在人民币离岸市场或在岸市场发行人民币债券,用以采购中国境内的基础设施产能。一方面可以消除国际投资与贸易中的双重汇率风险,另一方面也可逐渐打破人民币尚未能完全自由可兑换造成的人民币在岸市场和离岸市场阻隔。同时,中国也应加快和"一带一路"沿线国家签订双边本币互换协议,建立起双边货币直接兑换的桥梁机制,在新兴开发性金融机构及中国企业投资和贸易活动较多的国家率先建立境外人民币清算银行,提高货币供给能力,满足人民币的使用需求,分步骤推进人民币境外循环体系的建立。

三、金融支持自由贸易区战略辐射

新兴开发性金融机构支持"一带一路"沿线国家经济发展的基本思路是在基础设施互联互通网络完善的基础上支持沿线国家的生产和贸易,自由贸易区设置是其中的一个重要环节。自由贸易区不仅是发展中国家面向世界的窗口,更是吸纳世界先进资源推动国内经济社会发展的平台(王晓玲,2019)。实际上,自由贸易区战略和中国提出的"一带一路"倡议具有较强联系,进一步强化彼此间的联动和对接既是中国新一轮对外开放的有力支撑,也是新兴开发性金融机构促进"一带一路"区域经济一体化的强力保障。

截至2019年6月,中国已有18个已签协议的自贸区,13个正在谈判的自贸区和8个正在研究的自贸区,有超过一半的自贸区交易国家属于"一带一路"区域[①],将自贸区建设与"一带一路"建设相结合对于构筑立足六大经济走廊,辐射"一带一路",并面向全球自贸区网络的经贸一体化关系意义重大,有助于新兴经济体连接国际市场。区位地缘优势是自贸区选址的重要依据,有条件设置自贸区的位置除了依托天然良港和广袤经济腹地的沿海地带,还有国境交界的边境地区。新兴开发性金融机构支持"一带一路"沿线国家在这些地区完善基础设施建设有利于促进"一带一路"自贸区网络的形成。除了加强港口和边境口岸的建设以增强自贸区吸引国

---

① 中国自由贸易区服务网(网址:http://fta.mofcom.gov.cn/)。

际优势资源的能力外,和自贸区配套的集疏运体系建设也格外重要,江海联运、海铁联运等多式联运也是新兴开发性金融机构需要着力支持建设的,因为只有与经济腹地联系更加紧密才能够较好地发挥自由贸易区的战略辐射作用。硬性基础设施网络完善后,"一带一路"沿线国家在新兴开发性金融机构的平台上基于互惠互利原则展开贸易协定洽谈,进而形成金融支持自由贸易区的战略辐射。

软性的自由贸易区基础设施同样出于投资贸易便利化的目的建设。互相减让关税,双边货币可兑换,利率市场化稳步推进和深化外汇管理改革等举措都可以在自贸区尝试,并在总结经验的基础上在"一带一路"沿线的自贸区网络推广和实践,从而打造便利开放的国际贸易环境。深化上下游产业链分工布局需要沿线国家优化合作,培育研发、营销和生产的一体化经济圈,协助企业核心成立商业性联盟进而拔高整体竞争力,打造全球领先的线上交易服务、交易保障机制和物流供应链支持,提高自由贸易区所在城市对相关产业的较大需求,实现自由贸易区和自由贸易港乃至城市和区域的联动发展。

四、金融监管区域合作促稳定

"一带一路"建设亟需新兴开发性金融机构撬动沿线金融市场的各类型资金,但也需要防范系统性金融风险,特别是不同经济体之间的风险传染。在"一带一路"倡议推进过程中出现了较多的金融监管合作问题,若不能妥善解决可能阻碍"一带一路"建设的开展。具体而言,这种金融监管合作问题的根源在于约束力较差、执行力较弱、系统性较欠缺、覆盖面较低的双边金融监管合作协议,这也导致"一带一路"沿线金融监管合作缺乏统一的标准,而且也没有一个专门负责国际金融监管协调的多边国际部门。

究其原因,在公共品供给的跨国集体行动中,参与国之间经济发展水平和制度异质性制约了区域金融监管合作的开展,更何况国家自利性引发的国际博弈令各国均有激励提升本国的信息优势,进一步提高了金融监管合作的信息不对称程度。另外,"一带一路"是中国创新性提出的全球治理方案,在国际上并无可直接适用的经验。新兴开发性金融机构应致力于强化沿线国家的金融市场合作,鼓励沿线国家政府开发本国债券市场,逐步移除境外投资者准入限制。具体的实施政策包括缩短境外合格投资者的准入审批周期,批准更多合规投资者加入银行间债券市场。

金融监管合作法律建设是金融建设的重要支撑(徐忆斌和马小晴,2019),新兴开发性金融机构应进一步促进沿线国家间的监管金融合作,提升区域内协调监管的完善程度。对于跨国金融监管合作,最重要的是要有一个专业的中立性协调组织,因此新兴开发性金融机构可设置一个专门负责此事的多边部门,并联合各成员以协商一致的办法确立一个金融监管合作的统一标准。具体而言有三点建议:一是扩大沿线国家信息共享范围,强化监管当局的协商沟通;二是坚持公开、公正和公平的原则,确保"一带一路"基础设施项目投融资审批、拨款、采购等全过程在阳光下进行;三是新兴开发性金融机构还应搭建金融风险预警系统,有效监测区域内各类型风险的发生,做到提前预警的效果。

第二节　培育包容互信的成员关系

"一带一路"沿线各国是否能够有效管控争端和分歧有赖于培育包容互信的成员关系,互相成为休戚与共的好伙伴、同舟共济的好朋友和和睦相处的好邻居是沿线国家交往的目标。为此,新兴开发性金融机构成员应主动增加高层互访,建立政府间交流机制。推进"一带一路"建设是双边交流和高层互访的重大目标,形成政治推动力,增强政治互信有助于这一目标的实现,因此"一带一路"国家需要互相和睦共处,并加强多边外交能力,与发达国家良好互补。

一、引导边境接壤国家和睦共处

独立自主是中国需要坚守的外交原则,这考验中国的博弈和沟通能力。在一定程度上,亚投行精干、廉洁、绿色的核心理念反映了这一努力。在搭建新国际规则时,中国要承担起大国责任,发挥领导性作用,为"一带一路"沿线提供国际公共品。不必讳言,领导与责任密切相关,这也是中国承担国际责任的要求。同时,中国还要保持警惕,以免美国及其盟友以高标准和透明度为借口对亚投行"掺沙子"。为了避免域外大国负面干涉的风险,建设亚投行的制度不宜过分求大和求广,或者刻意迎合某些国家。为此,中国应该通过自身的实际行动推动制度建设,向国际社会展示亚投行的公开性、透明性和包容性,释怀亚洲国家的疑虑。祁怀高(2015)认为对中国而言,创设国际制度面临的困难和风险在所难免,这既不能夸大,也不能贬低。在建设"一带一路"的过程中,新兴开发性金融机构应引导成员,特别是边境接壤国家和睦共处,为"五通"建设创造稳定的发展环境。

中国最重要的全面战略协作伙伴是俄罗斯,其既是中蒙俄经济走廊的重要节点,也是新亚欧大陆桥经济走廊的必经之路,因此俄罗斯是推进丝绸之路经济带建设最为关键的一环。中国和俄罗斯作为新兴经济体常年被排斥在西方发达经济圈之外,受到以美国为首的发达国家打压,因此有更强烈的动机在亚洲基础设施投资银行、金砖国家开发银行、上合组织开发银行乃至丝路基金等新兴开发性金融机构的框架下开展合作。中国和俄罗斯在经济上的互补性极强,俄罗斯有中国经济发展所需的石油、天然气等能源贮藏,而中国较为完整的工业品和生活品生产链,特别是强大的制造业生产能力可以支持俄罗斯的经济发展。基于此,我们应在中俄高层交往的引领下扩大两国利益融合,深化经贸交流水平。"一带一路"倡议,特别是新亚欧大陆桥经济走廊的发展必须要和俄罗斯推动的欧亚经济联盟相互对接,这能促使俄罗斯成为丝绸之路经济带的重要参与方和推动者,促进交通和能源基础设施互联互通,以中俄两国为引擎带动中亚各国积极参与丝绸之路经济带建设。另外,在加强中俄关系的同时,两国应注意强调合作的经贸属性,避免传递结盟对抗西方的信号以免遭受不必要的战略压力。

印度和中国同属世界上人口最多的国家,劳动力资源丰富,市场潜力巨大,但经济发展存在明显的基础设施短板,互联互通需求极大,近年来其邻国第一政策、东进政策、西联政策和连接中亚政策进展很大。然而,印度普遍担忧中国凭借"一带一路"倡议挤占印度的地缘政治空间(林民旺,2019),至今也未表态支持"一带一路"倡议,甚至与域外大国美日澳联手对冲中国的"一带一路"建设[①]。但是,印度也并未公开反对"一带一路"倡议,迄今为止印度得到了亚投行四分之一的承诺提供资金[②],是亚投行成立后最大的受益国。2014 年 5 月莫迪政府上台以来印度与周边国家的一系列互联互通建设合作说明中印之间存在基础设施建设的共同利益,有潜力达成实质性合作。"一带一路"建设中的孟中印缅走廊由于缺少印度的公开支持而进展缓慢,新兴开发性金融机构可以先行沟通中缅孟三国,在中缅经济走廊的基础上联通孟加拉国,在走廊建设逐渐成熟的基础上再和印度沟通将其东北邦开放融入孟中印缅经济走廊建设。印度政府对于互联互通建设更看重其对于国内经济建设的促进价值,因此更关注中国在经济特区建设和工业园区设置上的经验,为此中印可在共同利益的基础上在

---

① 例如印度投资伊朗查巴哈尔港对冲巴基斯坦瓜达尔港、投资缅甸实兑港对冲皎泊港等等。

② 援引自参考消息网 2018 年 3 月 22 日报道(https://baijiahao.baidu.com/s? id=15956016648995199374&wfr=spider&for=pc)。

新兴开发性金融机构的框架内达成合作。

"一带一路"沿线许多国家由于复杂的历史原因至今依旧遗留了大量的领土、领海、岛屿乃至海洋权益的争议,这不利于边境接壤国家和睦相处,进而开展基础设施互联互通建设合作。沿线各国应本着互利互惠原则,基于共同利益将彼此的发展战略对接,这也是新兴开发性金融机构开展基础设施建设所必须要着重注意之处。基础设施建设是一个长期性的过程,新兴开发性金融机构不能过于追求速度、大面积铺开,而应该因地制宜分国施策,将每一个所支持的项目都打造成精品和典范,成熟后推广,逐渐和沿线成员达成共识。同时,在逐步推进"一带一路"的过程中还应该加强对外宣传,以消除沿线国家出于国家安全考虑的疑虑,并发挥机构资金在建设中的导向性作用。

二、推动与发达国家良好互补

"一带一路"建设与发达国家的互补应在两个层面展开:一是亚洲基础设施投资银行等新兴开发性金融机构和世界银行等传统开发性金融机构的互补;二是中国等新兴经济体和发达国家的互补。平等互利,合作共赢是当今时代国际经济发展的主流,团结一切可以团结的力量是"一带一路"庞大的建设资金需求得到充分支持的重要保障,也是亚欧大陆发展中国家减轻贸易保护主义负面影响的必然选择。

任何中国深化与周边国家关系的行为在"亚太再平衡战略"的背景下均将被美国视为潜在威胁,美国在"一带一路"倡议提出后不断拉拢日本、澳大利亚和印度对抗"一带一路"建议的推进。在美国特朗普总统上台后,中美贸易摩擦不断,其全面遏制中国之心已昭然若揭。对于美国重新书写国际贸易规则,将新兴经济体固化于低端产业链上的做法(王义桅,2019)必将受到大多数发展中国家的反对。对于美国加入"一带一路"建设,新兴开发性金融机构应一直保持开放态度,但成员间必须在相互尊重和平等互利的原则下磋商以开展合作。对于美国不合理的要求,新兴开发性金融机构也应坚持自己的底线,维护其他成员的利益,要求美方在遵守新兴开发性金融机构各项基本协议的原则下方能加入。美国国内普遍奉行实用主义至上原则,政府的战略围堵制止不了美国公司或个人参与"一带一路"建设,共享收益、共担风险的意愿。

除美国外,其他西方发达国家也是支持"一带一路"建设的重要力量,并且参与态度积极。亚投行成立之初就吸引了英国等诸多传统发达国家的加入,这说明发达国家也认可"一带一路"沿线经济发展所具有的无穷潜力。发达国家加入新兴开发性金融机构可以为其增信,提升其在国际金融市场上的认可度,降低融资成本,并且发达国家的先进管理经验和建设技术也是"一带一路"建设所需要的。发达国家加入后,在"一带一路"建设中提供资金、技术、经验等国际先进要素有助于提升其在区域内的影响力,对于其日后开拓发展中国家市场很有帮助。而中国秉持着互惠互利的合作原则,并不排斥西方发达国家在"一带一路"沿线影响力的提升,这对于新兴开发性金融机构团结各方力量支持"一带一路"互联互通建设极有帮助。

传统开发性金融机构也是新兴开发性金融机构重要的潜在合作力量,事实上不同属性的国际金融机构早已在多个层面上展开了合作。世界银行和亚洲开发银行在亚太地区的基础设施建设支持工作已展开了超过半个世纪,积累了大量的建设经验,这些都是新兴开发性金融机构所需要的。开放包容的理念是提高基础设施建设效率的重要基础,新兴开发性金融机构应始终保持这一理念,积极开拓各类型合作主体,促进"一带一路"互联互通建设。

三、促进成员多边外交强对接

新兴开发性金融机构成员之间关系纷繁复杂,彼此之间并非一定是友好的伙伴关系,有些国家之间联系紧密,有些国家联系松散,甚至还有些国家处于敌对关系,这都是新兴开发性金融机构需要注意的。互利互惠、合作共赢、开放包容等理念随着中国"一带一路"倡议的提出和逐渐落实也慢慢渗透到"一带一路"建设的进程中,这也是新兴开发性金融机构日常运营中需要秉持的理念。

"一带一路"建设离不开沿线东道国的支持,而互联互通建设更需要彼此接壤的国家通力合作,因此要促进成员间多边外交强对接。多边外交对接的加强可以依托"一带一路"现有的多边合作机制,如上海合作组织、亚太经合组织、中日韩-东盟"10+3"协议等等。沿线国家之间的多边或双边合作,如自贸区投资协定的谈判和经济走廊的建设是多双边外交对接的具体表现。无论是双轨还是多轨,都仅是合作的形式,并非目的,多双边外交对接的目的最终还是多轨统合,以点连线,以线带面,织成一张"一带一路"合作建设的大网。在这张网上,俄罗斯、印度、巴基斯坦、土耳其、伊朗等是关键节点,六大经济走廊是六条主线,在开放包容的原则下,多边外交强对接方能摒弃成见,形成富强之网。

第三节　统筹各方主体利益

义利兼顾的理念应在推进"一带一路"倡议过程中融入"一带一路"建设的方方面面。"一带一路"建设的基础是推动区域内经济合作与沿线各国经济繁荣,这对于促进世界和平、加强不同文明间交流互鉴具有重大意义。新兴开发性金融机构要结合建设"一带一路"的重要契机,发挥"人文先行"的优势,制定规划、整合资源、形成合力,进一步推动沿线国家间多层次全方位交流合作。

一、坚持正确的"义利观"

新时期中国外交的一面旗帜是立足于中国传统文化和社会主义核心价值观的"义利观",这是中国处理同各国关系的行为准则。新兴开发性金融机构及其成员在支持"一带一路"基础设施建设过程中虽然不追求绝对收益,但还是要讲究国际道义的正面性。在政府层面,新兴开发性金融机构应秉持公道正义,不区别对待国力不同的国家,坚持反对强权政治和霸权主义,强力排斥因为追求一己私利而破坏他国利益,破坏地区和平稳定的以邻为壑行为。新兴开发性金融机构应鼓励成员基于互利共赢的原则开展合作,共同谋求可持续发展,因此在这一过程中所有成员都应着眼于大局和长远利益,万万不可唯利是图,甚至损人利己。在支持"一带一路"基础设施建设的过程中,新兴开发性金融机构及其成员应尊重东道国的主权核心利益,项目的融资应以东道国意愿为第一原则,坚持在项目支持的合同中不附带任何政治条件,也不可干涉受援国内政,新兴开发性金融机构还应充分尊重受援国自主选择发展道路和模式的权利,避免华盛顿共识式的援助。

二、坚持经济人文共同推进

新兴开发性金融机构在落实"一带一路"倡议中资金融通、设施联通和贸易畅通三大合作重点,加强经贸联系的过程中,亦不能忽视政策沟通和民心相通的工作,应坚持"一带一路"建设经济人文共同推进。中国提出"一带一路"倡议后一直收到许多负面的反馈,比如有人认为"一带一路"建设是中国的扩张性战略,或者说"一带一路"是输出过剩产能的中国版马歇尔计划,这些误解的澄清既需要新兴开发性金融机构开展实实在在的项目融资支持工作,也需要加强政策沟通和民心相通的工作,以公开透明的信息公示告诉民众机构的工作进展及其预期成效,并强化宣传作用,以争取沿线民众的认可,让沿线民众意识到新兴开发性金融机构所支持的项目建设可以实实在在地帮助他们提高收入和便利他们的日常生活,基于共同利益的劝导是有效争取认同的关键。

不同成员在"一带一路"建设中有自身不同的诉求,有些可能是新兴开发性金融机构不能马上满足的,有些诉求可能还是相互矛盾的,这就需要新兴开发性金融机构加强政策沟通,统筹各方主体利益。对于不能马上满足的,原因可能是工程难度过大而现有技术无法支持,也可能是资金需求太大无法立刻得到支持,或者是盈利前景广阔更适合商业性金融支持,新兴开发性金融机构应建立项目属性的识别机制,妥善解决项目审批中成员间的争端,避免过度博弈损耗机构效率。至于相互矛盾的诉求,新兴开发性金融机构则更应该从客观中性的角度进行项目评估,以预计项目完成后对东道国的影响,减缓地缘政治压力对机构运营的负面影响。总之,新兴开发性金融机构应准备好耐心、详细的解释工作,争取在各个成员间达成共识。

培养民族认同感也是新兴开发性金融机构推动项目建设的润滑剂。多年来中国在"一带一路"沿线设立孔子学院、和"一带一路"沿线国家互相举办文化年等交流活动,以及设置奖学金鼓励"一带一路"沿线发展中国家留学生来华学习都是输出中华优秀传统文化,增进沿线国家人民对中华文化好感的措施。在亲密的民族认同感下,各种敌对势力煽动"一带一路"的虚假负面信息将不再如以往奏效,"一带一路"沿线人民在充分了解中国后也将具有自己正确的是非观,从而可能产生对中华文化的景仰之情,爱屋及乌之下或许就从潜意识里支持新兴开发性金融机构对"一带一路"的建设。因此,新兴开发性金融机构也可配合"一带一路"沿线国家和地区开展文化交流活动,从而增进成员间的相互理解与友谊,令彼此之间的合作更加顺畅。

参 考 文 献

［1］李扬、张晓晶：《"新常态"：经济发展的逻辑与前景》，《经济研究》2015 年第 5 期，第 4—19 页。

［2］吴敬琏：《实现合意的新常态要靠改革》，《新金融》2015 年第 1 期，第 7—10 页。

［3］李稻葵：《什么是中国与世界的新常态?》，《金融经济》2014 年第 19 期，第 19—20 页。

［4］巴曙松：《新常态下的金融改革》，《资本市场》2015 年第 4 期，第 16 页。

［5］袁新涛：《"一带一路"建设的国家战略分析》，《理论月刊》2014 年第 11 期，第 5—9 页。

［6］潘志平：《2015 中亚局势扑朔迷离》，《中国投资》2015 年第 3 期，第 36—39＋10 页。

［7］陈玉荣、汤中超：《经济全球化背景下的"丝绸之路经济带"国际学术研讨会综述》，《国际问题研究》2014 年第 1 期，第 126—132 页。

［8］Mike Callaghan, Paul Hubbard, "The Asian Infrastructure Investment Bank Multilateralism on the Silk Road", *China Economic Journal*, 2016(2)：116-139.

［9］Ito Takatosh, "The Future of Asian Infrastructure Investment Bank：Concerns for Transparency and Governance", *Discuss Japan*, 2015(27)：201-143.

［10］丁开艳：《金立群解读亚投行创新理念》，《清华金融评论》2016 年第 1 期，第 14—15 页。

［11］王达：《亚投行的中国考量与世界意义》，《东北亚论坛》2015 年第 3 期，第 48—64＋127 页。

［12］黄志勇、邝中、颜洁：《世界银行的经验及其对筹建亚洲基础设施投资银行的启示》，《东南亚纵横》2013 年第 11 期，第 3—11 页。

［13］万志宏、黎艳：《亚洲基础设施投资银行可持续发展研究》，《亚太经济》2015 年第 6 期，第 23—28 页。

［14］Gregory T., "Chin. Asian Infrastructure Investment Bank：Governance Innovation and Prospects", *Global Governance*, 2016(22)：11-26.

［15］Martin A. Weiss, "Asian Infrastructure Investment Bank", *Congressional Research Service*, 2015(3)：21-56.

［16］Rahul Mishra，"Asian Infrastructure Investment Bank：An Assessment"，*India Quarterly*，2016(2)：163-176.

［17］James F. Paradise，"The Role of 'Parallel Institutions' in China's Growing Participation in Global Economic Governance"，*Journal of Chinese Political Science/Association of Chinese Political Studies*，2016(3)：149-175.

［18］Makmun Syadullah，"Prospects of Asian Infrastructure Investment Bank"，*Journal of Social and Development Sciences*，2014(3)：155-167.

［19］廖中新、蔡栋梁、高菲：《亚投行运营模式及发展前景》，《财经科学》2016 年第 3 期，第 36—48 页。

［20］高蓓、郑联盛、张明：《亚投行如何获得 AAA 评级——基于超主权信用评级方法的分析》，《国际金融研究》2016 年第 6 期，第 26—35 页。

［21］刘柏、张艾莲：《亚投行支点的国际权力转移与杠杆发展机理》，《东北亚论坛》2016 年第 3 期，第 71—79＋128 页。

［22］June Teufel Dreyer，"The Asian Infrastructure Investment Bank：Who Will Benefit"，*Foreign Policy Research Institute*，2015(4)：34-57.

［23］葛伟、朱兰、崔文俊：《国家经济影响力和公共物品效率——基于亚洲开发银行的实证研究》，《国际金融研究》2018 年第 7 期，第 22—31 页。

［24］王亚军：《"一带一路"国际公共产品的潜在风险及其韧性治理策略》，《管理世界》2018 年第 9 期，第 58—66 页。

［25］贺书锋：《"金砖四国"经济周期互动与中国核心地位——基于 SVAR 的实证分析》，《世界经济研究》2010 年第 4 期，第 80—87 页。

［26］熊豪：《金砖国家经济周期协动的区制依赖性分析——基于 Markov 区制转移模型的实证研究》，《经济经纬》2014 年第 11 期，第 58—63 页。

［27］张兵、李翠莲：《"金砖国家"通货膨胀周期的协动性》，《经济研究》2011 年第 9 期，第 29—40 页。

［28］蒋昭乙：《金砖国家合作发展与经济周期的同步性》，《国际商务》2012 年第 2 期，第 65—75 页。

［29］王金明、高铁梅：《"金砖国家"经济周期同步性计量研究》，《商业研究》2013 年第 5 期，第 15—19 页。

［30］Singh S，Mukamba C，"BRICS Insights：India's Experience with Multilateral Financial Institutions：Insights for the BRICS New Development Bank"，*Gegafrica*，2015(7)：67-98.

［31］Griffithjones S.，"A Brics Development Bank：A Dream Coming True?"，*UNCTAD Discussion Papers*，2014.

［32］Adriana Erthal Abdenur，"China and the BRICS Development Bank"，*IDS Bulletin Volume*，2014(4)：85-101.

［33］张恒龙、赵一帆：《多边开发银行与全球经济治理：从世界银行到金砖银行》，《上

海大学报(社会科学版)》2016 年第 3 期,第 18—30 页。

[34] 汤凌霄、欧阳峣、黄泽先:《国际金融合作视野中的金砖国家开发银行》,《中国社会科学》2014 年第 9 期,第 55—74 页。

[35] 陈冬梅:《金砖国家参与整合全球金融资源迈出关键步伐——金砖国家开发银行与应急储备基金诞生》,《对外经贸实务》2014 年第 9 期,第 16—18 页。

[36] 关雪凌、张猛:《成立金砖国家开发银行正当其时》,《中国金融》2012 年第 18 期,第 88—90 页。

[37] 丁振辉:《金砖国家开发银行及应急储备安排——成立意义与国际金融变革》,《国际经济合作》2014 年第 8 期,第 83—88 页。

[38] Folly M., "The New Development Bank and the Institutionalization of the BRICS", *Thesis*, 2015(3): 303-354.

[39] Russell A., "The New BRICS Bank Raises Tough Questions for Its Founders", *International Economics*, 2015(7): 89-112.

[40] M Qobo, "The Rise of Emerging Powers in the Global Development Finance Architecture: The case of the BRICS and the New Development Bank", *South African Journal of International Affairs*, 2015(3): 277-288.

[41] 潘庆中、李稻葵、冯明:《"金砖国家开发银行"新在何处——金砖国家开发银行成立的背景、意义与挑战》,《国际经济评论》2015 年第 2 期,第 134—147 页。

[42] 杨伊、苏凯荣:《国际公共品供给的集体行动博弈路径——对金砖国家开发银行的思考》,《江西社会科学》2015 年第 10 期,第 70—76 页。

[43] 李娟娟、樊丽明:《金砖国家开发银行成立的经济学逻辑——基于国际公共品的视角》,《中央财经大学学报》2015 年第 5 期,第 12—18 页。

[44] 周方银:《金砖合作机制能走多远?——对国家博弈过程与利益基础的分析》,《人民论坛•学术前沿》2014 年第 22 期,第 84—95 页。

[45] 王国刚:《"一带一路":建立以多边机制为基础的国际金融新规则》,《国际金融研究》2019 年第 1 期,第 38—45 页。

[46] 胡再勇、付韶军、张璐超:《"一带一路"沿线国家基础设施的国际贸易效应研究》,《数量经济技术经济研究》2019 年第 2 期,第 24—44 页。

[47] 倪建军:《亚投行与亚行等多边开发银行的竞合关系》,《现代国际关系》2015 年第 5 期,第 5—7 页。

[48] 张原:《中国对"一带一路"援助及投资的减贫效应——"授人以鱼"还是"授人以渔"》,《财贸经济》2018 年第 12 期,第 111—125 页。

[49] 罗煜、王芳、陈熙:《制度质量和国际金融机构如何影响 PPP 项目的成效——基于"一带一路"46 国经验数据的研究》,《金融研究》2017 年第 4 期,第 61—77 页。

[50] Calderón C., Sevén L., "The Effects of Infrastructure Development on Growth and Income Distribution", *Policy research working paper*, No. 3400, World Bank, 2004.

[51] Chong-en B.，Yingyi Q.，"Infrastructure Development in China：The Cases of Eectricity，Highways and Railways"，*Journal of Comparative Economics*，2010 (1)：34-51.

[52] 姜安印：《"一带一路"建设中中国发展经验的互鉴性——以基础设施建设为例》，《中国流通经济》2015 年第 12 期，第 84—90 页。

[53] 白钦先、耿立新：《关于国家开发银行和中国进出口银行战略定位与立法的若干问题》，《中国金融》2005 年第 19 期，第 51—53 页。

[54] 李志辉、王永伟：《开发性金融理论问题研究——弥补政策性金融的开发性金融》，《南开经济研究》2008 年第 4 期，第 3—15＋45 页。

[55] 陈元：《开发性金融与中国经济社会发展》，《经济科学》2009 年第 4 期，第 5—14 页。

[56] 陈元：《发挥开发性金融作用：促进中国经济社会可持续发展》，《管理世界》2004 年第 7 期，第 1—5＋21 页。

[57] 白钦先、张坤：《论政策性金融的本质特征——公共性》，《中央财经大学学报》2015 年第 9 期，第 23—30＋54 页。

[58] 张朝方、武海峰：《论开发性金融、政策性金融与商业性金融的相互关系》，《商场现代化》2007 年第 12 期，第 272—273 页。

[59] 陈元：《开发性金融与逆经济周期调节》，《财贸经济》2010 年第 12 期，第 13—19＋144 页。

[60] 曲昭光：《论开发性金融与商业性金融的互补关系》，《金融与经济》2005 年第 12 期，第 10—14 页。

[61] Samuelson，Paul A，"The Pure Theory of Public Expenditure"，*The Review of Economics and Statistics*，1954(4)：387-389.

[62] Olson，M.，*The Logic of Collective Action：Public Goods and the Theory of Groups*，Cambridge，MA，Harvard University Press，1965.

[63] Oye，K. A.，"Explaining Cooperation Under Anarchy：Hypotheses and Strategies"，*World Politics*，1985(1)：1-24.

[64] Sandler，T.，"Overcoming Global and Regional Collective Action Impediments"，*Global Policy*，2010(1)：40-50.

[65] Barrett，S.，*Why Cooperate? The Incentive to Supply Global Public Goods*，New York：Oxford University Press，2007.

[66] 庞珣：《国际公共产品中集体行动困境的克服》，《世界经济与政治》2012 年第 7 期，第 24—42 页。

[67] 李娟娟、樊丽明：《国际公共品供给何以成为可能——基于亚洲基础设施投资银行的分析》，《经济学家》2015 年第 3 期，第 5—14 页。

[68] 朱宪辰、李玉连：《领导、追随与社群合作的集体行动——行业协会反倾销诉讼的案例分析》，《经济学(季刊)》2007 年第 2 期，第 581—596 页。

[69] Jan Tinbergen,"Eine Neue Raumwirtschaftslehre",*Journal of Institutional and Theoretical Economics*,1965(4):625-632.

[70] 金载映:《区域经济一体化与区域经济一体化理论》,《世界经济文汇》1998 年第 2 期,第 17—20 页。

[71] 梁双陆、程小军:《国际区域经济一体化理论综述》,《经济问题探索》2007 年第 1 期,第 40—46 页。

[72] Jacob Viner,*International Economics*,London:Allen&Unwin,The Free Press, 1952.

[73] Carsten Kowalczyk."Trade Negotiations and World Welfare",*The American Economic Review*,1989(3):552-559.

[74] 李瑞林、骆华松:《区域经济一体化:内涵、效应与实现途径》,《经济问题探索》 2007 年第 1 期,第 52—55 页。

[75] 卫玲、戴江伟:《丝绸之路经济带:超越地理空间的内涵识别及其当代解读》,《兰州大学学报(社会科学版)》2014 年第 1 期,第 31—38 页。

[76] 张兰霞:《竞争合作理论述评》,《东北大学学报(社会科学版)》2002 年第 3 期,第 184—186 页。

[77] 淮建军、王征兵、赵寅科:《新丝绸之路经济带研究综述》,《学术界》2015 年第 1 期,第 219—227 页。

[78] Fay M.,Yepes T.,"Investing in Infrastructure:What is Needed from 2000 to 2010?",*World Bank Policy Research* working paper,2003.

[79] Ruiz-Nunez F.,Wei Z.,"Infrastructure Investment Demands in Emerging Markets and Developing Economics",*World Bank Policy Research* working paper,2015.

[80] Girardin E.,Kholodilin A.,"How Helpful Are Spatial Effects in Forecasting the Growth of Chinese Province?",*Journal of Forecasting*,2011(7):622-643.

[81] Kholodilin A.,Siliverstovs B.,Kooths S.,"A Dynamic Panel Data Approach to the Forecasting of the GDP of German lander",*Spatial Economic Analysis*,2008 (2):195-207.

[82] 李皓:《亚洲基础设施投资银行的制度设计》,《中国金融》2014 年第 12 期,第 79—80 页。

[83] 施洁:《国际经济组织援助非洲政策效果研究》,华中师范大学,2012 年。

[84] 高鹏:《亚投行(AIIB)的建立背景、面临挑战及对策》,《金融与经济》2015 年第 5 期,第 32—36 页。

[85] 刘东民、高蓓:《亚投行:发起、运营与挑战》,《中国财政》2016 年第 3 期,第 20—23 页。

[86] 曼瑟尔·奥尔森:《集体行动的逻辑》,上海:格致出版社、上海三联书店、上海人民出版社,1995 年。

[87] 周小川：《2015 年国际货币金融每日综述选编：丝路基金起步运作》，中国人民大学国际货币研究所，2015 年 5 月。

[88] 魏磊：《丝路基金助推"一带一路"互联互通》，《国际商务财会》2015 年第 4 期，第 7—11 页。

[89] 金琦：《"一带一路"倡议与中国金融开放新格局下丝路基金的机遇与使命》，《清华金融评论》2018 年第 12 期，第 31—32 页。

[90] 王永生：《关于丝绸之路钱币研究中的几点思考》，《中国钱币》2010 年第 2 期，第 19—23 页。

[91] 张星：《宋元时期中国货币域外流通研究及当代启示》，《南方金融》2019 年第 3 期，第 91—98 页。

[92] 罗雨泽：《"一带一路"基础设施投融资机制研究》，北京：中国发展出版社，2015 年。

[93] Battese G. E, Coelli T. J., "A Model for Technical Inefficiency Effects in A Stochastic Frontier Production Function for Panel Data", *Empirical Economics*, 1995(2)：325-322.

[94] 刘穷志、彭彦辰：《中国 PPP 项目投资效率及决定因素研究》，《财政研究》2017 年第 11 期，第 34—46＋84 页。

[95] 崔娜、柳春、胡春田：《中国对外直接投资效率、投资风险与东道国制度——来自"一带一路"沿线投资的经验证据》，《山西财经大学学报》2017 年第 4 期，第 27—38 页。

[96] 刘穷志、芦越：《制度质量、经济环境与 PPP 项目的效率——以中国的水务基础设施 PPP 项目为例》，《经济与管理》2016 年第 6 期，第 58—65 页。

[97] Balasubramaniam V, Patnaik I, Shah A., "Who Cares about the Chinese Yuan?", *National Institute of Public Finance and Policy* Working Papers, No. 89, 2011.

[98] Fratzscher M, Mehl A., "China's Dominance Hypothesis and the Emergence of a Tri-polar Global Currency System", *Economic Journal*, 2013(12)：1343-1370.

[99] 杨荣海、李亚波：《资本账户开放对人民币国际化"货币锚"地位的影响分析》，《经济研究》2017 年第 1 期，第 134—148 页。

[100] 杨雪峰：《人民币会成为亚洲区域内的货币锚吗?》，《世界经济研究》2015 年第 5 期，第 23—29 页。

[101] Frankel J, Jeffrey A, Shang-Jin W., *Yen Bloc or Dollar Bloc? Exchange Rate Policies of the East Asian Economies*, University of Chicago Press, 1994.

[102] 丁志杰：《在"一带一路"建设中寻找人民币国际化突破口》，《中国金融家》2017 年第 8 期，第 85 页。

[103] 白钦先、张志文：《外汇储备规模与本币国际化：日元的经验研究》，《经济研究》2011 年第 10 期，第 137—149 页。

[104] 世界银行：《世界发展报告：为发展提供基础设施》，北京：中国财政经济出版社，1994年。

[105] Chen B., Woo P., "Measuring Economic Integration in the Asia-Pacific Region: A Principal Components Approach", *Asian Economic Papers*, 2010（4）: 121-143.

[106] 彭红枫、谭小玉：《人民币国际化研究：程度测算与影响因素分析》，《经济研究》2017年第2期，第125—139页。

[107] 刘刚、张友泽：《人民币在"一带一路"货币圈发挥了锚效应吗？——基于人民币与主要国际货币比较研究》，《国际金融研究》2018年第7期，第32—41页。

[108] 贺军：《亚洲基础设施投资银行开启中美新博弈》，《上海国资》2014年第11期，第17页。

[109] 斯科特·莫里斯：《亚洲基础设施投资银行没有动美国的奶酪》，《博鳌观察》2015年第1期，第54—56页。

[110] 马兴胜、陈之敏：《论区域民族经济的发展与民族文化观念的互动》，《商场现代化》2008年第23期，第203页。

[111] 孙立梅：《经济全球化与我国民族文化发展战略》，《探索》2002年第5期，第87—89页。

[112] 杨韶艳：《"一带一路"建设背景下对民族文化影响国际贸易的理论探讨》，《西南民族大学学报（人文社科版）》2015年第6期，第38—42页。

[113] 蔡武：《坚持文化先行建设"一带一路"》，《求是》2014年第9期，第44—46页。

[114] 吕延方、王冬：《"一带一路"有效实施：经济规模、地理与文化距离》，《经济学动态》2017年第4期，第45—76页。

[115] 谢孟军、汪同三、崔日明：《中国的文化输出能推动对外直接投资吗？——基于孔子学院发展的实证检验》，《经济学（季刊）》2017年第7期，第87—102页。

[116] 陈虹、杨成玉：《"一带一路"国家战略的国际经济效应研究——基于CGE模型的分析》，《国际贸易问题》2015年第10期，第4—13页。

[117] 张鹏飞：《基础设施建设对"一带一路"亚洲国家双边贸易影响研究：基于引力模型扩展的分析》，《世界经济研究》2018年第6期，第70—82＋136页。

[118] Martinez-Zarzoso I., Nowak-Lehmann F., "Augmented Gravity Model: An Empirical Application to Mercosur-European Union Trade Flows", *Journal of Applied Economics*, 2003(6): 291-316.

[119] Grigoriou C., "Landlockedness, Infrastructure and Trade: New Estimates for Central Asian Countries", *World Bank Policy Research* Working Paper Series 4335, 2007.

[120] Longo R., Sekkat K., "Economic Obstacles to Expanding Intra-African Trade", *World Development*, 2004(8): 1309-1321.

[121] Njinkeu D., Wilson J. S., Fosso B. P., "Expanding Trade within Africa: the

Impact of Trade Facilitation", *World Bank Policy Research* Working Paper Series 4790, 2008.

[122] Gil-Pareja S., Llorca-Vivero R., Martinez-Serrano J. A., "The Uneven Impact of Continental Boundaries on Trade", *Open Economies Review*, 2015（2）: 237-257.

[123] Bouet A., Mishra S., Roy D., *Does Africa Trade Less than It should, and If So, Why?: The role of Market Access and Domestic Factors*, Washington, D. C.: International Food Policy Research Institute, 2008.

[124] Tinbergen J., *Shaping the World Economy-Suggestions for an International Economic Policy*, Twentieth Century Fund, 1962.

[125] Anderson J. E., Wincoop V. E., "Gravity with Gravitas: A Solution to the Border Puzzle", *American Economic Review*, 2003(1): 170-192.

[126] 杜军、鄢波:《港口基础设施建设对中国-东盟贸易的影响路径与作用机理——来自水产品贸易的经验证据》,《中国流通经济》2016年第6期,第26—33页。

[127] 赵忆宁:《大战略"一带一路"五国探访》,杭州:浙江人民出版社,2016年。

[128] 刘会远、金凤君、杜德斌:《开发克拉运河的VRTS分析及启示》,《世界地理研究》2016年第4期,第67—72页。

[129] 王斌传:《非政府组织参与马六甲海峡航道安全管控研究》,《江西社会科学》2016年第4期,第141—145页。

[130] 杨丽娟:《启动克拉地峡运河的地缘经济学分析》,《世界地理研究》2018年第6期,第34—41+76页。

[131] 陈剩勇、马斌:《区域间政府合作:区域经济一体化的路径选择》,《政治学研究》2004年第1期,第24—34页。

[132] Grossman G. M., Helpman E., "Outsource Martinezing versus FDI in Industry Equilibrium", Working Papers, 2002.

[133] Gallaway P., Blonigen A., Flynn E., "Welfare Costs of US Antidumping and Countervailing Duty Laws", *Journal of International Economics*, 1999(9): 211-244.

[134] Devault J. M., "The welfare effects of U. S. antidumping duties", *Open Economies Review*, 1996(1): 19-33.

[135] Whalley J., "Basis Linkage in International Tax Treatment of Goods and Capital Income", *National Tax Journal*, 1984(2): 195-200.

[136] Barfield C., "The Trans-Pacific Partnership: A Model for Twenty-First-Century Trade Agreements", *American Enterprise Institute for Public Policy Research International Economic Outlook*, 2011(6): 243-276.

[137] 陈虹、韦鑫、余珮:《TTIP对中国经济影响的前瞻性研究——基于可计算一般均衡模型的模拟分析》,《国际贸易问题》2013年第12期,第79—86页。

[138] 王思璇:《中欧贸易摩擦的趋势预测及其对双边关系的影响——基于引力模型的实证研究》,《国际贸易问题》2009 年第 6 期,第 37—46 页。

[139] 刘刚、袁红展、张友泽:《平权结构模式下金砖国家开发银行贷款项目申请的博弈研究》,《南方金融》2017 年第 7 期,第 82—90 页。

[140] 胡志勇:《构建海上丝绸之路与海洋强国论析》,《印度洋经济体研究》2015 年第 1 期,第 69—79+158 页。

[141] 王义桅、郑栋:《"一带一路"战略的道德风险与应对措施》,《东北亚论坛》2015 年第 4 期,第 39—47+127 页。

[142] 李兵、颜晓晨:《中国与"一带一路"沿线国家双边贸易的新比较优势——公共安全的视角》,《经济研究》2018 年第 1 期,第 183—197 页。

[143] 王树文:《"一带一路"PPP 模式中风险分析及风险规避路径选择》,《东岳论丛》2016 年第 5 期,第 68—75 页。

[144] 任玉华:《基于模糊综合评价法的海外高铁项目风险研究》,《铁路通信信号工程技术》2016 年第 5 期,第 97—101 页。

[145] F Wibowo, A Satria, A Maulana, "Architecture Strategy of High Speed Railway Indonesia China", *European Journal of Business and Management*, 2016(8): 1-8.

[146] 李建军、彭俞超:《"一带一路"建设中的风险防范》,《中国金融》2019 年第 2 期,第 91—92 页。

[147] 王晓玲:《国际经验视角下的中国特色自由贸易港建设路径研究》,《经济学家》2019 年第 3 期,第 60—70 页。

[148] 徐忆斌、马小晴:《"一带一路"国家间金融监管合作法律问题研究》,《中国海洋大学学报(社会科学版)》2019 年第 3 期,第 106—114 页。

[149] 祁怀高:《"一带一路"对中国周边外交与亚洲发展的影响》,《中国周边外交学刊》2015 年第 2 期,第 70—86 页。

[150] 林民旺:《印度与周边互联互通的进展及战略诉求》,《现代国际关系》2019 年第 4 期,第 56—63+65 页。

[151] 王义桅:《中美贸易战的美方逻辑、本质及中方应对》,《新疆师范大学学报(哲学社会科学版)》2019 年第 1 期,第 72—80+2 页。